Bethanne Elion
Hundegeflüster

Bethanne Elion

HUNDE GEFLÜSTER

Auf Tiere hören – vom Leben lernen

Aus dem Englischen von
Astrid Ogbeiwi

Aquamarin Verlag

Titel der amerikanischen Originalausgabe:
Memoirs of the Bathtub Psychic

Deutsche Ausgabe:
1. Auflage 2011

Voglherd 1
85567 Grafing
www.aquamarin-verlag.de

Übersetzung aus dem Englischen: Astrid Ogbeiwi

Umschlaggestaltung: Annette Wagner
unter Verwendung von © Barbara Helgason #8081421/Fotolia.com

Druck: Bercker • Kevelaer

ISBN 978-3-89427-584-6

Für meine wunderschönen Hündinnen
India und Isabelle
in Liebe

Inhalt

1

Das hellsichtige Kind

Als ich drei Jahre alt war, waren außerkörperliche Erfahrungen für mich etwas vollkommen Normales. Ich erinnere mich, dass ich meinen Körper aus Fleisch und Blut zum ersten Mal verlassen habe, als ein Polsterer zu uns nach Hause kam, um einen neuen Bezug für unser Sofa anzufertigen. Ich saß auf dem erhöhten Boden unseres gemauerten offenen Kamins und sah zu, wie der Mann Armlehnen, Rückenlehne, Länge und Breite des schon recht abgenutzten Chesterfield-Möbels ausmaß. Auf dem Tisch breitete er einen türkisfarbenen Stoff aus. Ich war ganz gefesselt, wie tief er in seine Arbeit versunken war.

Während mein Körper auf dem cremefarbenen Stein sitzen blieb, begab sich mein Bewusstsein – oder vielmehr das, was ich oft als meinen Seelenkörper bezeichne – an eine Stelle etwa einen Meter hinter dem Polsterer und trat dann in ihn hinein. Durch seine Augen konnte ich meinen Körper auf dem Kaminboden sitzen sehen, wo ich ihn zurückgelassen hatte. Ich konnte das körperliche Befinden des Mannes deutlich spüren – einen blauen Fleck auf seinem Unterarm, sein steifes rechtes Bein, ein Mückenstich in seinem Nacken. Ganz besonders aber fiel mir in jenen Momenten, in denen mein Geist in seinem Körper weilte, sein gebrochenes Herz auf. Jemand, den er zutiefst geliebt hatte, war vor kurzem verstorben. Während ich sein Gefühl der Trauer in mich aufnahm, stiegen Bilder vor meinem Dritten Auge auf. Es war etwa so, als wenn man sich im Geist an Fotos oder Filme erinnert. Diese kurzen Bilder zeigten ein dunkelhaariges Mädchen etwa in meinem Alter. Ich war mir nicht sicher, woran sie gestorben war, spürte aber eine Krankheit, die sich nicht beherrschen ließ.

Als hätte jemand mit den Fingern geschnippt, befand ich mich schon im nächsten Augenblick wieder in meinem Körper. Nur Sekunden waren vergangen. Ich verspürte ein so überwältigendes Bedürfnis, diesem Mann nahe zu sein, dass ich mich langsam an eine Stelle hinter dem Sofa schlich, von wo ich immer noch beobachten konnte, wie er das türkisfarbene Leinen aufnahm und aus einer Ecke etwas herausschnitt. Er richtete seinen Blick auf mich und überreichte mir dann das, was er ausgeschnitten hatte, mit einem melancholischen Lächeln. Es war ein Herz. Ich nahm es an und rannte in mein Zimmer.

Es wäre mir niemals in den Sinn gekommen, dass ich die einzige in unserer Familie war, deren Seelenessenz den Körper nach Belieben verlassen und ohne ihn frei umhergehen oder sogar reisen konnte. Schließlich schien meine Mutter immer zu spüren, was ich gerade vorhatte, ganz egal, ob sie bei mir im Zimmer war oder nicht. Damals war mir nicht klar, dass das eher ihre mütterliche Intuition als ein außerkörperliches Erlebnis war.

Wenn ich sah, dass jemand etwas tat, was mich faszinierte – der Mann auf dem Rummelplatz, der Zuckerwatte herstellte, der Rechtsanwalt im teuren Anzug, der an seinem Schlussplädoyer für ein Gerichtsverfahren arbeitete, eine nervöse Frau an der Straßenecke, die auf ihre Armbanduhr sah – schlüpfte ich unwillkürlich in ihre Haut und erlebte ihre Gefühle, als wären es meine eigenen. Ich konnte ihren Körper um mich herum spüren und sah die Welt mit ihren Augen.

Meine Seelenreisen behielt ich für mich. Bei drei älteren Brüdern, die mich nur zu gerne neckten und piesackten, habe ich früh gelernt, dass alles, was ich sagte, gegen mich verwendet werden konnte und wurde, besonders wenn es am Abendbrottisch für einen Lacher gut war. Niemand sonst sagte, dass er oder sie in anderen Menschen oder Tieren sein konnte. Bevor mir also nicht ein anderer von derlei Ausflügen erzählte, hatte ich nicht vor, gegenüber irgendjemanden meine Fähigkeiten preiszugeben.

Manchmal rutschten mir meine medial gewonnenen Beobachtungen heraus, bevor ich die Möglichkeit hatte, bewusst zu filtern, was mir über die Lippen kam. Als ich in der zweiten Klasse war, ging ich eines Abends mit meiner Mutter in ein Restaurant. Beiläufig sagte ich ihr, der Mann, der am Fenster saß, sei Herzspezialist. Meine Mutter – eine sehr viel extrovertiertere Persönlichkeit als ich – sprang von ihrem Platz auf. Noch bevor ich sie aufhalten konnte, stand sie am Tisch des Kardiologen und fragte ihn, was er von Beruf sei; denn ihre Tochter glaube, er müsse Arzt sein. Er bestätigte und sagte, er sei nicht nur Kardiologe, sondern auch Chefarzt seiner Abteilung im Krankenhaus.

Es beschämte mich, dass meine Mutter so postwendend aufgesprungen war, um meine Aussage auf ihre Stichhaltigkeit zu überprüfen. Mir war das hochnotpeinlich. Es dauerte seine Zeit, bis sie mich nicht mehr jedes Mal, wenn wir unter Leuten waren, nach deren Berufen ausquetschte. Sie zeigte dann willkürlich auf irgendjemanden und wollte Informationen über diese bestimmte Seele. Ich zuckte nur ahnungslos mit den Schultern, auch wenn ich wusste, welche Berufe, Gefühle oder Geheimnisse diese Mitmenschen hatten. Schließlich fragte meine Mutter nicht mehr, und ich konzentrierte mich darauf, meine Beobachtungen für mich zu behalten. Es wurde mir wichtig, immer öfter allein zu sein.

In der dritten Klasse verliebte ich mich in meinen Klassenkameraden Ray. Im Frühjahr gab er mir eines Tages in der Mittagspause eine kleine quadratische Schachtel. Darinnen war ein schwarzer Ring, der ein Katzengesicht mit Strass-Augen trug. Es war das wunderbarste Schmuckstück, das ich je gesehen hatte. Ich steckte ihn an den Ringfinger meiner linken Hand und hielt ihn in die Sonne, damit die Strass-Steinchen funkelten. Ray und ich verbrachten jede Mittagspause zusammen auf dem Spielplatz. Besonders gern saßen wir unter der alten Eiche oder schauten durch den schmiedeeisernen Zaun auf die Häuserreihe zur anderen Seite und unterhielten uns darüber, welches Leben die Menschen in diesen Häusern wohl führten.

Eines Nachmittags musste Ray zum Arzt, deshalb spazierte ich alleine über den Spielplatz. Mit den anderen Kindern war ich nicht gern zusammen. Ich sah den Viertklässlern am hinteren Ende des Platzes beim Völkerball zu, da spürte ich plötzlich eine unbekannte Energie. Meine Neugier war wie ein Radar, das mir anzeigte, in welche Richtung ich mich wenden musste, um die Quelle dieser unbekannten Kraft zu finden. Offensichtlich ging sie von jemandem beim Klettergerüst oder bei der Rutsche aus. Ich ging hinüber, um ein besseres Gefühl für dieses Unbenennbare zu bekommen. Aber je näher ich der Rutsche kam, desto schlechter ging es mir. Mein Magen fühlte sich an, als läge ein Bleigewicht darauf. Dann weitete sich das Gefühl in meinem Körper aus, so als läge ich auf dem Boden, und jemand, der größer war als ich, erdrückte mich mit seiner massiven Gestalt. Das Atmen fiel mir schwer.

Ein Mädchen, das neu in meiner Klasse war, war die Leiter zur Rutsche hinaufgestiegen. Sie trug ein blau-weißes Kleid mit einer Schärpe um die Taille. Ihre Kleidung war makellos rein und gebügelt. Ihr schwarzes Haar war ordentlich gekämmt und mit einem blauen, zum Kleid passenden Band zusammengehalten. In dem Moment, in dem sie die oberste Sprosse erreicht hatte, sah ich unabsichtlich unter ihr Kleid, achtete aber überhaupt nicht weiter darauf.

Stattdessen sah ich einen dunklen Nebel, sowohl vor meinem Dritten Auge als auch real. Ich wusste, dass ich da etwas Böses oder eine Art Krankheit mitbekam. Es fesselte mich, aber ganz und gar nicht so, wie ich es bisher erlebt hatte. Ich fühlte mich unwohl; es jagte mir Angst ein. Etwas Schreckliches ging vor sich.

„Bethanne schaut dir unters Kleid!"

Einer der Jungen, die auf dem Klettergerüst gespielt hatten, hatte mich entdeckt und konnte diese Gelegenheit zu einer Stichelei einfach nicht auslassen. Das Mädchen glitt die Rutsche herunter, und ich rannte ans andere Ende des Spielplatzes. Das Herz schlug mir bis zum Hals. Ich spürte einen sehr großen Mann auf diesem Mädchen. Er hatte schwarzes, schütteres Haar und roch nach Zigaretten und Schnaps. Warum war ich bloß die Einzige, die das sah? Warum sah der Junge, der mich aufgezogen hatte, zwar mich, wie ich unter ihr Kleid schaute, aber nicht den schwarzen Dunst um den Slip des Mädchens? Hätte außer mir noch jemand dasselbe gespürt, wäre ich vielleicht eher bereit gewesen, mit meiner Lehrerin darüber zu sprechen, was ich in der Nähe des Mädchens wahrnahm. Ich hätte eine vollständige Beschreibung des Mannes geben können, der ihr wehtat. Aber keiner sah es. Nur ich. Während der ganzen restlichen Mittagspause blieb ich bei der alten Eiche und versuchte, keine Angst zu haben. Ich war wütend auf Ray, weil er mich an jenem Tag auf dem Spielplatz allein gelassen hatte.

Ich konnte nicht verstehen, dass nicht alle Wesen auf der Welt mit dem Dritten Auge zu sehen vermochten und die Fähigkeit hatten wie ich, vor dem inneren Auge Filme oder Fotos anzuschauen. Doch jetzt erkannte ich zum ersten Mal, dass nicht jeder so sehen konnte wie ich. Dass ich dieses Mal etwas Dunkles oder Finsteres gesehen hatte, ließ meine Fähigkeiten in einem anderen Licht erscheinen. Erst als ich viel älter war, verstand ich, dass ich die Energie sexuellen Missbrauchs gesehen hatte. Aber damals, an jenem Tag, hatte ich Angst, hinter der Eiche hervorzukommen. Ich fürchtete mich davor, dass die Schwärze mich wiederentdecken könnte und ich dann nie mehr vor ihr sicher wäre. In jener Nacht träumte ich, dass ein riesiger Braunbär mich in einen Fluss hinein jagte. In dem Moment, in dem das Ungeheuer mich einholte, wachte ich auf. Ich hatte ins Bett gemacht.

Als ich sechzehn war, nahm ich jeden Samstag Reitunterricht in einem Stall in unserer Nähe. Manchmal blieb ich danach noch ein Weilchen und half, die Tiere zu striegeln. Dann stand ich neben dem Pferd, hatte die Hände auf seinem Hals und konnte die elektrischen Impulse seiner Gedanken spüren, das Blut, das durch seine Adern strömte, und seine Geschichte, die in jedem Organ seiner Pferdeform gespeichert war, als sei der ganze Körper eine Speichereinheit seines Gedächtnisses. Ich nahm jede Nuance dieser vierbeinigen Geschöpfe in mich auf und berührte dann meinen eigenen Magen, mein Kreuz, meine Leber und meine Milz, um herauszufinden, wie deren Energien sich anfühlten. Ich verglich ein Pferd mit dem anderen, dann die Pferde mit mir und war ganz fasziniert, wie einzigartig wir sind und wie sehr wir uns dabei dennoch gleichen.

Wenn wir im Unterricht auf dem Platz im Kreis trabten, beobachtete ich die anderen Mädchen im Sattel und hörte oder spürte in meinem Kopf, wie die Pferde darauf reagierten. Dann schloss ich die Augen, um das Pferd unter mir zu spüren, und lauschte auf seine Körpersprache und seinen Geist, die mir sagten, in welche Richtung ich mich wenden und wie ich im Sattel sitzen sollte. Ich nahm die Worte der Lehrerin wahr, tat aber, was die Pferde mir sagten. Ich liebte das Reiten. Ich liebte alles, was damit zu tun hatte – den Geruch des aufgewirbelten Staubes, den Duft von Dung und Heu im Reitrondell, die zuschauenden Eltern, die hin und wieder Fotos fürs Familienalbum schossen. Aber am meisten liebte ich es, in mich hineinzuhören und auf alles zu lauschen, was kam. Ich träumte von einem eigenen Reiterhof mit Pferden und Hunden, auf dem ich die ganze Nacht mit Ölfarben malen, ins erste Morgenlicht hineinreiten und ständig vom mystischen Wesen der Pferde umgeben sein konnte. Anscheinend war ich mit meinen Gaben immer nur dann im Einklang, wenn ich in der Nähe von Tieren war. Intuitiv wusste ich, dass sie meine Fähigkeiten verstehen konnten.

Eines Samstagmorgens spürte ich auf dem Weg zum Reitunterricht, dass das Wetter umschlagen würde. Auch die Pferde spürten es. Als ich in den Stall kam, wurde ich dem neuen Lehrer vorgestellt. Er reichte mir die Hand, und ein Funke durchzuckte meinen Arm, der mich an das Erlebnis bei der Rutsche erinnerte. Ich mochte diesen Mann nicht. Ich hatte ihn schon öfter herumschleichen sehen und hasste die Art, wie er mich anschaute. Sein Blick war mir unangenehm. Seine bloße Anwesenheit schüchterte mich ein.

Er zeigte auf *Walker*, ein Pferd, das ich noch nie geritten hatte; der *Palomino* war normalerweise den fortgeschritteneren Schülerinnen vorbehalten. Ich war begeistert und stieg ohne weiter darüber nachzudenken in den Sattel. Ich brauchte eine Weile, bis ich begriff, dass der erfahrene Wallach davon ganz und gar nicht begeistert war. Irgendetwas stimmte nicht. *Walker* wollte, dass ich

Captain ritt und nicht ihn. Er wusste, dass der sanfte *Captain* und ich einander eng verbunden waren und ich im Unterricht fast immer ihn ritt. Statt wie die anderen Mädchen ins Rondell zu reiten, hielt ich neben dem neuen Lehrer an.

„Was ist los, Bethanne?"

„Entschuldigung, *Walker* geht es nicht gut."

„Ach so?" Der Lehrer wirkte verärgert. „Und woher willst du das wissen?"

Ich konnte fühlen, wie ich rot anlief. „Ich spüre es, Sir. Hinter dem Sattel stimmt etwas nicht. Seine Nieren fühlen sich nicht richtig an."

„Mach, dass du voran kommst, Elion", knurrte der Lehrer und wedelte mit den Armen zum Zeichen, dass ich zu den anderen aufschließen sollte. Er hatte mich im Stall beobachtet und fand mich wohl reichlich seltsam. Ich wusste, dass er sich herzlich wenig darum scherte, was ich über *Walkers* Gesundheit dachte.

Der Wind frischte auf, und aus dem Augenwinkel sah ich Blauhäher und Krähen, als ob sie uns beobachteten und darauf warteten, dass etwas passierte. Ich hörte ihre Rufe, die wie Warnschreie klangen. Die Härchen auf meinen Armen stellten sich auf wie bei plötzlicher Kälte. Ich war überhaupt nicht gerne in der Nähe des neuen Lehrers.

Statt Worte in meinem Kopf zu hören, hatte ich eher das Gefühl, dass *Walker* mich von seinem Rücken herunter haben wollte. Ich erkannte, dass er für Sprung und Trab überhaupt nicht offen war. Er wollte einfach wieder zurück in den Stall und den Sattel loswerden. Wir umrundeten das Rondell einmal im Schritt, dann hielt ich erneut auf den Lehrer zu. Dieses Mal wandte er mir den Rücken zu und befahl mir, mich wieder in die Formation der anderen einzugliedern. Ich war völlig verblüfft und wusste nicht, was ich tun sollte. Der Wind und die Vögel hinter mir schienen zu singen: *Hör zu …. hör zu … hör zu.* Dann schaute ich auf *Walkers* Hals hinunter. Ich berührte ihn dort mit meiner Hand und hörte – mit den Worten des Universums – *Hörst du auf ihn? Du oder Walker? Entscheide dich.*

Als ich angewiesen wurde, über das Hindernis zu springen, zögerte ich. Aber aus irgendeinem unbekannten Grund wäre ich mir wie eine Idiotin vorgekommen, wenn ich mich gegen den Lehrer gestellt hätte. Ich zog die Zügel an und dirigierte das Pferd in Richtung auf das Gatter. Wie in Zeitlupe spürte ich, wie es durch die Luft über das Hindernis glitt und fühlte, dass ich aus dem Sattel gehoben und in weitem Bogen durch den Raum geschleudert wurde. Kein Geräusch war zu hören, nur mein Aufprall auf dem Boden und *Walkers* Landung über mir. Die Luft wich mir aus den Lungen, und die Welt wurde schwarz.

Als Nächstes erinnere ich mich daran, dass ich zum Lehrer aufsah, der mich fragte, ob mit mir alles in Ordnung sei, auch wenn er dabei kaum besorgt aussah. Er wirkte in erster Linie wütend. Ich nickte, mir ginge es gut, schaute aber mehr in die Ferne hinter ihm. Dort stand mein Pferd mit lose auf den Boden herabbaumelnden Zügeln.

Es tut mir leid, Walker, übermittelte ich ihm telepathisch. *Bitte verzeih mir.*

Ich hörte keine Antwort. Das Pferd und die Vögel schwiegen. Nur der Wind pfiff um uns herum und warnte vor dem herannahenden Unwetter. Nach dem Sturz durfte ich nicht mehr in den Reitstall. Ich habe nie wieder versucht zu reiten.

In der High School fühlte ich mich zu einer kleinen Clique von Mädchen hingezogen, die intelligent waren, aber gerne kifften und tranken. Ich entdeckte, dass beide Methoden, high zu werden, meine Fähigkeiten unterdrückten. Da ich nicht mehr in den Stall durfte, wollte ich auch mit meinen Gaben nichts mehr zu tun haben. Für mich waren sie eher eine Belastung als eine Stärke. Aber je weiter ich mich von meinen Möglichkeiten entfernte, desto depressiver wurde ich. Mit siebzehn brach ich die Schule ab, holte meinen Abschluss aber später in Boston nach. Danach wusste ich nichts Rechtes mit mir anzufangen. Aus einer Laune heraus schrieb ich mich in einer Kosmetikschule ein und lernte alles über Hauptpflege, Gesichtsbehandlung und Make-up. Nach sechs Monaten hatte ich meinen Abschluss, bekam meine Zulassung und nahm eine Stelle in einem Salon in der Newbury Street in Boston an, wo ich Gesichtsbehandlungen verabreichte.

Meine erste Kundin war eine Frau, etwa Mitte vierzig. Als ich sie in den Behandlungsraum begleitete, war mir, als stimme irgendetwas nicht. Ich bereitete alles für die Hautdiagnose vor, hatte aber das Gefühl, dass irgendetwas diese Frau von innen heraus auffraß. Es hatte anscheinend ihren ganzen Körper befallen. Ich wickelte ihr Haar in ein Handtuch und tupfte dann ihre Wangen sanft mit Reinigungsmilch ab. Wenn ich ihre trockene, blasse Haut berührte, fühlte sich die unbekannte Energie unter meinen Fingern fast wie statische Elektrizität an. Mir war, als flöge mein Seelenkörper rückwärts davon, wie abgestoßen von dem, was unter der Epidermis der Klientin lag. Physisch versuchte ich, die Situation in den Griff zu kriegen. Ich atmete tief durch und konzentrierte mich darauf, mich nicht zu übergeben. Ich war mir meiner selbst nicht mehr sicher und versuchte, Haltung zu bewahren. Als ich ruhiger wurde, konnte ich mit meinem geistigen Auge ins Körperinnere der Patientin sehen. Sie war über und über von Parasiten befallen. Von ihrem Anblick wurde mir schlecht.

Ich entschuldigte mich, ich müsse einen Augenblick den Raum verlassen, ging den Gang entlang, nahm die Treppe nach oben und verließ den Salon. Ich rannte in die Seitenstraße, wo ich mich tief zusammenkrümmte, weil ich glaubte, ich müsse mich übergeben. Aber dem war dann doch nicht so. Der Schweiß tropfte mir vom Gesicht. Was gerade passiert war, hatte mich vollkommen durcheinander gebracht. Warum sah ich diese Dinge? Sollte ich etwas unternehmen? Und was sollte ich sagen? „Entschuldigen Sie, gnädige Frau, aber Sie brauchen eine Wurmkur." Das käme bestimmt gut an! Und wie sollte ich erklären, woher ich das wusste? „Zu jeder Gesichtsbehandlung erhalten Sie gratis eine mediale Beratung – Sie und Ihre kleinen Krabbeltierchen." Und wenn ich nichts sagte, wie würde es dann mit der Frau weitergehen? Würde sie selbst herausfinden, was los war? Oder würde das alles noch jahrelang unentdeckt bleiben, bis sie schließlich durch den Parasitenbefall bleibenden Schaden davongetragen hätte? Oder noch schlimmer:Würde sie daran sterben?

In dem Augenblick wusste ich nur, dass ich vor meinem Leben davonlaufen wollte. Es war ein Fehler gewesen, mir einen Beruf zu suchen, bei dem ich Leute berühren musste. Während des gesamten sechsmonatigen Kurses hatte ich es gehasst, wenn ich an den anderen Mädchen arbeiten musste. Wir waren alle immer abwechselnd die Klientin oder die Kosmetikerin. An mir arbeitete niemand gern. Meine Haut war so empfindlich, dass sie auf jede Behandlung, die wir erlernten, mit Reizungen reagierte. Schließlich wurde ich gebeten, nicht mehr die Klientin zu spielen, sondern in der Schule nur noch als Kosmetikerin zu üben. Aber je länger ich eine Mitschülerin auf dem Behandlungsstuhl berührte, desto mehr erfasste ich von ihrem Leben, ihren früheren Leben oder von Vorgängen in ihrem Körper.

Nachdem ich mehrere Jahre lang getrunken, gekifft und in rascher Folge die Arbeitsstellen gewechselt hatte, kam ich zu dem Schluss, dass ich etwas ändern musste. Ich ließ mich von meinen Eltern überreden, wieder zur Schule zu gehen, und schrieb mich an einem Junior College für zwei Schauspielkurse ein. Indem ich mich mit Hausaufgaben überfrachtete, dabei im Hintergrund Musik laufen ließ, mir am frühen Abend ein paar Cocktails verabreichte und nachts, auch während ich schlief, den Fernseher anließ, konnte ich meine medialen Fähigkeiten im Zaum halten. Lärm half gegen die Hellhörigkeit, Alkohol unterdrückte die Hellsichtigkeit und durch Lernen konnte ich tiefe oder wichtige Kontakte zu anderen umgehen. Das verhinderte, dass meine Seele in andere Menschen, Tiere oder Leben hineinschlüpfte.

1986 schloss ich das Emerson College als Zweitbeste in meinem Kurs mit einem Bachelor in Schreiben und Literatur ab. Ein Professor bat mich zu bleiben und meinen Master zu machen. Meine Eltern hatten beschlossen, nach Nordkalifornien zu ziehen, und wollten, dass ich mit ihnen in den Westen käme, mir eine Wohnung in ihrer Nähe suchte und in ihrem Unternehmen in der Buchhaltung arbeitete. Es war ein gut bezahlter Job, der mich nicht übermäßig beanspruchte. Ich konnte mich aufs Schreiben konzentrieren. Wie es schien, lag ein Roman als nächster Schritt auf der Hand, auch wenn ich das Gefühl hatte, dass ich nichts zu sagen hätte.

Ich nahm das Angebot zum Umzug an. Ich lebte wie ein Roboter. Morgens arbeitete ich an einem Roman, der mir kaum hätte weniger bedeuten können. Wenn es Arbeit gab, fuhr ich nachmittags ins Mill Valley zu meinen Eltern und brachte die Bücher auf den neuesten Stand. Nach der Arbeit begab ich mich mit einem Joint oder einer Flasche Brandy an den Strand und schaute zu, wie Fremde mit ihren Kindern, Hunden oder Liebhabern kamen und gingen, den Sand nach Muscheln durchkämmten und auf dem Meer nach Walen oder Schiffen Ausschau hielten. Mit der Zeit hatte ich meinen sechsten Sinn erfolgreich eingeschläfert, aber die Folge davon, dass ich diesen Teil meiner selbst so tief vergraben hatte, waren Depressionen. Das Leben wirkte sinnlos. Ich lebte als Außenseiterin und sah denen zu, die an mir vorübergingen und anscheinend fröhlich waren oder ein interessantes und ereignisreiches Leben führten.

An einem wolkenverhangenen Tag – ich saß wieder einmal am Muir Beach – kam eine Frau in Jeans und weißem T-Shirt auf mich zu; sie war etwa in meinem Alter. Ihr Gesicht wirkte fröhlich und erwartungsfroh. Hinter ihr kam ein großer Berner Sennenhund angerannt.

„Ist er nicht grandios!“, lachte sie, als der große Hund mit dem langen schwarz-braun-weißen Fell an ihr vorübersauste, nur Zentimeter vor mir stehen blieb und sich dann in eine perfekte Sitzhaltung plumpsen ließ. Ich konnte nicht anders, ich musste einfach mitlachen.

„Wow!“ Ich war ganz hingerissen von diesem majestätischen Kerl. Ich streckte die Hand aus, um ihn zu streicheln, und währenddessen sprach er telepathisch mit mir.

Ich bin Happy! Übermittelte er mir.

Ja, das bist du! Antwortete ich ihm auf dieselbe Weise.

Die Frau blieb nicht stehen, sondern ging an mir vorbei. „Komm, Happy!“

Der Hund sprang auf und folgte dicht hinter ihr. So unvermittelt wie sie aufgetaucht waren, verschwanden sie auch wieder hinter den Sanddünen.

Ich war perplex. Dieser schöne Hund ging mir nicht mehr aus dem Sinn. *Happy* war happy! Als ich an jenem Abend flüchtig eine Zeitschrift durchblätterte, stieß ich auf ein Bild von einem Berner Sennenhund. Ich schaute es eine Weile gebannt an, riss dann die Seite heraus und heftete sie mit einem Magneten an die Kühlschranktür. Später – auf der Suche nach einem Mitternachtsimbiss – sah ich das Bild wieder, holte einen Stift und schrieb den Namen „Levi" darunter.

„Also gut, Fotohund, jetzt hast du einen Namen."

Wochen später kam ich wieder einmal von der Arbeit nach Hause in meine leere Wohnung. Ich stand unter meiner Glasschiebetür und beobachtete, wie sich der Himmel von einem strahlenden Blau zu Grau verdüsterte, während von Westen ein Sturm aufzog. In meinem Herzen wusste ich, dass sich etwas ändern musste. So wie jetzt konnte ich nicht mehr weitermachen. Ich schloss die Augen und sagte: „Ich möchte einfach nur glücklich sein."

Ich wollte wie die Frau am Strand mit dem Berner Sennenhund sein.

Während ich noch mit geschlossenen Augen dastand, fing es an zu regnen. Die Härchen an meinen Armen stellten sich auf, und ein Schauer lief mir über den Rücken. Etwas oder jemand hatte mich gehört. Intuitiv wusste ich, dass mein Gebet schon bald erhört werden sollte.

Ein paar Monate später ging ich zu einer Einrichtung, die Hunde in Not aufnahm und sich auf Berner Sennenhunde spezialisiert hatte. Die Leiterin hatte einen kastrierten Rüden, der erst vor wenigen Tagen angekommen war. Er hieß Konig. Er kotete oft, ohne es zu merken. Der große Junge war etwa anderthalb Jahre alt. Wir wurden einander vorgestellt, dann ließ uns die Frau allein, damit wir auf dem Gelände umhergehen und einander kennenlernen konnten. Ich wusste bereits, bevor ich ihn gesehen hatte, dass das nicht mein Hund war. Wir passten einfach nicht zusammen. Als ich der Frau

Bescheid sagte, wirkte sie zwar enttäuscht, aber zugleich angetan, dass ich es sofort offen gesagt hatte.

Wir tranken Tee, aßen Kekse und unterhielten uns über Hunde. Sie machte eine Bemerkung über Neufundländer; sie seien riesig und etwas zurückhaltender als Berner Sennenhunde. Als sie „Neufundländer" sagte, war das ungefähr so, als wenn jemand in Las Vegas den Jackpot knackt. Glocken, Summer und Pfeifen erklangen in meinem Kopf, und vor meinem Dritten Auge ging ein Konfettiregen nieder. Die magnetische Anziehung bestand also zwischen einem Neufundländer und mir.

Später nahm ich die Tageszeitung zur Hand. Sofort sprang mir eine Anzeige mit einer Telefonnummer aus Oregon ins Auge:

Neufundländer-Welpen für Ausstellungen oder als Haustier. Landseer, Bronze oder Schwarz. Top Stammbaum, gesund, starke Knochen, VHB $650 – $750. 18 Mon. alter Landseer sofort für $ 350.

2

Sophie

Sophie, eine Neufundländer-Hündin, wurde am 5. März 1992 geboren. Mama Wilma war eine 67 Kilo schwere schwarze Hündin, der Vater See More Dawg noch größer und schwerer. Die beiden Langhaarigen waren kernige Landhunde mit starken Knochen, ohne Manieren und mit dem innigen Wunsch, sich einem auf den Schoß zu setzen oder einen einfach umzuwerfen, natürlich erst, nachdem man sie ausgiebig am Kinn oder vor der Rute getätschelt hatte. Diese sanften Riesen werden zur Rettung aus dem Wasser gezüchtet. Aus reiner Neugier, so erzählte mir die Züchterin, wollte sie einmal wissen, wie sehr diese Hunde ihr würden helfen wollen, und zwar im Haus, nicht im Wasser. Deshalb simulierte sie einen Sturz mit anschließender Ohnmacht. Die Neufis beschnupperten sie ausgiebig – und rannten dann in die Küche, wo eine Schachtel mit Pizza auf der Anrichte stand, die sie sofort konfiszierten. *Das war's dann wohl mit der Ersten Hilfe*, dachte Alice damals.

Ich hielt das eher für klug; denn sie hatten ja eine gute Nase voll genommen und dabei gerochen, dass es zwar keinerlei Probleme, dafür aber eine leckere Pizza mit allem Drum und Dran gab.

Als es Zeit war, meine sieben Wochen alte Sophie abzuholen, fuhr ich an einem Tag von Marin County in Kalifornien bis in eine Kleinstadt in Oregon. Als ich nach Alices Routenplan von der Autobahn abfuhr, glaubte ich, ich sei gar nicht mehr auf der Erde. Zu beiden Seiten der Straße wuchs dichter Wald, aber wegen einer Überschwemmung stand alles unter Wasser. Die Bäume standen auf einem spiegelnden Waldboden im Dunst, und es roch nach frischem Moos und alter, vermodernder Borke. Manchmal lief das Wasser bis auf die Straße. Dann war sie nur noch schemenhaft zu erkennen, und es war, als ob mein geländegängiger Wagen sich durch den Morast grübe oder jeden Moment in einen verborgenen Abgrund einsinken könnte.

Unwillkürlich musste ich an Edgar Allen Poes „Dunst über dem Pfuhl“[1] denken. Ich wartete darauf, dass Lichtstrahlen an mir vorbei flögen, während ich durch diese verzauberte Gegend fuhr. Man konnte Feen und Zwerge spüren, die sich in den Baumstümpfen versteckten. Es war, als wäre ich direkt von der Autobahn in ein Märchenbuch hineingefahren, und jeden Moment könnte jemand es zuklappen. Dann wäre ich allein in der Dunkelheit und müsste nur mit den Scheinwerfern meines Wagens, einer Taschenlampe und einer Karte den Weg zur Hidden River Farm finden.

Bald wandelte sich die asphaltierte Straße zu einem matschigen Feldweg. Zwei Mal wäre ich fast in ein Schlagloch gerutscht, aber ich konnte es jedes Mal gerade noch umfahren und dann gegenlenken, um nicht vollends von der Straße abzukommen. Mein Herz raste vor Angst. Ich konnte schmale Straßen und steile Abhänge nicht ausstehen. Meine Abneigung rührte daher, dass ich die letzten paar Jahre in Nordkalifornien in Städten mit zahllosen engen, steilen, einspurigen Straßen gelebt hatte.

„Ich glaube nicht, dass ich noch in Oregon bin.“ Mein Gesicht klebte dicht über meinen Händen, die sich ums Lenkrad krallten. Der Weg wand und schlängelte sich um den Wasserwald herum und hatte keinerlei Nebenstraßen, auf die ich hätte ausweichen können. Angeblich hätte ich nach zehn Meilen das Schild von Hidden River sehen sollen, aber ich war bereits zwölf Meilen gefahren.

Ich fürchtete schon, ich hätte die falsche Abfahrt genommen und könnte nun nicht mehr umkehren. Da trafen meine Scheinwerfer auf das Schild „Hidden River Neufundländer, hier abbiegen“. Ein Pfeil wies nach rechts. Ich bog scharf ab auf einen matschigen Feldweg. Meine Reifen gaben fast saugende Geräusche von sich,

---

1 Aus: *Der Untergang des Hauses Usher.*

als sie darüber rollten. Der Wald lichtete sich, und ich konnte den Himmel wieder sehen. Es dämmerte fast schon. So wie mein Wagen über Schwellen und Schlaglöcher schaukelte, fühlte es sich an, als habe er keine Stoßdämpfer.

Das Farmhaus war ein Mobilheim. Als ich näherkam, tauchte im Licht meiner Scheinwerfer ein großes, mit einem stabilen Maschendrahtzaun umfriedetes Areal auf. Es war in mehrere Zwinger unterteilt, und in jedem war ein riesiger schwarzer Hund. Sie sahen eher wie hundeartige Wesen in einem schwarzen Bärenfell aus und weniger wie große Hunde mit langem, dichtem Fell. Ihr Kopf war massiv, mit tief hängenden Wangen und flatternder Zunge, denn in der Aufregung über eine Fremde, die auf das Gelände fuhr, rannten sie in ihren Zwingern auf und ab. Ihr Bellen war eher ein tiefes Wuff und Wu-Wu, als sprächen sie eine eigene Sprache, ganz anders als alle anderen Hunde, die ich kannte.

Unter Kiefern, die bis in den Himmel zu reichen schienen, stand das doppelt breite und in Brauntönen gehaltene Mobilheim. Die Stufen zur Eingangstür bestanden aus morschem Holz, und wenn sie überhaupt je einen Anstrich gehabt hatten, dann waren alle Anzeichen davon längst verschwunden und nur noch das blanke alte Holz übrig. Weit rechts davon standen zwei Pick-ups mit großen Hundekäfigen auf der Ladefläche. Noch ein wenig weiter entfernt befand sich ein verwitterter roter Hühnerstall, aber es deutete nichts darauf hin, dass er im Moment geflügelte Bewohner besaß. Vor dem Hühnerstall war Holz aufgestapelt, sauber gespaltenes und aufgeschichtetes Holz auf der einen und wild übereinandergeworfene Stämme, die noch gespalten werden mussten, auf der anderen Seite. Aus einem alten Baumstumpf ragte eine Axt und wartete auf ihren Einsatz. Sie bestand aus rostigem Metall von einst blauer Farbe und einem verrotteten Holzgriff.

Hinter dem Haus konnte ich die Andeutung eines Stalles erkennen, aber er wurde größtenteils durch Breite und Höhe des Mobilheims verdeckt. Ich blieb einen Augenblick im Wagen sitzen und nahm alles in mich auf. Der ganze Ort wirkte verwahrlost, aber ich konnte es nicht so genau erkennen, wie ich wollte, denn die Sonne war fast schon untergegangen. In der Nähe der Zwinger sackte eine alte Wäscheleine unter dem Gewicht der Kleider eines kleinen Jungen und einer kräftigen Frau in der Mitte durch.

Zwei Frauen kamen heraus und begrüßten mich: Es waren Alice und ihre Mutter. Die Mutter wohnte ein Stückchen weiter an derselben Straße. Ich erfuhr, dass sie vor vielen Jahren, als Alice beschloss, ihre Arbeit bei einer Computerfirma aufzugeben, zwei benachbarte Grundstücke gekauft hatten. Sie zogen nach Oregon, und Alice gebar ihren Sohn Billy. Diese drei wohnten jetzt in ihrem abgelegenen Shangrila. Direkt nebenan lebte ein Freund, der bei den schweren Arbeiten aushalf – beim Holzhacken und bei der Hundepflege. Denn auf dem Gelände residierten immerhin zehn Neufundländer.

Innen wärmte das Feuer im Holzherd das Haus. Überall lagen Spielzeug, Kleider und Neufundländer-Nippes herum – alte Abzeichen, Fotos, Drucke und Statuen aus Ton und Bronze. Im Hauptraum stand ein großer runder Tisch mit Spielkarten, Poker-Chips und einer kleinen Geldkassette aus Metall. Zwischen dem Hauptraum und der Küchenecke thronte eine riesige Welpenkiste. Sophies Wurfgeschwister waren alle bereits abgeholt wurden. Jetzt war sie sieben Wochen alt und mit den fünf Wochen alten Jungen von Ethel Mermaid in der Welpenkiste. Als ich um die Ecke kam, um einen Blick hinein zu werfen, zog sie einen Kleinen am Schwanz, so dass der aufjaulte: *Lass mich in Ruhe!*

Wilma, Sophies Mutter, trottete heran und stieg zu den Welpen in die Kiste. Mit einem Plumps legte sie sich hin; die Welpen quiekten auf und purzelten durcheinander, um ihr aus dem Weg zu gehen. Sie maß mich mit ihrem Blick, brummte und legte sich ab, das Kinn auf dem Vorderlauf. Ich fasste in die Kiste, um Sophie zu berühren. Schon Wochen bevor ich sie abholen kommen konnte, hatte ich ihr einen Namen gegeben.

Noch am selben Abend erledigten wir den Papierkram – die Formulare für den Züchterverband, Sophies Impfpapiere, Informationen darüber, welche Impfungen sie wann brauchte und wann ich sie deshalb zum Tierarzt bringen musste. Ich hatte vor, die beste

Welpenmama der Welt zu werden und gelobte, sie exakt an dem Tag, an dem ihre nächsten Impfungen fällig waren, zum Tierarzt zu bringen und sie auch sonst regelmäßig untersuchen zu lassen. Zwar hatten wir in unserer Familie bereits Hunde gehabt, aber das war nicht dasselbe. Sophie war *mein* erster Hund. In den nächsten Jahren sollten wir unzertrennlich werden. Wir würden miteinander spazierengehen, und wenn sie erst ein bisschen älter wäre, würde ich ihr vielleicht einen Spielkameraden zuführen. Sie würde im Auto überallhin mit mir mitkommen, und wenn das einmal nicht möglich wäre, hatte ich bereits eine Tagespflege für Hunde gefunden, damit sie nie alleine zu Hause sein musste.

Ich hatte die glänzende Idee, Rollrasen zu kaufen und ihn auf dem Asphalt im Innenhof meiner zweistöckigen Wohnung auszulegen. Dann könnte sie, solange sie noch klein war und öfter pinkeln musste, dorthin gehen. Danach könnte ich einfach das betreffende Stück herausbrechen, in die Mülltonne werfen und durch frischen Rasen ersetzen. Es wäre so eine Art Outdoor-Hundeklo in einem aparten Grünton.

Ich blieb über Nacht in Oregon, damit ich am nächsten Morgen ausgeruht die achtstündige Heimfahrt mit meinem kleinen Mädchen antreten konnte. Den hinteren Teil meines Wagens hatte ich mit Zeitungen und einer sauberen Decke ausgelegt, auf der sie liegen konnte. Die Sitze waren umgeklappt, und so war dieser Teil des Wagens fast wie ein eigener Hundekäfig. Nach dem Frühstück lud Alice Sophie ins Auto und kam dann wieder ins Haus zurück. Als sie die Haustür öffnete, fing Sophie an zu fiepen. Sie war ganz und gar nicht glücklich darüber, allein an einem unbekannten Ort zu sein. So ging es nicht. Der Fiep-Pegel stieg. Alice lächelte mich geradezu sardonisch an: „Das kann eine heitere Heimfahrt werden!“

Bevor wir abfuhren, versuchte ich, meinen kleinen schwarzen Flauschball zu trösten. Erst nahm ich sie auf den Schoß, dann legte ich sie auf ihren Sitz für die Fahrt, streichelte sie und redete mit ihr. Aber sie wollte von alledem gar nichts wissen. Das Weinen und die schrillen Laute wurden nur noch lauter. Alice meinte, irgendwann würde der Schlaf sie übermannen. Ich verdrehte die Augen und beschloss, sofort einzusteigen und loszufahren.

Auf der ganzen Strecke durch den Wasserwald weinte sie. Auf dem Abschnitt, der zur Autobahn führte, stieß sie einen ununterbrochenen schrillen Klagelaut aus. Schließlich schafften wir es auf die Interstate-Autobahn. Hier, in freier Landschaft, ohne Bäume, brannte die Sonne auf uns herab, daher stellte ich die Klimaanlage an, aber anscheinend funktionierte sie nicht richtig. Die anhaltenden Klageschreie dröhnten mir in den Ohren und im Kopf, so als wäre er eine hohle Halle. Mit fortdauernder Fahrt nahm auch die Lautstärke zu. Ich versuchte es mit klassischer Musik, dann mit Softpop. Beides klappte nicht. Ich versuchte es mit Singen; das machte es nur noch schlimmer. Ich bekam Kopfschmerzen, und das Auto wurde anscheinend immer heißer statt kühler. Nach einer Stunde Fahrt hielten wir an. Bisher sah es noch nicht so aus, als ob Sophie müde würde, aber ich zählte darauf, dass sie bald ein ausgiebiges Nickerchen halten würde, denn ich brauchte dringend Ruhe.

Von den zehn Stunden unserer Heimfahrt verliefen zwei ruhig, weil sie schlief. In ihren Träumen schien sie zu trauern; vielleicht erinnerte sie sich an Mama Wilma und die anderen Welpen. Als die Sonne über unseren Köpfen stand und die Temperatur sich der 30°C-Marke näherte, tat ich mein Bestes, um ihr ein Schatten spendendes Dach zu basteln. Bis wir schließlich bei mir zu Hause angekommen waren, stank das ganze Auto nach Hundekot und -urin auf Zeitungen. (Alice hatte mich davor gewarnt, einen Welpen auf Rastplätzen raus zu lassen. Dort könnte sie sich alles Mögliche holen. Auch ich selbst sollte dort nicht aussteigen, damit ich keine Viren an den Schuhsohlen mit ins Auto brächte.)

Als ich mein neues Familienmitglied in den umzäunten Innenhof führte, sahen mich meine Nachbarn, die einen Airedale Terrier hatten, und kamen mit ihrem Hund vorbei. Während ihres kurzen Besuches hatte ich etwas Ruhe. Sophie war ganz begeistert, in *Star* einen Spielkameraden gefunden zu haben. Anscheinend kam es ihr einzig und allein darauf an, dass ein Hund und nicht ein Mensch um sie herum war, damit sie sich geborgen fühlen konnte. Ich reichte ihr einfach nicht. Als meine Nachbarn mit Star wieder gingen, fing das Weinen von neuem an. Ich verglich es allmählich mit der chinesischen Wasserfolter. Es dauerte fast eine ganze Woche, bis sie drei oder vier Stunden am Stück durchschlief, ohne zu weinen.

Dann entdeckte ich die Wassertherapie für meinen Welpen. Sie liebte ihre riesige blaue Wasserschüssel. Das alberne Mädchen kletterte hinein und wirbelte darin im Kreis herum, bis sie hinfiel. So blieb sie dann liegen: Ihre Ohren hingen über den Schüsselrand, und ihre schwarze Nase ragte himmelwärts daraus hervor. Sie sah ziemlich belämmert aus. Wenn Star zu Besuch kam, rannte Sophie sehr gern unter sie und blieb im Schatten des erwachsenen Hundes. Mein Neufundländer folgte Star auf Schritt und Tritt und sprang wie im Spiel ihren Schatten an. Eines Nachmittags blieb die Airedale-Dame bei uns, solange ihre Besitzer einkaufen gingen. Am liebsten hätte ich sie konfisziert, bis Sophie erwachsen war. Denn während Star mein Hundebaby hütete, konnte ich tatsächlich ein wenig schlafen.

Als ich Sophie einen Tennisball mitbrachte, nahm sie ihn ganz vorne ins Maul und lief damit herum, wobei der größte Teil über ihre Lippen hinausragte. So sah sie aus wie ein Alien. Manchmal lief sie damit endlose Male im Kreis herum, um sich dann plötzlich hinzusetzen. Sie wurde müde, hielt den Ball aber immer noch zwischen den Frontzähnen. Schließlich sank ihr Kopf nach unten, und sie schlief ein – den Ball immer noch fest an Ort und Stelle. Alice machte mich darauf aufmerksam, dass Tennisbälle für Neufis nicht geeignet sind. Erwachsenen Hunden könnten sie in der Kehle stecken bleiben, daher musste der Ball aus Sophies Spielzeugsammlung verschwinden.

Ich brachte Sophie zu einer Reihe verschiedener Impfungen und zur Untersuchung zum Tierarzt. Recht großspurig betraten wir die Tierklinik. Schließlich war mein kleines Mädchen ein wunderschöner Welpe und schon sehr groß im Vergleich zu den anderen, die darauf warteten, einen der vielen Tierärzte zu sprechen, die in dieser Klinik arbeiteten. An jenem Tag war sie quietschvergnügt beim Anblick all der anderen Hunde. Alle sagten, wie gesund sie aussähe, wie glücklich sie sei, wie niedlich ihr Gesichtchen aussähe und wie witzig und süß sich ihr tiefes Welpenbellen anhöre. Zum Platzen stolz trug ich sie ins Sprechzimmer.

In dem Moment, in dem wir ins Untersuchungszimmer traten, war mir, als hätte ich aus dem Winkel meines Dritten Auges einen amerikanischen Ureinwohner gesehen. Er war lediglich mit einem Lendenschurz bekleidet und trug Kriegsbemalung im Gesicht.

Willst du *das wirklich?,* hörte ich in meinem Kopf.

Mein Magen schnürte sich zusammen. Warum fühlte sich das alles plötzlich so falsch an? Ich schüttelte das Gefühl ab und legte meinen Welpen auf den kalten Untersuchungstisch aus Metall. Sophie kreischte auf, als die Nadel in sie drang. Nur Augenblicke später lag sie ganz still in meinen Armen. Auch den restlichen Tag über blieb sie so ruhig. Ich beobachtete sie und fragte mich, ob das wirklich nur daran lag, dass der Besuch beim Tierarzt für sie stressig gewesen war. Mein Magen blieb wie zugeschnürt, und aus irgendeinem Grund hatte ich Schuldgefühle.

Am nächsten Morgen war Sophie draußen im asphaltierten Innenhof. Als ich nach ihr sah, hatte sie überall blutigen Durchfall und erbrach sich in blutigem Schwall. Ich hob mein Mädchen auf. Sie war ganz schlaff und heiß. Die Tierklinik war gerade um die Ecke, nicht einmal fünf Minuten mit dem Auto von meiner Wohnung entfernt. Mit Sophie im Arm rannte ich zur Tür herein, denn sie erbrach sich und alles ergoss sich über mich. Ich konnte gar nicht glauben, dass sie überhaupt noch etwas im Magen haben sollte. Mir blieb fast die Luft weg. Fieberhaft suchten meine Augen den Raum ab.

„Helfen Sie uns!“ Meine Stimme klang so schrill, dass sie für alle, die in Hörweite waren, wie ein Elektroschocker gewirkt haben musste – außer bei einer Tierarzthelferin, die gerade im Gang stand, als wir hereinplatzten. Sie nahm mir Sophie aus den Armen und lief mit ihr nach hinten. Ich brach zusammen und sank auf den Boden. Ein paar Minuten später kam eine weitere Helferin mit ein paar Handtüchern und half mir, mich sauber zu machen. Ich zitterte am ganzen Körper. Als wir mich mit den Handtüchern abgerieben hatten, schaute mir die Helferin in die Augen und legte mir die Hand auf die Schulter.

„Aber ich habe sie doch gerade erst gestern zum Impfen hergebracht“, sagte ich und sah sie flehentlich an.

Mit freundlichem Blick und sanfter Stimme erwiderte die Frau, die Tierärzte kümmerten sich gerade um Sophie. Ich wartete unter den Augen der anderen Tierhalter, die mir tröstende Blicke zuwarfen. Keiner wollte mit mir tauschen.

Ich setzte mich hin, ging auf und ab, hinaus zur Rezeption, dann wieder zurück ins Wartezimmer. Schließlich kam einer der leitenden Tierärzte heraus und informierte mich.

„Wir haben einen Parvo-Test gemacht und haben sie jetzt isoliert und an eine Infusion gehängt.“

„Glauben Sie, es könnte Parvo sein?“

„Vielleicht. Wir wissen es noch nicht. Aber wir können es nicht darauf ankommen lassen, deshalb haben wir sie isoliert.“

Sophie musste über Nacht bleiben. Die Ärzte wollten sie nicht anderswo hinbringen, weil sie befürchteten, dass andere Tiere mit ihr in Berührung kommen könnten. Als ich am nächsten Morgen wieder vorbeikam, um zu erfahren, was los war, sagte die junge Frau, die die Termine vergab: „Oh, der Parvo-Test ist leider verlorengegangen und das Zeitfenster für den Test ist um.“

„Wie bitte? Wie kann man einen Test verlieren, und was bedeutet ‘Zeitfenster für den Test’?“

Dann kam der Tierarzt und erklärte, die Tests seien verlegt worden, aber da sie wüssten, dass ich Rollrasen aus Sonoma County in meinem Innenhof hätte, nähmen sie an, dass Sophie mit dem Corona-Virus in Berührung gekommen sei, der parvo-ähnliche Symptome auslöse.

„Sind Sie sicher?“

„Nein … aber, ja, doch.“

Dreimal täglich ging ich in die Tierklinik, und sechs- bis zehnmal rief ich an. Meine Ansprechpartnerin wurde Laurie, die Tierarzthelferin, die mich im Wartezimmer mit den Handtüchern abgerieben hatte. Fünf Tage lang war Sophie in einem „kritischen Zustand“. Am sechsten Tag trat eine „leichte Besserung“ ein, am siebten eine „deutliche Besserung“ und am achten Tag erhielt ich eine astronomische Tierarztrechnung und mein Welpen-Mädchen, das ich während des ganzen Martyriums aufgrund einer möglichen Ansteckungsgefahr nicht hatte sehen dürfen. Ihr Fell war stumpf und grau geworden. Ihre Nase hatte allen Glanz verloren, und aus ihren Augen war das Funkeln gewichen, das sie noch gehabt hatten, als sie bei der Züchterin den jüngeren Welpen am Schwanz gezogen hatte. Aber sie lebte. Der Tierarzt riet zu Baby-Nahrung und Hüttenkäse mit Reis, da ihr Magen noch sehr empfindlich sei. Ihre Fähigkeit, Nährstoffe aufzunehmen, war „immer noch ein Thema“. Keiner sagte mir allerdings, dass ihr Verdauungssystem nie wieder so sein sollte, wie es einmal war.

Sophie aß oft Hüttenkäse mit Reis, gekochtem Hackfleisch oder Hühnchen ohne alles. Ihr Magen-Darm-Trakt blieb instabil, und sie reagierte mal mehr, mal weniger empfindlich auf ihre Nahrung. Wenn sie ihr Essen nicht bei sich behalten konnte, bekam sie wieder Reis und Hüttenkäse. Allerdings vertrug sie offensichtlich Erdnussmus. Ich strich es ihr in Knochen hinein, die sie dann ausgiebig auslecken konnte. Dann lag sie flach auf dem Bauch, hielt den Knochen zwischen den Vorderpfoten und sog sorgfältig das glatt pürierte Erdnussmus heraus.

Für Sophie war alles lustig. Sie lag gerne verkehrt herum. Dann klappten ihre Lefzen nach hinten und sie sah aus, als lächele sie mit weit nach oben gezogenen Mundwinkeln. Weil ich darüber lachen musste, machte sie es immer wieder. Wenn ich auf ihre Mätzchen reagierte, dann bellte sie zweisilbig. Auf dem Sofa sitzend, beobachtete sie alle meine Bewegungen, und wenn ich zu ihr hinsah, bewegte sie die Augen vor und zurück und setzte einen Ausdruck auf, als ob sie lachen würde. Dann schob sie das Kinn mit einem Ruck nach oben, als wolle sie mir zunicken.

Mit dem Wachstum wurden ihre Wangen länger, und es war, als würden sie von der Schwerkraft nach unten gezogen. Wenn sie sich jetzt verkehrt herum hinlegte und lächelte, klappten sie noch viel schöner um. Einmal kam ich die Treppe herunter und erwischte sie mit dem Kopf auf dem Sofakissen und den Füßen auf dem Boden. Sie schnarchte. Sie hatte wohl angefangen zu klettern, war aber bereits zu müde vom Spielen, um es zu Ende zu bringen, und war halb liegend, halb stehend eingeschlafen.

An dem Tag, an dem wir beschlossen hatten, dass es nun an der Zeit war, die Parks zu entdecken, wo Sophie ungezwungener herumrennen konnte, kam Star zu Besuch. Als mein Mädchen die Airedale-Dame sah, rannte sie auf sie zu und wollte sich unter sie kuscheln, wie sie das immer getan hatte. Stattdessen prallte sie aber mit voller Wucht in ihre Seite. Mein Neufundländer-Welpe war gewachsen und nun fast so groß wie Star. Jetzt konnte sie nicht mehr unter sie rennen. Sophie blieb einen Augenblick lang neben ihrer Ersatz-Mama stehen, bellte und machte sich dann ganz klein, um unter sie zu kriechen. So lag sie nun unter Star, hochzufrieden mit der Lösung, die sie für das Problem gefunden hatte.

3

Der bellende Bär

In einer Nachbarstadt, so hatte ich gehört, sollte es in einem Park einen großen umzäunten Bereich für Hunde geben. Im Park selbst gab es Picknickplätze, einen großen Kinderspielplatz mit Schaukeln, Rutschen und Klettergerüsten, einen Tennisplatz und einen ziemlich großen Sportplatz, der für alles genutzt werden konnte, von Fußball über Football bis zum Baseball. Am Ende des Sportplatzes standen Kiefern; dort waren die Liebespärchen, die kuschelten oder ihr Picknick genossen. Von dieser Stelle aus konnte man auch die künstlich angelegte Wasserstraße sowie die Eigentumswohnungen und Reihenhäuser sehen, die um kleine Kanäle herum gebaut worden waren. Im Sommer waren die Wasserläufe voller Kanus, Ruderteams und einfachen Ruderbooten. Motorfahrzeuge waren dort nicht erlaubt, was sehr zu der ruhigen Atmosphäre am hinteren Ende des Parks beitrug.

Wenn man auf den Parkplatz fuhr, befanden sich die öffentlichen und privaten Gärten linker Hand, und dahinter, etwas abgesondert von der übrigen Anlage, gab es einen fast einen halben Hektar großen Bereich für Hunde, der durch einen stabilen Maschendrahtzaun abgegrenzt war. Der Hundezwinger hatte ein doppeltes Tor. Man trat durch das erste Tor ein, schloss es und öffnete erst dann das zweite Tor. So konnte keiner der frei und ohne Leine laufenden Hunde aus dem umzäunten Bereich entkommen. Beim Eingang befand sich ein zementierter Innenhof mit Bänken und einem Wasserhahn, über dem ein großes grünes Schild verkündete: „Trinkwasser nur für Hunde.“ Es gab Stahlnäpfe und zwei große weiße Eimer mit Wasser.

Entlang der gesamten Innenseite des Zauns standen geschickt verteilt weitere Bänke; und am hinteren Ende des Parks spendete ein großer Eukalyptusbaum den Hunden in den wärmeren Monaten Schatten. Oft saßen die Leute auf den Bänken unter dem Baum zusammen. Die Hunde legten sich dort ab, wenn sie genug hatten vom Herumrennen und die Besitzer noch nicht bereit waren, diesen wunderbaren Ort zu verlassen. Im Frühjahr roch es im Park nach Lakritze; das kam von dem Anis, der vor dem Zaun üppig wucherte. Akazienpollen schwebten in gelben Wolken durch die Luft, und bei vielen Zweibeinern röteten sich die Augen und die Nase lief. Die Pollen legten sich wie ein Schleier aus Sonnenstaub über den Zement, die Wassernäpfe, die Hunde und ihre Besitzer.

Wir näherten uns dem ersten Tor zum Hundezwinger. Ich war etwas unsicher, denn in so einer Situation war ich bis jetzt mit Sophie noch nicht gewesen. Die Hunde, die bereits drin waren, wirkten harmlos. Wir gingen etwas zur Seite, damit andere vor uns durch das doppelte Tor gehen konnten, und schauten vorerst von außen zu. Eine Frau in einem Rollstuhl winkte uns zur Begrüßung und lächelte.

„Ah, sieht ganz so aus, als hätten Sie da einen Neufi-Teenager!“ Sie rollte zum Zaun herüber, wo wir standen und das Treiben aus sicherer Warte beobachteten.

„Genau!“, antwortete ich.

„Ich bin Virginia, und dieser verrückte schwarze Labrador, der allen anderen Hunden davonrennt, ist Norman.“

„Ich bin Bethanne, und das ist Sophie.“

Die Frau griff in eine Tasche, die seitlich an ihrem Rollstuhl hing, und fischte nach Leckerli.

„Nein, nein!“, winkte ich ab.

„Es ist getrocknete Leber.“

„Sie hatte ein paar Probleme. Ich habe hier etwas für sie dabei.“ Ich kramte in meiner Tasche und steckte Virginia zwei Leckerli zu, die sie wiederum Sophie gab.

„Wollen Sie wirklich nicht reinkommen? Heute ist eine nette Meute da. Die Hunde sind alle freundlich, und die meisten Leute hier drin beißen nicht."

Ich zögerte, nickte aber dann zum Einverständnis.

Im Laufe mehrerer weiterer Besuche in dem Hundepark erfuhr ich mehr über Virginias Lebensgeschichte. Sie war eine für Olympia qualifizierte Sportlerin gewesen, hatte dann aber einen beinahe tödlichen Skiunfall, bei dem sie ein Bein verlor. Sie sprach nur sehr selten über ihre Gesundheit oder den Unfall. Wenn wir allein im Park waren, unterhielten wir uns über unser Training. Bevor ich Sophie bekam, hatte ich jahrelang Bodybuilding betrieben. Ich hatte im *Natural Bodybuilding* fast Wettbewerbsreife erreicht, als ein Autofahrer unter Alkoholeinfluss von hinten auf meinen Wagen prallte. Ich kam bei dem Unfall glimpflich davon, aber mein Nacken und mein Rücken hatten unter den Folgen zu leiden, und es sollte noch Jahre dauern, bevor ich erfuhr, wie ich die Beeinträchtigungen korrigieren konnte.

Ich sehnte mich oft nach dem Fitnessstudio; denn ich habe immer für mein Leben gern trainiert. Die Frau, mit der ich meine Übungen machte, lehrte mich meditative Techniken zur Verbindung von Geist und Körper. Form war alles. Es spielte keine Rolle, wie viele Kilo man stemmte; es hing alles davon ab, wie man seine Muskeln einsetzte. Ich fragte meine Workout-Partnerin über Ernährung und die besten Möglichkeiten zum Muskelaufbau aus. Sie lachte nur und sagte: „Es gibt Mönche, die leben nur von Licht." Mit der Methode, mit der wir Geist, Denken und Körper verbanden, konnte ich die Augen schließen und dann mit meinem inneren Auge jedes Organ, jedes Blutgefäß, jede Ader, jede Sehne und jeden Knochen meines Körpers sehen. Ich erfuhr, dass Virginia dieselbe innere Einstellung zum Training gehabt hatte.

Virginia – Mitte dreißig, stämmig, mit kurz geschnittenem, dünnem Haar, das fast ganz unter einer Baseball-Kappe verschwand – lebte alleine mit Norman, einem ausgebildeten Assistenzhund. Sie kamen jeden Tag mit einem Spezialfahrzeug für Rollstühle in den Park. An ihrem Rolli hatte sie geschickt Tüten mit Leckerli, Pfefferspray, Wasserflaschen und einen Beutel mit Fellpflegeutensilien platziert. Um den Hals trug sie eine laute Pfeife mit einem scharfen Ton, die sie immer dann einsetzte, wenn ein Hund (oder auch ein Mensch) Ärger machte.

Wenn Kinder in den Hundebereich kamen, die schüchtern wirkten, dann rief Virginia Norman herbei und ließ ihn Kunststücke vorführen. Unter anderem gab er „Autogramme". Dazu biss er in einen Bleistift und hinterließ so seine Beißspuren. Virginia gab dann dem Kind den Bleistift, und unter Normans magischem Einfluss verflüchtigte sich die Schüchternheit. Danach führte er stets quer durch den ganzen Park seine Paradenummer „Meine Hose brennt" vor und raste anschließend wie ein Wilder zu Virginia zurück, um sich seine Leckerli abzuholen, weil er so ein braver verrückter Hund gewesen war.

Im Spiel mit mehreren Hunden ließ sich Sophie gern zu Boden werfen. Waren etwa ein Dutzend wohlerzogene Hunde zusammengekommen, dann startete sie ein Rennen durch den ganzen Bereich und führte das Rudel an. Sie drehte sich um, um nachzusehen, wie dicht die anderen bereits herangekommen waren, und wenn sie sie fast eingeholt hatten, dann tat sie so, als hätte einer sie umgeworfen, damit alle in einem großen Haufen auf ihr landeten. Das war das Größte für sie!

Wenn aber Flower, die Whippet-Windhündin, da war, dann konnte Sophie ihren Status als Rudelführerin kaum aufrechterhalten, also „ließ" sie Flower vor dem Rudel herfliegen. Währenddessen befleißigten wir Besitzer uns des „Hundepark-Surfens", wie wir es nannten. Dazu gingen wir leicht in die Knie, wenn die Hunde an uns vorbeirannten, damit wir, falls einer von ihnen mit uns zusammenstieß (was andauernd vorkam), den kräftigen Rempler nicht mit gestreckten Beinen abbekamen. Ein einziges Mal achtete ich nicht auf das Spiel. Prompt knallte Flower auf mich drauf und renkte mir eine Kniescheibe aus. Ich hatte bereits Knieprobleme aus meiner Zeit als Gewichtheberin. Wenn ich meine Knie beugte, dann klangen meine Gelenke wie aneinander reibende Glassplitter, weil ich zu viel Gewicht auf die Beinpresse gelegt hatte. Nachdem der Whippet mich umgerannt hatte, hinkte ich mehrere Wochen lang.

Wenn die Leute an wärmeren Tagen auf den Bänken um die Wasserstation herum saßen, kam Sophie angetrottet, tunkte ihren Kopf komplett in den Wassereimer und machte anschließend die Runde, um jedem *Guten Tag* zu sagen. Es sah aus wie eine La-ola-Welle bei einem Fußballspiel, wenn die Leute nacheinander aufstanden, um nicht von ihr in Wasser und Sabber gebadet zu werden. Als wäre sie Stan Laurel (aus den alten „Dick und Doof"-Filmen), „zuckte" Sophie dann ahnungslos mit den Schultern und setzte ihren „Ich wollte doch nur nett sein"- Blick auf.

Wir Hundebesitzerinnen und -besitzer unterhielten uns manchmal stundenlang und klangen dabei eher wie Mütter. Wir diskutierten, welche Futtermarken, Leckerli, Tierärzte, Erziehungsmethoden, Hundekissen oder Flohmittel wir am besten fanden oder welche Spielzeuge gut angekommen bzw. ein Fehlschlag gewesen waren. Wir lösten Erziehungsprobleme, wie z.B. Pinkeln in der Wohnung, Ziehen an der Leine oder Abschlecken des Babys, wenn es am Boden spielte.

Schon recht bald freute ich mich darauf, wenn bestimmte Leute und ihre Hunde zu ihrer üblichen Zeit in den umzäunten Park kamen. Monkey war ein Mischling, der ungefähr aussah wie Toto, der Cairn Terrier aus dem *Zauberer von Oz*. Das Wichtigste auf der Welt waren für ihn Bälle und Ballons. Er hatte einen großen roten Ball, mit dem er im Park Fußball spielte. Jeder Hund wusste, dass man sich von Monkeys großem rotem Ball fernzuhalten hatte. Er „kickte" ihn so kräftig und so oft, dass er um die Schnauze herum sein ganzes Fell verloren hatte. Manchmal brachte sein Besitzer ihm Ballons mit. Dann sprang Monkey danach, fing sie und ließ sie platzen, was einige Hunde veranlasste, vor dem Krach das Weite zu suchen.

Dann gab es noch die Norwich Terrier. Cubby und Toby hielten Sophie für ihren persönlichen Trinkbrunnen. Wenn sie sich hingelegt hatte, liefen sie zu ihr und leckten ihr den Sabber von den Lefzen. Toby, Connies Hund, war hellwach und glücklich, wo immer er war. Wenn Mia mit ihrem Hund Cubby kam, dann verließen die beiden Frauen den Park und gingen mit ihren Hunden um den Sportplatz herum spazieren. Wenn viele größere Hunde in dem umzäunten Park miteinander flirteten, hatten es die kleineren Hunde oft schwer. Irgendwer wurde immer beiseite geschubst oder geriet unter die Räder bzw. Pfoten. Für die beiden Damen war es daher einfacher, ihre Hunde stattdessen einmal um den Sportplatz rennen zu lassen. Manchmal begleiteten Sophie und ich sie auf ihrem Spaziergang, besonders wenn Hunde im Park waren, denen wir lieber aus dem Weg gingen.

Ich eröffnete meine Art-to-Wear-Galerie für Kunstgewerbe, Schmuck und besondere Mode an der Sacramento Street in San Francisco. Die Räume waren in Jagdgrün und Burgunderrot gestrichen. Hinter den Schaukästen im Hauptgeschoss gab es eine Empore, die ich als Zimmer für Sophie nutzte. Durch das Geländer an Treppe und Balkon konnte sie den ganzen Laden überblicken. Die meisten Leute bemerkten den schwarzen Hund dort oben nicht einmal, es sei denn, sie entdeckten die rosa Zunge, die ihr aus dem Mund hing.

Damals wog Sophie bereits fast sechzig Kilo, war aber immer noch nicht völlig ausgewachsen. Eines sehr ruhigen, warmen Nachmittags waren wir beide wie üblich in der Galerie. Sophie schlief im Hinterzimmer, während ich eine neue Kollektion Silberschmuck mit Preisen auszeichnete. Ich hörte, dass jemand hereinkam, beendete noch schnell, womit ich gerade beschäftigt war, und sah dann auf. Ein Mann Ende zwanzig war hereingekommen und schien eher meinen Laden als solchen und nicht den angebotenen Schmuck in Augenschein zu nehmen. Er wirkte nervös, seine Fäuste in seinen Hosentaschen waren geballt. Sein Haar war kurz, aber zerzaust. Die Augen wollten ihm schier aus dem Gesicht springen. Er sah aus wie geisteskrank. Auf so etwas war ich überhaupt nicht gefasst. Ich stand einfach nur da und sah ihn an, hörte aber, wie Sophie aus dem Hinterzimmer ans Geländer kam und den Laden beobachtete.

„Du bist allein hier“, sagte der Mann.

„Nein.“

„Hier drin ist doch niemand sonst. Lüg mich nicht an.“

„Ich lüge nicht.“ Mir blieben fast die Worte im Hals stecken. Doch in meinem Kopf hörte ich: *Zeige keine Angst.* Die Worte hallten wie ein Echo in mir nach, während ich versuchte, einen ruhigeren Eindruck zu machen.

„Ich kann mit dir machen, was ich will, und keiner merkt es“, drohte er.

Sophie legte ihre Vorderpfoten auf das Geländer. Da die Empore erhöht war, sah sie größer aus, wenn sie dort oben stand, als sie mit ihren sechzig Kilo in Wirklichkeit war. Sie stand da, die Pfoten auf dem Geländer, und gab keinen Laut von sich. Ihre Augen fixierten den Charles-Manson-Verschnitt.

Ich deutete auf sie: „Das ist mein Hund.“

Er drehte sich um und sah sie dort oben stehen. Sie starrte ihn an und rührte sich nicht. Ja, sie schien noch nicht einmal zu atmen oder die Lider zu bewegen. Ihr Anblick brachte ihn aus dem Konzept. Er machte auf dem Absatz kehrt und rannte zur Tür hinaus. In dem Augenblick überwältigte mich die Angst. Ich rannte zur Tür, warf sie zu und schloss ab. Dann rief ich bei dem Möbelgeschäft nebenan an. Noch bevor ich den Hörer aufgelegt hatte, stand der Besitzer vor meiner Tür. Allein Sophies Anwesenheit hatte mich vor einem Geistesgestörten, möglicherweise einem Vergewaltiger oder Schlimmeren, gerettet. Wir riefen die Polizei.

Ohne Sophie ging ich nirgendwo hin. Wenn ich etwas aus einem Kaufhaus brauchte, dann kaufte ich dort ein, wo Hunde zugelassen waren. Ich glaube, als die Kaufhausleitung Hunde zuließ, hatten sie kleine Schoßhündchen vor Augen, die man auf dem Arm trug, nicht Hunde von Sophies Ausmaßen. Aber sie war begeistert, und immer wenn wir an einem bodentiefen Spiegel vorbeikamen, mussten wir stehen bleiben und einen ausgiebigen Blick hineinwerfen. Auf der Heimfahrt im Auto hatte ich die rechte Hand am Lenkrad und streckte den linken Arm nach hinten. Dort lag Sophie auf dem Rücksitz und legte ihre Vorderpfote in meine Hand. So fuhren wir, bis ich einen Krampf im Arm bekam und ihn bewegen musste. Dann nahm sie ihre Pfote weg und seufzte.

Das Parken um die Galerie herum war eine echte Herausforderung. Wir versuchten, früh in der Stadt zu sein und hinter dem Areal der Bibliothek zu parken, wo die Anwohner ihre Hunde Gassi führten. Einmal gingen wir am späten Vormittag quer über das Gelände, weil ich die Galerie öffnen musste. Zwei Boxer waren da, unangeleint. Ich sah sie, als wir um die Ecke bogen. Sie knurrten und wollten sich auf uns stürzen. „Nein!“, schrie ich, so laut es meine Stimme hergab, und warf mich über Sophie, um sie zu beschützen. Die beiden Hunde waren verblüfft. Ich spürte, wie einer in meine Kleider biss und Zähne meine Haut berührten. Der Besitzer sagte kein Wort, sondern beobachtete nur, was geschah. Die Hunde zogen sich zurück, der Besitzer leinte sie an und ging. Ich stand auf und brüllte ihm nach.

„Was ist los mit Ihnen? Können Sie nicht einmal fragen, ob uns nichts passiert ist? Sie Idiot! Halten Sie Ihre verdammten Hunde von meinem Mädchen fern! Ich rufe den Tierschutz an. Die werden Ihnen Ihre dämlichen Hunde wegnehmen, Sie armseliger Penner!“

Sophie lag da und schaute zu mir auf. Ich drehte mich um und sah sie an.

„Keiner tut dir was. Keiner!“ Meine Stimme war eher ein Krächzen, weil ich so laut geschrien hatte. Aber außer den beiden Boxern und ihrem Besitzer hatte uns keiner gehört. Niemand kam aus der Bibliothek. Wir waren ganz allein. Sophie stand auf, und wir gingen zur Galerie. Ich zitterte so heftig, dass wir mehrmals stehen bleiben mussten, damit ich mich wieder sammeln konnte. Ich stützte mich mit der Hand auf Sophies Rücken, und sie sah mich mit ihren sanften braunen Augen an, die mir sagten, dass sie verstand. Auf unserem Weg zur Galerie hörte ich: *Du hast mich beschützt.*

Ich sah zu meinem Mädchen hinunter und lächelte. Ich legte ihr die Hand auf den Hals und fing an zu weinen. Die Tränen flossen in Strömen, und mein Gesicht verzog sich. Sophie wartete geduldig, während meine Tränen auf ihr Fell an Rücken und Nacken kullerten, dann gingen wir weiter. Als wir in der Galerie angekommen waren, schloss ich die Tür hinter uns. An jenem Tag blieb sie geschlossen. Wir blieben miteinander im Hinterzimmer und spielten mit Sophies Spielsachen. Den Kopf auf meinem Schoß, schlief sie ein. Ich saß da, den Rücken an die Wand gelehnt, tätschelte ihren riesigen Kopf und streichelte ihr Fell. In jener Nacht erbrach sich Sophie wieder. Erneut standen wir eine Runde Durchfall, Hüttenkäse und Reis miteinander durch.

Ich konnte nie ein Halsband für Sophie finden, das mir gefallen hätte – die meisten Hundeboutiquen oder Zoofachgeschäfte waren auf wesentlich kleinere Hunde eingestellt. Die größten Mädchen-Halsbänder, die wir finden konnten, waren für Hunde in der Größe eines Labradors, nicht für Neufis. Wenn es überhaupt welche gab, dann hatten größere Halsbänder zumeist Stacheln oder ein Tarnmuster. Das passte mir überhaupt nicht. Bei der Tierboutique in der Nähe meiner Galerie gab ich deshalb eine Sonderbestellung für einfarbige Nylon-Halsbänder auf. Eines Nachmittags fuhren wir auf dem Nachhauseweg bei einem Bastelladen vorbei und besorgten uns Stoffmalfarben. An jenem Abend bemalte ich Sophies Nylon-Halsbänder. Das machte mir so viel Spaß, dass ich weitere Halsbänder bestellte und mir noch mehr Farben besorgte. Ich experimentierte mit den Farben und entdeckte dabei, wie sie am besten dauerhaft an dem Nylon hafteten. Dann entwarf ich attraktive Designs. Der Besitzer der Tierboutique, in der wir die Halsbänder erstanden hatten, fragte mich, ob ich nicht ein paar zum Verkauf in seinem Laden anfertigen wollte.

Ich eröffnete ein Händlerkonto beim Hersteller der Farben und der Nylon-Halsbänder. Auch den Leuten im Park gefielen meine Kreationen, und sie brachten mir ihre Hundehalsbänder zum Bemalen. Der Besitzer der Tierboutique verkaufte alle Halsbänder, die er von mir hatte, und bestellte immer wieder neue nach. Ich brachte einen ganzen Korb voller Halsbänder mit in den Park und verkaufte sie dort.

In der Galerie bestückte ich einen Gürtelständer mit meinen Entwürfen. Sie gingen weg wie warme Semmeln.

Als wir eines Tages wieder einmal in den Piper Park kamen, sah ein Kind Sophie und mich kommen und rief: „Schau, da kommt der bellende Bär!“ Das gefiel mir ausgesprochen gut! Und so wurde *Barking Bear* (bellender Bär) der Name meines neuen Unternehmens. Außer in meiner Galerie war ich nun auch in der „Handbemalte Hundehalsbänder“-Branche tätig. Das mochte ich noch lieber als die Galerie. Wenn ich an meinem kleinen Arbeitstisch saß und neue Muster entwarf, vergaß ich alles um mich herum.

Im Park gingen Sophie und ich auch weiterhin um den Sportplatz herum. Oft leisteten uns Mia und ihr Norwich Terrier Cubby sowie ihr kleiner Welpe Biscuit Gesellschaft. Mias Hunde liefen frei, wohingegen Sophie bei uns an der Leine blieb. Wenn es regnete, trotteten wir auf dem steinigen Weg vor uns hin. Es wurde zu einem täglichen Ritual. Wir riefen einander nicht einmal an; wir waren einfach immer um dieselbe Zeit dort. Im November ließen die Regenfälle schließlich nach.

Montag war Mias freier Tag. Ich rief sie aus der Galerie an und erklärte den Tag zum offiziellen Schwänztag für Sophie und mich. Wir packten uns warm ein und trafen uns schon früh mit Mia zu einem langen Spaziergang im Park. Sie brachte ihre Kamera mit, und wir machten mindestens eine Stunde lang Fotos von Cubby, Biscuit, Sophie und mir. Mia hatte ein Auge für gute Motive. Sie erfasste den Hintergrund und hatte Sinn für Licht und Schatten. Sophie und ich saßen auf einer Bank außerhalb des umzäunten Parks bei den Weiden am Wasser. Als Mia das Foto machte, beschlich mich ein bestimmtes Gefühl. Ich konnte es nicht genau benennen, aber ich spürte irgendwie, dass dies unser letzter schöner Tag sein sollte.

Sophie fing wieder an, sich zu erbrechen, aber dieses Mal waren das Erbrechen und der Durchfall so schlimm wie damals als Welpe. Es fiel ihr sehr schwer, überhaupt Nahrung bei sich zu behalten. Wir gingen ausschließlich zu Hüttenkäse und Reis über. Sie schlief auf dem Rücken liegend ein und fing mitten in der Nacht an, sich zu erbrechen. Wie eine Akrobatin sprang ich dann aus dem

Bett und drehte sie um, damit sie nicht an ihrem eigenen Erbrochenen erstickte. Anschließend holte ich Tücher, um die blutig-weiße Masse unverdauten Essens aufzuwischen. Wir gingen nicht mehr in den Park, weil ihr Verdauungstrakt zu sensibel wurde. Ich wollte nicht, dass sie das Wasser dort trank, und ich ließ auch niemanden mit irgendwelchen Nahrungsmitteln in ihre Nähe. Ein alter Freund kam vorbei, und als ich gerade in der Küche war, ließ er Sophie aus seinem Weinglas trinken. Ich sprang über den Stuhl, schnappte das Glas und verschüttete dabei das meiste auf den Teppich: „Kein Wein!"

Nachts lag ich im Bett, Sophie auf ihrer Matratze, und ich sah ihr beim Schlafen zu. Als ihr Zustand sich verschlimmerte, hatte ich eine Vision: Ich sah einen großen schwarzen Neufundländer und einen kleinen Landseer-Welpen im Garten. Das war alles. Da wusste ich, dass sie wieder gesund würde. Ich sah sie mit einem Welpen. Wir würden ihr einen Spielkameraden besorgen. Damals ahnte ich nicht, dass ich Emma Big Dog und Cubby gesehen hatte. Der schwarze Hund musste meine Sophie sein. Alles andere war völlig unmöglich.

Die Galerie steckte in Schwierigkeiten. Die Geschäfte liefen nicht gut. Ich überlegte, ob ich sie schließen oder mit ihr umziehen sollte. Ich fand ein Ladenlokal in Mill Valley, nördlich der Golden Gate Bridge, und unterzeichnete einen Mietvertrag. Morgens ging ich mit Sophie in den Park. Wir gingen bis zur Mitte des Sportplatzes und wieder zurück, stiegen in den Geländewagen und fuhren zur Galerie – zum Ausverkauf.

Die Tierärztin verschrieb Sophie *Flagyl*, aber das schien nicht zu helfen. Wir gingen zweimal wöchentlich zu ihr, aber meist schüttelte sie nur den Kopf und wusste nicht, was sie noch tun sollte. Sie wollte sich telefonisch erkundigen und dann wieder auf mich zukommen. Schließlich sagte sie mir, sie wolle Sophie *Imurek* verabreichen. Ich hatte ein schlechtes Gefühl, als ich das Medikament abholte. Bei Sophie war eine entzündliche Darmerkrankung festgestellt worden. Ich wusste nicht, was ich anderes tun sollte, als den Anweisungen der Ärztin Folge zu leisten. Als ich das verschriebene Medikament zu Hause hatte, las ich den Beipackzettel, auf dem stand, ich müsse Handschuhe tragen, wenn ich mit dem Mittel hantierte. Ich rief in der Tierklinik an, weil ich mir nicht vorstellen konnte, dass das für Sophie unschädlich sein sollte. Ich wartete auf den Rückruf und legte mich aufs Sofa. Während ich so dalag, hörte ich eine Stimme. Ich wusste, dass sie nicht von mir kam. *Gib es ihr nicht.*

Ich taumelte vom Sofa und weinte. Ich wusste nicht, an wen ich mich wenden oder was ich tun sollte. Die Tierärztin rief an und sagte: „Geben Sie ihr das Imurek."

Als ich Sophie das Medikament verabreichte, hatte ich das Gefühl, ich unterschriebe ihr Todesurteil.

Bei der Blutuntersuchung stellte sich heraus, dass das Medikament Sophies Knochenmark angegriffen hatte. Es legte seine Funktion lahm. Die Tierärzte meinten alle, dies würde sich wieder ändern; es sei nur eine erste Reaktion, und ich solle die Medikation auf keinen Fall abbrechen. Sie sagten mir allerdings auch, ich solle ihr Stachelhalsband abnehmen und wiesen mich darauf hin, dass sie beim kleinsten Schnitt oder Stoß verbluten könnte. Wohin hätte ich mich sonst wenden sollen? Ich spürte, dass sie unrecht hatten, wusste aber zugleich nicht, was ich mit diesem Gefühl anfangen sollte. Und wenn ich ihr das Medikament nicht gäbe, was dann?

Die Anzahl von Sophies Blutplättchen sank auf ein kritisch niedriges Niveau. Sie war antriebslos und schwach. Ich konnte sie nicht einmal dazu bringen, in unserer Wohnung die Treppe hinauf zu gehen. Am Mittwoch war die niedrige Blutplättchenzahl festgestellt worden, und schon am Donnerstag waren wir wieder in der Klinik. Die Anzahl der Blutplättchen war unverändert. Am Freitag sagte die Tierärztin, Sophies Zustand sei äußerst kritisch. Die Zahl der Blutplättchen war weiter gesunken. Am selben Abend rief mich die Tierärztin an, und wir unterhielten uns. Seit Sophie das neue Medikament bekam, telefonierten wir fast jeden Abend.

„Sie schafft es", sagte ich, und versuchte überzeugend zu klingen. „Ich sehe nicht, dass sie stirbt. Ich spüre es nicht. Ich sehe sie, und ich habe ein klares Bild vor Augen von ihr und einem neuen Welpen im Garten, einem schwarz-weißen Welpen. Sie hat einen wunderschönen, glücklichen Gesichtsausdruck. Ich liebe dieses Gesicht. Ich liebe sogar ihren Sabber – und darauf hat sie es abgesehen. Ich höre sie unten. Ich muss zu ihr." Was ich in der Vision nicht sehen wollte, war, dass der schwarze Hund nicht Sophie war.

„Rufen Sie mich an, sobald irgendeine Veränderung eintritt."

Ich knallte den Hörer auf und rannte die Treppe hinunter, denn ich sah ihre Seele – ein warmes, zartes Licht. Ich sah diese Seele in ihrem bärenartigen Körper. Sie waren fest miteinander verbunden. „Trennt euch nicht. Geht nicht auseinander. Geh nicht weg. Du schaffst es. Ich weiß es. Ich weiß es. Ich weiß es."

Am Samstag war die Blutplättchenzahl kritisch. Am Sonntag wollte Sophie nicht von mir berührt werden. Jeder Zentimeter ihres Körpers schmerzte. Ich musste ihr in den Garten helfen, damit sie sich erleichtern konnte. In ihrem Stuhl war Blut. Der Hausbesitzer half mir, sie in meinen Wagen zu laden, und wir fuhren in die Notfallklinik. Um 10.30 Uhr bekam sie eine Bluttransfusion. Wir verbrachten den ganzen Tag in der Klinik. Es hieß, sie müsse über Nacht bleiben, und ich dürfe nicht bei ihr sein. Ich bat inständig, aber es blieb beim Nein. Man schloss mir die Tür vor der Nase zu. Ich stand da und presste die Hände gegen das farbig gestrichene Portal, hinter dem irgendwo Sophie lag. Ich war benommen und zitterte. Ich habe keine Ahnung, wie ich es geschafft habe, nach Hause zu fahren. Ich weiß, dass ich weinte und bettelte: „Bitte lass sie leben. Bitte lasst sie leben. Ich garantiere, wenn sie stirbt, dann sterbe ich auch." Das stand für mich zweifelsfrei fest.

Als die Notfallklinik am nächsten Morgen öffnete, war ich da. Wir luden sie in den Wagen, und ich fuhr sie in unsere Tierklinik. Die Ärzte behielten Sophie den ganzen Tag zur Beobachtung da. Ich blieb eine Zeit lang im Wartezimmer und fuhr dann zur neuen Galerie. In nicht einmal zwei Wochen sollte ich eröffnen.

An jenem Abend durfte Sophie mit mir nach Hause. Mia kam vorbei, und wir saßen bei ihr. Sophie wollte immer noch nicht berührt werden. Spät am Abend stieg ihr Fieber an. Am Dienstagmorgen waren wir wieder in der Klinik. Sophie bekam eine Bluttransfusion. Um 14 Uhr war ihr Fieber noch höher. Die Nacht über musste sie wieder in der Notfallklinik bleiben. Dieses Mal durfte ich eine Zeit lang bei ihr sein. Schließlich aber wurde ich hinausgeworfen. Ich solle nach Hause fahren und mich ein wenig ausruhen.

„Sie tun ihr nichts Gutes, wenn Sie krank werden."

Als ich zur Tür hinausging, hörte ich eine Helferin zu einer anderen sagen: „Ich bezweifele, dass sie die Nacht übersteht."

In jener Nacht stand ich stundenlang auf meiner Veranda, weinte und schaute in den Nachthimmel. Ohne mein Mädchen war es so leer im Haus. Um 7.30 Uhr war ich wieder in der Notfallklinik. Sophie lebte noch. Wir luden sie ins Auto. Das Fieber machte sie ganz unruhig, und sie wollte sich aufsetzen. In unserer Tierklinik wurde Sophie erneut aufgenommen, mir hingegen nicht einmal erlaubt, im Wartezimmer Platz zu nehmen. Ich hatte keine Ahnung, was ich tun sollte. Ich fuhr zur Galerie und saß in meinem Büro auf dem Boden.

Der Anruf kam etwa um 12 Uhr. Ihr Fieber war auf 40°C gestiegen. Sie legten sie in Bäder mit kühlem Wasser. Sobald eine Veränderung einträte, würde die Tierärztin sich wieder melden. Ich wartete auf einen weiteren Anruf.

Ich saß auf dem Boden, um mich herum Schmuck aus Gold und Emaille von einer Künstlerin aus Florida. Mit leerem Blick starrte ich die Stücke an. Es war, als löste ich mich auf, dann sah ich auf und spürte einen Luftzug, der über mich hinwegzog, obwohl alle Türen und Fenster geschlossen waren.

Es ist Zeit loszulassen.

Ich schloss die Augen und sah Sophies Gesicht vor mir. Ich stand auf, griff zum Telefon und rief die Klinik an. Sophies Fieber war nicht mehr gesunken. Sie hatte Maden erbrochen und war gestorben.

Ich durfte sie nicht sehen. Stattdessen bekam ich ein Büschel Fell von ihrem Schwanz überreicht, das mit einem violetten Band zusammengebunden war. Wieder zu Hause, legte ich das Büschel in eine Schachtel. Ich öffnete eine Schublade an meinem Schreibtisch, um die Schachtel dort hineinzulegen. Sie war leer, bis auf die Anzeige über die Neufundländer, die ich damals aus der Zeitung ausgeschnitten hatte. Ich nahm das Stückchen Papier in die Hand und legte es dann zusammen mit dem Erinnerungsstück in dem violetten Band wieder in die Schublade.

Ich nahm ihr Halsband aus meiner Tasche, wo es sich mitsamt ihrer Leine befunden hatte, seit ihr Zustand kritisch geworden war. An dem Halsband baumelte ein Anhänger aus Sterlingsilber, das eine befreundete Künstlerin angefertigt hatte. Darauf stand „Bethanne und Sophie. Für immer." Auf der Vorderseite waren Sterne und ein stilisierter Knochen aus Messing sowie die Inschrift: „Gib nie deine Kekse und Knochen auf." Es war die Parodie einer Schmuckserie, die die Künstlerin entworfen hatte. Sie hatte es lustig gemeint. Jetzt war es für mich die Wahrheit. Sophie hatte nicht essen können. Ihre Verdauung hatte nicht mehr funktioniert. Ich legte das Halsband und die Leine in die Schublade und setzte mich auf den Boden, zu benommen, um mich zu bewegen. Schließlich legte ich mich hin und muss wohl kurz eingeschlafen – oder ohnmächtig geworden – sein. Als ich wieder aufwachte, griff ich zum Telefon und rief eine Freundin in Arizona an, die Künstlerin, die Sophies Anhänger gemacht hatte.

„Bethanne, das ist ja schrecklich. Ich weiß gar nicht, was ich sagen soll. Ich meine, von allen Hunden, … ausgerechnet deine wunderschöne Sophie. Ich kann es einfach nicht glauben, und sie war noch nicht einmal zwei Jahre alt. Du musst herkommen. Setze dich ins Flugzeug, und wir kümmern uns um dich. Packe ein paar Sachen und fahre einfach zum Flughafen. Schaffst du das? Ich kann es einfach nicht glauben. Wie konnte so etwas nur geschehen?"

Ich weiß nicht mehr, wie ich zum Flughafen gekommen bin. Aus meiner Zeit bei Josie in Arizona kann ich mich nur noch daran erinnern, dass eine Klapperschlange im Swimmingpool war, dass ich Tee mit Himbeeren darin bekam und mir auf dem Heimflug gewünscht habe, mein Flugzeug würde einfach im Universum verschwinden.

4

Emma Big Dog

15. Mai 1994

Zuerst war ich mir nicht sicher, was passiert war. Um drei Uhr morgens stand ich in der Küche. Sämtliche Schranktüren standen offen. Einige Fächer sahen aus, als ob sie durchwühlt worden wären. Mehrere Flaschen waren auf der Arbeitsfläche und am Boden zerschellt; ein paar Dosen waren auf das Linoleum gefallen und bis in den Essbereich gerollt. Mein Nachthemd war schweißgetränkt, und von meiner rechten Hand tropfte Blut. In mehreren Fingern spürte ich Glassplitter. Ich kämpfte darum, wach zu werden oder zumindest irgendwie zu Bewusstsein zu kommen.

Mein Herz schmerzte, so sehr pochte es in meiner Brust. Vorsichtig ging ich um die Glassplitter und Dosen herum ins Bad, um meine Hand abzuwaschen. Ich war ganz durcheinander und benommen. Irgendwie muss ich es geschafft haben, meine Wunden zu verbinden. Aber ich kann mich nicht mehr daran erinnern. Um sieben Uhr am nächsten Morgen wachte ich auf, weil das Telefon klingelte. Mia würde gleich kommen. Heute wollten wir fahren.

Als ich um die Ecke in die Küche kam, wusste ich nicht so recht, was ich davon halten sollte. In meinem Kopf fühlte es sich an, als hätte ich einen Kater, aber er war ganz leer und tat nicht weh. Es war eher eine benommene Leere. Boden und Arbeitsfläche waren frei von Scherben und sauber gewischt. Die Türen der Küchenschränke waren wieder geschlossen. Ich überprüfte alle und öffnete sie ganz langsam, als könne etwas herausfallen, wenn ich nicht vorsichtig wäre. Alle waren aufgeräumt und sauber. Die einzigen Spuren des Geschehens waren meine verbundene Hand und die Glasscherben im Mülleimer. Beide Katzen saßen in der Küchen-Durchreiche. Eine, Madison, gähnte und schaute weg.

„Weißt du, was los war?"

Sie sprang herunter und schlenderte ins Schlafzimmer. Ich blieb einfach stehen und sah ihr nach. Meine Ohren klingelten.

Unverwandt schaute ich mich um, fast so, als sähe ich meine Umgebung zum ersten Mal. In meinem Kopf lief ein Film der Ereignisse, die sich hier abgespielt hatten. Ich sah mich selbst, schlafend, aber in gewisser Weise auch bewusst, auf dem Weg in die Küche, wo ich etwas suchte. Ich hatte bereits von nächtlichen Ängsten gehört, von Menschen, die im Schlaf herumgingen oder auch bestimmte Dinge ausagierten, aber am eigenen Leib hatte ich so etwas noch nie erfahren. Im Moment erschien es mir einfacher, diese Ereignisse einfach beiseite zu schieben und zu versuchen, sie zu vergessen. Ich hatte keine Ahnung, was ich sonst hätte tun sollen. Mein Verhalten machte mir Angst.

Mia und ich brachen in einem gemieteten weißen Van auf nach Oregon. Meinem eigenen Wagen traute ich die Fahrt nicht noch einmal zu, und ich wollte für diese Reise ein Fahrzeug mit einer zuverlässigen Klimaanlage, nicht nur für vorne, sondern auch für die Rücksitze. Unterwegs nahmen wir Alices Neufundländerdame Ethel Mermaid mit. Sie war in meiner Gegend bei einem anderen Züchter gewesen und von einem ziemlich attraktiven schwarzen Rüden gedeckt worden. Alice war einverstanden, mir den Welpen zu verkaufen, den sie gerade erst für sich selbst gekauft hatte. Als Gegenleistung wollte ich ihre hoffentlich trächtige Hündin mitnehmen und sie Alice bringen, wenn ich *Emma Big Dog* abholte. Emma war bereits vier Monate alt und hatte schon mehr als eine Impfserie bekommen. Mia fand, dass es für mich noch zu früh war, wieder einen Welpen zu haben, das wusste ich. Schließlich war seit Sophies Tod noch nicht einmal ein Monat vergangen.

Wir hatten uns mit Alice auf dem Parkplatz einer Spirituosenhandlung verabredet, direkt gegenüber dem California-State-Highway. Zuerst lud ich Ethel Mermaid aus, dann holte Alice Emma aus dem großen Hundekäfig, der mit Gummiseilen auf der Ladefläche ihres Pick-up festgeschnallt war. Ich blieb bei dem Mietwagen stehen, während Mia Emmas Leine aus Alices Hand entgegennahm. Emma war überhaupt nicht wie Sophie. Obwohl sie sehr niedlich war mit ihrem lächelnden Mund und ihren wachen Augen, brachte ich es nicht über mich, zu ihr zu gehen und sie zu begrüßen. Emma wirkte kein bisschen ängstlich. Sie rannte Mia entgegen und schleckte sie als offizielle Begrüßung gründlich ab. Die weiße Blesse auf der Brust meines Welpenmädchens war fast perfekt herzförmig. An der rechten Hinterpfote hatte sie einen weißen Fleck auf den Zehen. Sonst war sie vollkommen schwarz.

Mia fuhr die ganze Strecke nach Hause, und ich blieb auf dem Rücksitz bei Emma. Während der gesamten Fahrt gab sie keinen Ton von sich. Innerhalb weniger Minuten kannte sie ihren Namen. (Alice hatte sie *Shelley* genannt, von *Seashell*, Muschel). Bis wir zu Hause waren, hatte das kleine weißherzige Mädchen es fertig gebracht, dass ich über ihre Art und Weise, sich mehr als ein Spielzeug auf einmal zu schnappen, lächeln musste. Sie versuchte, drei auf einmal in den Mund zu nehmen. In der ersten Nacht schlief sie in ihrem Gitter mit offener Tür neben meinem Bett. Etwa um Mitternacht sprang sie aus dem Tiefschlaf auf und lief mehrere Male bellend ins Wohnzimmer und wieder zurück.

„Was ist los?"

Sie rannte einfach immerfort aus der Schlafzimmertür zum Wohnzimmer und zurück, wieder und wieder und wieder. Dabei hielt sie den Kopf erhoben und schwenkte ihn fortwährend hin und her. Ich stand auf, weil ich glaubte, sie müsse raus. Ich griff nach der Leine, da ertönte in der Ferne das Signal eines Feuerwehrwagens. Die Leine in meiner Hand, erstarrte ich. Der Ton kam immer näher, bis der Wagen schließlich an meinem Haus vorbeifuhr und am Ende der Straße nach links abbog. Etwa zur selben Zeit, als der Feuerwehrwagen vorbeifuhr, machte sich schwacher Rauchgeruch bemerkbar. Ich schaute zu Emma herunter, die jetzt direkt vor mir saß und mich ansah. Sie wusste, dass ich verstanden hatte, was sie mir hatte sagen wollen.

„Oh, du bist also ein Feuermelder! So ein schlauer Hund bist du!“ Ich tätschelte sie und ließ sie dann nach draußen.

Am nächsten Tag füllte ich ein großes Planschbecken, in dem sie sich vergnügen konnte. Emma spazierte im Garten umher, ihre rosa-grüne Frisbeescheibe fest im Maul. Dann nahm sie sie mit in das Becken, ließ sie los, schnappte sie sich wieder und spazierte herum. Dabei versprühte sie überall Wasser. Während sie ihren Spaß hatte, klingelte das Telefon. Ich holte es mir vom Sofa. Es war eine Freundin, die alle Einzelheiten über Emma wissen und erfahren wollte, wie die Fahrt nach Oregon verlaufen war. Ich berichtete ihr ausführlich über alles, was sowieso schon durchgesickert war, ließ aber die rätselhaften Vorfälle in der Küche aus: „Sie hat kein zweisilbiges Bellen wie meine Sophie“, erklärte ich. „Sie bellt einfach nur.“

Emma sah mich an und nickte leicht mit dem Kopf, ganz so, als wolle sie bestätigen, was ich gerade gesagt hatte. Dann stieß sie ein dreisilbiges Bellen aus.

Meine Freundin lachte. „Oh, ich glaube, das gibt Ärger. Du hast dir einen kleinen Schlauberger eingehandelt.“

„Ich glaube, da könntest du recht haben.“

Bevor ich Emma zum ersten Mal in den Hundepark mitnahm, stellte ich sie der Tierärztin vor, die mir zu einem gesunden Hund gratulierte. Auf dem Weg ins Untersuchungszimmer sah ich ihn wieder – den halbnackten amerikanischen Ureinwohner. Dieses Mal war es nicht nur ein kurzer Blick, den ich erhaschen konnte, sondern ein recht langer Augenkontakt. Ich kannte ihn, wusste aber nicht, woher. Ich wusste, dass ich gewarnt wurde, aber als er verschwand, schüttelte ich den Gedanken ab, weil ich mir einfach nicht vorstellen konnte, was ich sonst tun sollte.

Die Tierärztin verabreichte Emma ihre erste Tollwut-Impfung. Emma warf ihren Kopf herum und gab ein leises Knurren von sich. Mir lief es eiskalt über den Rücken. Sophie hatte nie auch nur die

Lefzen gehoben. Einen solchen Ton hatte ich von einem Neufundländer nicht erwartet – höchstens vielleicht, wenn die Umstände es erforderten, wenn uns zum Beispiel ein Mörder mit einer Axt gegenüberstand, aber hier, in der Tierarztpraxis? Das war mir unheimlich. Etwas an ihrem Verhalten wirkte wie eine Warnung. In meinem Kopf hörte ich eine Stimme: *Du hörst nicht zu!*

Am nächsten Tag hatten wir eigentlich vor, in den Park zu gehen, aber ich wachte mit Fieber und Schüttelfrost auf. Ich brachte Emma kurz raus, und als wir zurückkamen, entdeckten wir, dass die Küchenschränke samt und sonders offenstanden. Die Glassachen waren alle noch ganz, aber sämtliche Vitamintabletten und Pillendöschen standen auf der Anrichte. Sie waren in alphabetischer Ordnung aufgereiht.

Ich seufzte. Einen Augenblick lang konnte ich spüren, wie ich die Schränke geöffnet und etwas gesucht hatte. Anscheinend hatte ich dieselbe Angst empfunden wie damals, als ich aus dem Bett springen und Sophie umdrehen musste, weil sie auf dem Rücken schlief und anfing, sich zu erbrechen – ich musste sie retten. Es war, als habe sich diese Angst meinem Körper eingeschrieben und kehre jetzt wieder.

Den größten Teil des Tages verbrachte ich auf dem Badezimmerboden. Als ich ins Wohnzimmer kam, ließ Emma ihr Spielzeug fallen, saß einfach da und beobachtete mich. Ich schaute zu ihr auf und spürte den Schweiß auf meinem Gesicht. Ihre braunen Augen schienen sich zu verändern, während ich sie ansah. Ihre Farbe wurde dunkler. Sie hob leicht den Kopf und gab ein fast stummes, leise geflüstertes Bellen von sich. Bevor ich merkte, was ich tat, hob auch ich den Kopf, als beantworte ich eine Frage mit Ja und wiederholte ihr leises Bellen. Dann zog sie die Kissen vom Sofa, arrangierte sie so nebeneinander auf dem Boden, dass sie ein perfektes Bett ergaben, und legte sich darauf. Meine vermeintliche 24-Stunden-Krankheit hielt nun doch länger an und stellte sich als grippaler Infekt heraus. Emma und ich spielten in dem winzigen Gärtchen, bis es mir gut genug ging, um mit Emmas ersten Spaziergängen zu beginnen.

Als wir im Park ankamen, war Mia mit ihren Norwich-Terriern bereits da. Emma erkannte ihre Freundin, und wir gingen zu ihnen, um sie zu begrüßen. Meine Neufundländerin beschnupperte beide Terrier, schien aber Mias Cubby zu erkennen. Es war, als hätte sie einen lange vermissten Freund wiedergefunden. Sie bellte ihn an und legte ihm sanft die Pfote auf den Kopf. Er bellte sie ebenfalls an, kratzte mit der Pfote am Boden und verbeugte sich spielerisch. Emma wollte von der Leine, um mit Cubby herumzutollen. Ich rief sie bei Fuß, und wir gingen unsere Runde einmal um den Sportplatz mit Mia und den Hunden. Sie hatten ihn bereits mehrfach umrundet, deshalb verabschiedeten wir uns, sobald wir wieder am Parkplatz waren, und mein Welpenmädchen und ich machten uns auf in den umzäunten Park.

Er war brechend voll, und viele Hunde rannten völlig chaotisch herum, ganz anders als wenn Sophie oder Flower eine Gruppe in Kreisen in dem Areal herumgeführt hatten. Virginia war mit Norman da. Meine Freundin rollte ihren Rollstuhl heran, um Emma zu begrüßen. Ich konnte in ihren Augen sehen, dass sie an Sophie dachte, beschloss aber, es zu übersehen. Seit Sophie gestorben war, hatte ich außer Mia keine meiner Hundepark-Freundinnen mehr gesehen. Ich hielt mich von ihnen fern, um ihren Blicken und Bemerkungen wie „es tat mir so leid, als ich es erfahren habe“ aus dem Weg zu gehen. Ich wollte von keinem umarmt, berührt oder sonstwie daran erinnert werden, was geschehen war.

Wir betraten den Park, aber zunächst behielt ich Emma noch an der Leine. Wir besuchten Virginia, die meiner fünfmonatigen Hündin Leckerli gab. Emma zeigte ihr, wie sie bereits auf Kommando gehorchen konnte: Gib Laut, Sitz, Platz und Rolle. Sie war ein unglaublich gelehriges Mädchen. Wegen eines bestimmten Hundes und seines Besitzers, die ebenfalls im Park waren, ließ ich sie angeleint. Der Mann war Professor und roch wie ein altes Buch, das man irgendwo auf einem dunklen Regal vergessen hatte. Auch sein Hund verbreitete einen unangenehmen Geruch um sich und war bekannt dafür, dass er sich gerne Scharmützel mit anderen, insbesondere größeren Hunden lieferte.

Zu spät erkannte ich, dass „Stinkehund" uns bereits gesehen hatte. Ich konnte sehen, wie sich beim Anblick eines neuen Rekruten sein Nackenfell aufstellte. Sein Besitzer hatte die Leine in der Hand, und ich hoffte, dass sie bereits im Gehen begriffen waren. Aber Stinki rannte zu uns herüber, beschnupperte Emma und versuchte sofort, sie zu besteigen – eine Geste der Unterwerfung. Emma gefiel das gar nicht. Sie drehte sich um, bleckte die Zähne und schnappte nach dem übelriechenden Hundevieh. Virginia war bereits für einen bevorstehenden Kampf gerüstet und nahm die Druckluftfanfare vom Haken, die sie an der rechten Armlehne ihres Rollstuhls befestigt hatte. Als Stinki sich duckte, um gegen Emma zum Sprung anzusetzen, dröhnte die Hupe schmerzhaft in unseren Ohren. Der ungezogene Hund wich gerade so weit zurück, dass „Altes Buch" ihn anleinen, uns mit verblüfftem Gesicht zunicken, sich entschuldigen und den Park verlassen konnte.

Als die Störenfriede weit genug vom Zwinger und dem Sportplatz weg waren, ließ ich Emma angeleint bei Fuß gehen und verließ den umzäunten Park. Wir gingen ruhig um den Sportplatz herum. Ein paar Minuten später entdeckte uns ein frei laufender Manchester Terrier und schoss knurrend und bellend auf mein Mädchen zu. Emma zog sofort an der Leine und knurrte und bellte den kleinen Terroristen ebenfalls an. Die Besitzerin sah, was los war, und schrie ihren Hund an, aber der kümmerte sich nicht um sie.

„Emma. Nein!", rief ich. Mit Gewalt warf ich sie zu Boden, legte sie auf die Seite und hielt sie fest. Der Manchester Terrier stand jetzt genau vor ihrer Nase, und ich gab mir alle Mühe, die Hand um Emmas Kiefer zu halten, damit ihr Maul geschlossen blieb. Der Terrier muss sich allen Ernstes in Größe und Statur für einen Rottweiler gehalten haben. Inzwischen war auch seine Besitzerin bei uns angelangt.

„Das ist ein gemeiner, aggressiver Hund!", schrie sie mich an und zeigte auf Emma.

Ich hielt die Frau für verrückt – ihr Hund hätte angeleint sein sollen – aber eingentlich war ich geschockt und wusste nicht recht, was ich von Emmas Benehmen halten sollte – erst beim Tierarzt und nun das. Ich wusste, dass ich ein Problem hatte – und dieses Problem würde erwachsen werden und eines Tages sechzig Kilo wiegen. Ich wollte mich nicht verletzlich fühlen, denn das würde nur Ärger nach sich ziehen.

Deshalb engagierte ich einen Freund, der mir bei Emmas Erziehung helfen sollte. Er arbeitete hauptsächlich mit Deutschen Schäferhunden. Wir trafen uns jeden Tag zum Training im Park. Ich fühlte mich sicherer, wenn ich einen Fachmann bei mir hatte, falls sich uns irgendein unangeleinter Hund mit üblen Absichten nähern sollte. Wir brauchten auch nicht lange zu warten, da meldeten sich der Manchester Terrier und seine Besitzerin zur zweiten Runde. Als der Hund auf Emma zusprang, war mein Freund vorbereitet und befahl Emma „Platz“ und „Bleib“! Er gab mir die Leine und ging dann zu der Besitzerin des Hundes, um mit ihr zu sprechen. Während wir auf ihn warteten, fing Emma leise zu knurren an und bleckte langsam die Zähne. Ich wusste, ich hatte meine Position als Alphatier bei ihr verloren. Noch bevor ich es kommen sah, sprang sie auf und versuchte, mich an die Stelle zu ziehen, wo der Terrier mit meinem Freund und der Hundebesitzerin stand. Ich fand gerade noch rechtzeitig mein Gleichgewicht wieder, um Emma auf die Seite zu werfen und festzuhalten.

Wieder fing die Besitzerin des Terriers an zu schreien. „Dieser Hund ist ein Ungeheuer! Ich hetze Ihnen den Tierschutz auf den Hals! Dieses Untier will meinen Hund umbringen!“

Mein Freund drehte mir den Rücken zu und sagte etwas zu der Frau. Sie lief puterrot an, beschimpfte dann meinen Freund und verzog sich mitsamt ihrem Hund. Während der nächsten paar Trainingsstunden störte uns niemand. Aber es war zu spät. Emmas Verhalten jagte mir Angst ein. Ich sehnte mich nach Sophie. Alle, die uns kannten, freuten sich, wenn sie uns sahen. Wir waren immer willkommen. Aber wenn wir jetzt in den Park kamen, konnte ich den Leuten ansehen, dass sie dachten: „Oh, schon wieder diese Emma.“

Mia und ich vereinbarten, uns nach Einbruch der Dunkelheit im Park zu treffen und um den Sportplatz herum spazierenzugehen. Die Lichter auf dem Parkplatz erleuchteten auch die Tennisplätze noch schwach. Wir gingen also dreimal um den Sportplatz, dann führte ich Emma alleine auf die Tennisplätze und warf ihr einen Softball zu. Manchmal kam auch Mia mit den Norwich Terriern hinein. Ich glaube, Mia machte das deshalb Spaß, weil sie mir dann sagen konnte, dass ich den Ball warf wie ein Mädchen.

Es wurde unser täglicher Gang. Wir trafen uns nach Einbruch der Dunkelheit, wenn niemand mehr auf dem Platz war, gingen mit den Hunden spazieren und anschließend spielte ich mit Emma auf dem Tennisplatz Softball. Gelegentlich gingen auch eine Amerikanische Eskimo-Hündin (eine Variante des deutschen Spitz, d. Ü.) und ihre Besitzerin im Park spazieren. Emma machte sich nichts aus diesem Hund, also war das kein Problem. Sehr selten tauchten auch noch ein weiterer Hund und sein Besitzer auf, aber wir schafften es, dass die beiden Hunde sich nicht über den Weg liefen.

Eines Abends drang auf der Heimfahrt mitten im starken Berufsverkehr plötzlich Rauch aus der Motorhaube meines Wagens. Andere Fahrer ließen mich rechts ranfahren, doch bis Polizei und Feuerwehr da waren, hatte der Rauch sich bereits wieder gelegt. Wir wurden nach Hause gefahren und der Wagen zur Werkstatt bei der nächsten Ausfahrt geschleppt. Dort konnte man nur noch feststellen, dass er endgültig den Geist aufgegeben hatte. Am nächsten Tag ging ich zum Plymouth-Händler und sah mir Voyager-Modelle an. Ich kaufte einen Neuwagen mit Schiebetüren hinten. Ich dachte, das sei das perfekte Hundeauto.

Später fuhr ich zur Galerie, wo meine Angestellte sich den ganzen Tag um den Laden und um Emma gekümmert hatte. Es war fast schon Ladenschluss, deshalb schickte ich die Aushilfe nach Hause. Ich leinte mein Mädchen an, ließ sie Pipi machen und führte sie dann zu dem neuen Wagen. Als ich die Schiebetür öffnete, legte sie sich auf den Boden und rührte sich nicht vom Fleck. Was ich auch versuchte, von Leckerli bis zu Kommandos mit fester Stimme, Emma stieg nicht in das Auto.

Nachdem das etwa eine halbe Stunde lang so gegangen war, gab ich auf, ging wieder in die Galerie und rief Mia an. Sie lachte und sagte, sie sei in etwa zwanzig Minuten da. Als sie kam, zeigte ich ihr alles, was ich bis jetzt versucht hatte. Sie lachte einfach nur. Zunächst war ich sauer deswegen, aber dann besserte sich meine Laune. Als wir schließlich so weit waren, dass wir Emma gemeinsam ins Auto kriegen wollten, kam es mir schon gar nicht mehr so schlimm vor.

Mia nahm die Leine, stieg in den Wagen und versuchte, Emma dazu zu bringen, nach ihr hineinzuspringen. Das funktionierte nicht. Nichts funktionierte. Schließlich kamen wir überein, dass wir sie zusammen anheben und hineintragen mussten. Als wir sie anhoben, wollte sie sich wieder freikämpfen und kreischte so laut sie konnte, wenn wir sie in den Wagen bugsierten. Auf der anderen Straßenseite blieben die Leute stehen und schauten zu – für sie war das bestimmt Hunde-Misshandlung. Schließlich hatten wir meinen Hund im Wagen und schlossen die Tür. Sobald sie drin war, war sie ruhig. Wir fuhren zum Park, wo Emma vergnügt aus dem Fahrzeug sprang. Als es an der Zeit war, sie wieder einzuladen, mussten wir sie erneut anheben. In den kommenden zwei Wochen war es Tag für Tag ein Kampf, sie in den Wagen zu bekommen. Aber jedes Mal wurde es ein wenig leichter. Zuerst bat ich wahllos jeden beim Einladen um Hilfe – meinen Vermieter, einen Passanten oder einen Nachbarn. Langsam aber sicher stieg Emma von selbst ein. Es dauerte etwa einen Monat, bis wir es mit dem neuen Wagen geschafft hatten.

Wir perfektionierten unsere Fähigkeiten, anderen Hunden aus dem Weg zu gehen; denn inzwischen fürchtete ich mich richtiggehend vor dieser Konfrontation. Emma entwickelte sich schnell, und mir schien, sie könne noch größer werden als Sophie. Sie erwarb sich einen Ruf als Unruhestifterin, und wenn die Leute uns im Park sahen, drehten sie sich um und gingen in die andere Richtung. Immer wenn Emma und ich das Haus verließen, fühlte ich mich gestresst und unsicher. Sie war gut erzogen, aber körperlich sehr stark, und es brauchte sie nur ein unangeleinter Hund schräg anzusehen, schon schoss sie los. Allmählich sehnte ich mich nach einem eigenen Grundstück, mit einem Garten so groß wie der umzäunte Park. Aber im Marin County war das eine reine Fantasievorstellung. Nachts träumte ich von einem solchen Garten, mit hektarweise Land um uns herum, mit Rehen und Hasen auf den Feldern und Habichten, die über uns hinwegglitten. Im Herbst würden die Seidenblumen ihre weiß geflügelten Samen in die Luft entsenden, wo sie wie umgekehrte Schneeflocken vom Boden in den Himmel aufstiegen.

Mit Emmas Gesundheit ging es anscheinend bergab. Ständig litt sie unter Blasenentzündungen und musste immer wieder Antibiotika nehmen. Als sie wegen eines juckenden Ausschlags Cortison bekam, verstärkte sich ihr Harndrang, und ich musste sie in der Galerie öfter rauslassen. Es schien, dass sich mit jeder Antibiotika-Gabe ihre Aggressionen vertieften. Als sie sterilisiert wurde, wäre sie beinahe verblutet. Keiner konnte mir sagen, woran das gelegen haben mochte. Die Tierärztin zuckte nur mit den Schultern und behauptete, sie müsse wohl läufig gewesen sein. Ich fand das fraglich; denn ich kannte die körperlichen Symptome der Läufigkeit, und Emma hatte kein einziges davon gezeigt. Ich sah mich nach einem anderen Tierarzt um. Dieser Vorfall hatte mein Vertrauen erschüttert; aber ich brachte es auch nicht fertig, wieder in die Tierklinik zu gehen, in der Sophie gestorben war.

5

Nachstellungen

Tonya und ihre Landseer-Hündin Bunny lernte ich bei einer Hunde-Ausstellung kennen. Ich stand am anderen Ende des Geländes, als ich die beiden in der Ferne entdeckte. Sie gingen eben aus meinem Blickfeld weg. Bei Bunnys Anblick durchzuckte ein kalter Blitz meinen Rücken von unten nach oben. Ich behielt die beiden im Auge und ging mit schnellem Schritt in ihre Richtung. Ich wollte sie unbedingt einholen. Tonya hatte ihre Armbinde mit der Nummer übergestreift und war bereit, ihre Hündin in ihrer Klasse vorzustellen. Ich stand unter den Zuschauern, als sie und Bunny im Kreis um den Zuchtrichter gingen. Sie wurden Zweite. Ich wartete, bis sie unter einem Baldachin, nicht weit vom Ring entfernt, Platz genommen hatten, dann kam ich auf sie zu.

„Ich hoffe, Sie denken nicht, dass ich Ihnen nachstelle, weil ich Ihnen übers ganze Gelände nachlaufe."

Tonya sah auf und lachte: „Gerade wollte ich die Polizei rufen."

Über eine Stunde lang unterhielten wir uns über alles Mögliche, von Welpen über den Umgang mit Neufundländern bis zu Sophies Geschichte. Ich bat sie, mich auf ihre Welpenliste zu setzen, dachte aber, es würde bestimmt mindestens ein Jahr dauern, bis ich darin so weit aufgestiegen wäre, dass ich einen kleinen Bruder für Emma bekommen könne. Tonya sagte, sie müsse nachsehen, wenn sie wieder im Büro sei, aber es wären bestimmt noch zwanzig Leute vor mir an der Reihe. Während unseres Gesprächs teilten sich Bunny und Tonya eine Orange. Als ich den Bereich unter dem Baldachin verließ, konnte ich es kaum erwarten, nach Hause zu kommen und Emma die Neuigkeit zu verkünden, dass ich alles in die Wege geleitet hatte, damit sie einen Spielkameraden bekäme. Zu unserer Einliegerwohnung gehörten ein winziger Garten und eine Garage, die ich als Barking-Bear-Atelier nutzte. Sie war klein, aber wir hatten genügend Platz für ein weiteres Familienmitglied. Wie sich herausstellte, hatten die meisten Leute auf Tonyas Liste andere Welpen gefunden oder sich wieder austragen lassen. Wir waren Nummer drei.

Bunny sollte am 25. März werfen, das war in einem Monat. Darauf war ich eigentlich nicht gefasst. Ich hatte gedacht, es würde mindestens noch ein Jahr dauern, bevor sich meine Familie vergrößerte, aber ich konnte nicht Nein sagen. Ich wollte meinen neuen Jungen *Wilbur* nennen, aber bei dem Namen verdrehte Tonyas Mann Derek die Augen. Er könne ganz unmöglich zulassen, dass das in die Papiere des Züchterverbandes eingetragen würde. Ein paar Tage später rief ich ihn an und teilte ihm mit, dass mein kleiner Junge *Cubby* heißen sollte, weil ich Mias Norwich Terrier namens Cubby so gerne mochte. Sein offizieller Name würde *Mäuserich* lauten.

„Wieso Mäuserich?“

„Weil er weder als Erster noch als Letzter geboren werden wird. Eher so als der dritte. Er wird eine Mickey-Maus-Blesse haben, die ihn von allen anderen im Wurf abhebt. Ich sehe fünf Babys.“

Derek dachte bestimmt, ich sei *plemplem*, behielt seine Meinung aber für sich.

Cubby wurde am 25. März geboren. Er war der dritte im Wurf, und an seinem Hintern hatte er eine Stelle, die genau wie der Kopf von Mickey Mouse aussah. Den Züchtern gefiel er von allen acht Welpen des Wurfs am besten, und sie hätten ihn gern behalten. Aber ich wusste, es würde etwas passieren, wodurch sie ihre Meinung änderten.

Zwei Wochen nach der Geburt starben zwei Welpen plötzlich. Bei der Obduktion stellte sich heraus, dass SAS die Ursache war. Bei SAS, der *Subvalvulären Aortenstenose*, ist die Aortenklappe verengt und verhindert das Ausströmen des Blutes aus der linken Hauptkammer des Herzens. Je nach Schwere kann sie für den Hund tödlich sein. Eine Woche später verstarb ein weiterer Welpe. Deshalb beschlossen die Züchter, Cubby nicht zu behalten. Bei den fünf verbleibenden Welpen war das Herz in Ordnung, weil aber alle sich so sehr auf das Herz konzentriert hatten, wurde dem übrigen Körper nur wenig Beachtung geschenkt.

Als die Babys sieben Wochen alt und in den Zwingern im Hof waren, durfte ich Emma zu einem Besuch vorbeibringen, damit sie ihren kleinen Bruder kennenlernen konnte. Sie war natürlich bei allen meinen Besuchen immer dabei gewesen, normalerweise aber im Haus oder – je nach Hitze – im Wagen geblieben. Als wir durchs Tor kamen, beobachteten uns alle Welpen aufmerksam, aber Cubby wurde ganz aufgeregt und wetzte zu uns herüber. Ich dachte, er käme zu mir, aber er wollte unbedingt Emma kennenlernen. Es war wie ein Wiedersehen. Derek sah mit offenem Mund zu. Wir waren uns einig, dass dies zweifellos ein Wiedersehen zwischen alten Freunden sein musste.

Während der gesamten Dauer unseres Besuches blieb Cubby bei Emma, schleckte sie ab, rannte unter ihren Bauch und wieder hervor. Auch Emma war hocherfreut. Sie hob und senkte den Kopf mehrfach mit lautem Gebell. Cubby antwortete mit seinem kleinen Welpenbellen. Emma lachte darüber und versuchte sich mit einer schlechten Nachahmung von Cubbys Wu-Wu. Weil das alle Menschen zum Kichern brachte, machte sie das von da an ihr ganzes Leben lang, besonders wenn ich etwas Aufheiterung gebrauchen konnte. Der Klang war dem ihres Gähnens gar nicht unähnlich. Die ersten paar Male war ihr Gähnen eher ein Kreischen gewesen. Weil ich dabei lachen musste, achtete sie darauf, dass sie fortan bei jedem Gähnen auch einen kleinen Kreischlaut ausstieß.

Mit Cubbys Gang stimmte etwas nicht. Doch als ich meinen zehn Wochen alten keinen Jungen zum ersten Mal bei der Tierärztin vorstellte, war ich dich nicht darauf gefasst, dass er eine Hüftdysplasie hatte. Nach dem Röntgenbefund waren seine Hüften als schwerer Fall einzustufen.

Die Tierärztin schnalzte bedenklich mit der Zunge und schüttelte den Kopf: „Wenn er Glück hat, wird er fünf Jahre alt."

Sie sprach von einer künstlichen Hüfte, sobald er erwachsen wäre. Ich wollte nicht darüber reden. Es dauerte ja noch so lange, bis er völlig ausgewachsen sein würde. Jetzt war nicht die Zeit, darüber zu spekulieren. Ich brauchte Muße, um die Informationen über seinen Zustand zu verarbeiten. Er konnte gehen und sogar rennen, indem er beide Hinterläufe gleichzeitig benutzte, statt einen nach dem anderen. Die Züchter hätten ihn gern zurückgenommen, aber ich wollte mich nicht von ihm trennen. Er hatte bereits einen festen Platz in meinem und in Emmas Herzen gefunden. Es war ganz offensichtlich, dass wir alle füreinander bestimmt waren.

Alle sagten mir, ich solle mit ihm schwimmen gehen, denn Wasser wäre das Beste für ihn. Aber danach ging es ihm jedes Mal schlechter. Selbst wenn er gar nicht schwamm, hinkte er, sobald er nur im Wasser gewesen war. Er war müde und schien öfter krank als gesund zu sein. Ich hörte von einem starken Bakterienbefall des Wassers, und als ich es nachprüfte, stellte ich fest, dass es in unserer Nähe keine einzige Wasserstelle gab, die davon nicht betroffen war. Wir setzten die Wassertherapie einstweilen aus.

Mia hatte einmal einen Hund mit schwerer Hüftdysplasie besessen, und sie fand, dass Lila durch ihre gemeinsamen Wanderungen so gesund blieb, wie das nur irgend möglich war. Also wanderten Cubby und ich, immer wenn ihm danach zumute war, in langsamem Tempo die kleinen Hügelchen im Park auf und ab. Es machte ihm großen Spaß, sich hinunterkugeln zu lassen. Seine Lefzen klappten hoch und runter, wenn er leichtfüßig in die Luft sprang.

Zuerst nahm ich beide Hunde mit in den Park und ging erst mit dem einen, dann mit dem anderen spazieren. Aber Cubby war nicht schnell genug, um mit Mia und den Norwich-Terriern mitzuhalten, deshalb gingen Cubby und ich dazu über, tagsüber allein unsere Runde zu drehen, und am Abend kam ich dann mit Emma noch einmal in den Park, damit sie ihre Zeit im Dunkeln hatte.

Eines Morgens dachte ich, ich könne etwas Zeit sparen, wenn ich mit Cubby in meiner Umgebung spazierenginge, statt in den Park zu fahren. Wir schlenderten unsere Straße entlang und bogen dann in eine stille Seitenstraße ein, ganz gleichmäßig und langsam. Wir ließen unseren Gedanken freien Lauf, während wir das Quadrat durch die Umgebung und wieder zurück zu unserer Wohnung abschritten, das ich mir für uns ausgedacht hatte. Wir hatten unser Abenteuer etwa zur Hälfte hinter uns gebracht, als ich hinter uns etwas hörte, das wie Schritte klang. Ich drehte mich um und sah, dass ein Akita uns nachstellte.

Früher hatte ich die Akitas einer Freundin gehütet. Dabei war mir eingeschärft worden, sie von anderen Hunden fernzuhalten, weil sie aggressiv auf sie reagierten. Meine Freundin betonte: „Man muss ihre Erbanlagen respektieren." Ihr älterer Hund hatte eine Katze getötet und andere Hunde angegriffen. „Sie sehen überhaupt nicht so aus, als machten sie etwas. Man erkennt ihr Verhalten so lange nicht als Nachstellen, bis sie buchstäblich mitten im Sprung und bereit sind, ihr Opfer zu töten." Das meinte sie mit „die Erbanlagen respektieren". Nicht immer kann man kann gegen die ursprünglichen Zuchtanlagen eines Hundes angehen.

Ich sah diesen Akita hinter uns und wusste, dass er uns auf Akita-Art nachstellte. Nicht einen Augenblick zweifelte ich daran, dass dieser Hund vorhatte, Cubby anzugreifen. Ich konnte es spüren. Wir standen neben dem Tor eines umzäunten Gartens, also öffnete ich das Tor und ließ Cubby hinein. „Bitte lieber Gott, gib, dass in diesem Hof keine Hunde sind", betete ich.

Wir standen etwa einen Meter hinter dem Zaun, und durch die Latten hielt ich Ausschau nach dem Akita. Stundenlang, so kam es mir vor, stand er da, beobachtete das Tor und schnupperte in der Luft. Bis jetzt war innerhalb des Zauns noch niemand auf uns zugekommen. Mein Herz klopfte mir bis zum Hals. Cubby saß ganz still neben mir. Ich machte mir Sorgen wegen des Rückwegs. Was würde passieren, wenn der Akita sich endlich trollte? Wäre er dann endgültig weg? Cubby konnte nicht sehr schnell gehen. Er war zu schwer, als dass ich ihn tragen konnte, und als wir in diese Straße eingebogen waren, hatte er angefangen, am Vorderlauf leicht zu hinken.

Zwanzig Minuten vergingen, dann dreißig. Wir warteten geduldig, aber nicht ohne Anspannung. Immer noch war in unserem Schutzraum niemand auf uns zugekommen. Vor dem Tor wurde dem Akita allmählich langweilig, und er trollte sich.

Wir blieben noch weitere zehn Minuten an Ort und Stelle, dann sagte ich: „Okay, Cubby, ich weiß nicht, ob wir es wagen können oder nicht, aber wir müssen es jetzt versuchen. Ich weiß, dass du nicht schnell laufen kannst, kleiner Freund, aber wenn es nötig wird, dann müssen wir das womöglich. Wir tun unser Bestes, und ich verspreche dir, der Akita muss erst mich überwinden, bevor er an dich herankommt." Ich dachte an die Boxer, die Sophie damals auf dem Gelände der Bibliothek angegriffen hatten. In dem Moment wünschte ich mir, ich hätte Virginias Rat befolgt und mich mit den üblichen Hundebesitzer-Utensilien ausgestattet: Luftfanfare, Pfefferspray und Elektroschocker. Immer mehr Spaziergänger im Hundepark trugen „Dschungelwesten", wie wir diese Outdoor-Westen mit den vielen Taschen nannten. Darin konnte man Leckerli, Spielzeug, Kotbeutel, Luftfanfaren und ähnliches verstauen und hatte immer noch Platz für Tausend Kleinigkeiten mehr. Mit all den gefüllten Taschen sah man zwar ziemlich pummelig aus, aber man war auf alles vorbereitet, von der Belohnung des Hundes mit Leckerli bis zur Verteidigung gegen einen Berglöwen.

Ich öffnete das Tor so schnell ich konnte, und wir schlichen auf leisen Sohlen die Straße entlang. Cubbys Hinken war schlimmer geworden. Er kam ganz und gar nicht schnell voran. Der Akita war nicht in Sicht. Wir bogen um die Ecke, und ich konnte meinen Wagen in der Einfahrt sehen. Wir gingen auf unser Haus zu; ich drehte mich um und schaute hinter mir die Straße entlang.

Da war er – und er kam auf uns zu. Ich konnte die Entschlossenheit in seinen Augen sehen. „Okay, Cubby, wir müssen ein bisschen schneller gehen, Kleiner, aber nicht zu schnell. Wir wollen schließlich nicht wie Beutetiere aussehen."

Der Akita rannte nicht, stellte uns aber weiter nach. In gleichmäßigem Tempo kam er näher. Wir kamen ans hintere Ende meines Wagens, gingen seitlich um ihn herum und standen am Tor.

Das Tor war niedriger als der Zaun. Ich schloss es hinter Cubbys Schwanz und buchstäblich Zentimeter vor der Schnauze des Akita. Ich drehte mich nicht um, doch befürchtete, dieser Hund könnte über den Zaun springen. Wir bogen links um die Hausecke, öffneten die Tür und gingen in die Garage, wo ich Cubby die Leine abnahm. Ich griff zum Telefon, das ich dort installiert hatte, da dies ja mein Barking-Bear-Atelier war, und rief meinen Vermieter an. Er war Vater dreier kleiner Mädchen, die oft in der Einfahrt vor meinem Garagentor spielten. Ich erklärte schnell die Geschichte mit dem Hund. Zum Glück spielten die Mädchen hinten im Garten.

Seither ging ich nie wieder diese Straßen entlang, weder mit einem meiner Hunde noch alleine. Noch am selben Abend kaufte ich mir eine Weste und alles, was ich brauchte, damit ich nur ja recht pummelig aussah und auf alles vorbereitet war.

Jemand hatte mir Akupunktur für Cubby empfohlen, daher vereinbarte ich einen Termin mit Dr. Bellingham.

Sie hatte keine eigene Praxis, sondern machte nur Hausbesuche, gab Akupunktur und versorgte invalide Hunde, die aus dem einen oder anderen Grund nicht mit dem Auto zu einer Tierarztpraxis gefahren werden konnten, sei es, dass sie zu groß waren, als dass die Besitzer sie ins Auto hätten heben können, oder zu krank für den Transport. Ich hatte keinerlei Erfahrungen mit Akupunktur, und meine Tierärztin war dagegen, aber insgeheim gaben mir die Behandlungen, die meine Hunde in den Tierkliniken erhalten hatten, Rätsel auf. Wirkten sie überhaupt? Jedes Mal, wenn Emma Steroide oder Antibiotika bekam, schienen sich ihre Aggressionen zu verstärken. Cubbys Hüften? Die Tierärzte rieten zur Operation. Als mir ein Tierarzt *Rimadyl* für ihn gab, musste ich an das *Imurek* denken. Bei *Rimadyl* beschlichen mich ganz ähnliche Gefühle – ich traute dem Mittel nicht, aber ich wusste auch nicht, wem ich trauen sollte. Ich beschloss, Dr. Bellingham anzurufen und es bei meinem sechs Monate alten Landseer mit Nadeln zu versuchen.

Als die Akupunktur-Tierärztin zum ersten Mal zu uns kam, warteten Cubby und ich draußen auf sie. Dr. Bellingham war eine schlanke blonde Frau mit freundlichen Augen. Ihr Gesicht hellte sich auf, als Cubby ihr entgegenhüpfte. Sie plauderten einen Augenblick, bevor sie sich mir vorstellte. Wir gingen in mein Garagen-Atelier, wo ich ein paar Decken auf dem Boden ausgebreitet hatte. Cubby wusste, was zu tun war. Er ging zum improvisierten Bett und legte sich hin. Wenn die Ärztin und ich uns unterhielten und ihn nicht beachteten, dann setzte er sich auf und gab ein lautes Wuuuu-wuuuu von sich. „Hey, ich will Aufmerksamkeit!"

An jenem Abend wirkte Cubby nach seiner Behandlung sehr schlapp. Er schlief bis zum nächsten Morgen durch. Aber dann staunte ich, wie viel energiegeladener er am darauffolgenden Tag war und wie viel geschmeidiger er sein Hinterteil bewegte. Ich war restlos überzeugt! Die Ärztin kam alle vierzehn Tage zu Cubby. Er wusste, an welchen Tagen sie kam, und erwartete sie jedes Mal ungeduldig im Hof. Beide Hunde legten die Pfoten auf das niedere Tor und hielten Ausschau nach ihrem Wagen. Nach der Begrüßung hüpfte Cubby zu den Decken, legte sich hin und gab mit seinem Wuu-Wuu zu verstehen, dass er bereit war für die Behandlung. Beatrice Bellingham wurde unsere neue Tierärztin.

Beatrice fand eine Praxis, die sie mieten konnte. Sie machte immer noch Hausbesuche, hatte nun aber auch einen Chiropraktiker, der zwei Mal im Monat in ihre Praxis kam. Sie empfahl Chiropraktik für Cubby. Da er so gut auf die Akupunktur angesprochen hatte, vertraute ich auf ihren Rat, und fortan bekamen beide Hunde chiropraktische Behandlungen. Cubbys Behandlung mit Akupunktur und Chiropraktik erinnerten mich an ein Aufziehspielzeug. Man zieht es auf, lässt dann los, es rast davon und die Musik spielt in dem Tempo, für das sie gemacht worden war. Aber schließlich erschöpft sich die Energie, und die Musik wird langsamer, bis man das Spielzeug von neuem aufzieht. Akupunktur und Chiropraktik waren für Cubby wie ein solches Aufziehen. Er konnte ohne schlimme Folgen ausgedehntere Spaziergänge machen. Ich konnte mit ihm kleine Hügel hinauf- und hinuntersteigen, und er bekam Muskeln. Wir machten Fortschritte.

Meine Tage waren ausgefüllt mit Cubby und der Galerie, die

Nächte waren Emma und meiner Firma Barking Bear vorbehalten. Ich hatte mehrere neue Kunden gewonnen und erstellte einen Großhandelskatalog mit meinen Kreationen. Freunde riefen an und empfahlen mir Läden, in denen sie gewesen waren. Innerhalb kürzester Zeit hatte ich zwanzig Kunden, darunter einen Versender hochwertiger Hundeartikel. So wie es mit der Galerie bergab ging, nahm Barking Bear Fahrt auf.

Eines Morgens geriet ich auf dem Weg zur Arbeit in einen Stau. Die Hunde auf dem Rücksitz waren ruhig. Am liebsten wäre ich nach Hause gefahren und hätte die beiden Bestellungen ausgeführt, die mir an jenem Morgen zugefaxt worden waren. Während ich so dasaß und im Verkehr nichts vorwärts ging, fasste ich einen Entschluss. Als wir dann doch recht spät noch bei der Galerie ankamen, griff ich zum Telefon und erledigte ein paar Anrufe. Bis zum Abend war ich dabei, einen Untermieter zu finden. Drei Wochen später schloss meine Galerie „Art and Soul", und Barking Bear wurde meine Vollzeitbeschäftigung. Ich konnte arbeiten, wann immer ich wollte, spät am Abend oder früh am Morgen. Ich bin nicht so sehr der Typ, der tagsüber gut arbeiten kann. Arbeiten zu können, wann ich wollte, war ein Traum.

Es war eine klare Vollmondnacht, als Mia und ich mit Emma und den Norwich-Terriern um den Sportplatz gingen. Wir waren ganz still und hörten den tiefen, kehligen Lauten der Frösche am Ufer zu. Grillen sangen den Refrain, und der Wind flüsterte sein Lied.

„Die *Newfoundland National Zuchtschau* findet bald statt", sagte ich zu meiner Freundin.

„Gehst du?"

Immer wieder sahen wir nach den Blinklichtern an den Halsbändern der Norwich-Terrier; denn die Stinktiere waren unterwegs, und im vergangenen Monat war es zwei Mal passiert, dass einer von Mias Hunden eine Ladung Gestank abbekommen hatte.

„Na ja … sobald ich eine Übernachtung in der Präsidentensuite gewinne."

„Was?"

„Es gibt eine Verlosung. Wer gewinnt, kann umsonst in der Präsidentensuite des Hotels wohnen. Und da ich gewinnen werde, kann ich hingehen."

„Woher willst du das wissen?"

Ich drehte mich um und schaute im Mondlicht meine Freundin an. Sie war an dem Tag beim Friseur gewesen. Normalerweise war ihr Haar so wellig wie meines, aber sie hatte es glätten lassen. So nahm es den Mondschimmer auf, und der Glanz umgab ihr Gesicht fast wie ein Heiligenschein. Selbst im Mondlicht konnte ich sehen, dass ihr Auge schlechter wurde. Mia hatte einen sehr langsam wachsenden Tumor hinter einem Auge. Auf diesem Auge verschlechterte sich ihr Sehvermögen, und es bewegte sich unkontrolliert.

„Ich weiß es einfach", antwortete ich auf ihre Frage. „Ich muss da sein."

Als der Anruf kam, dass ich das Preisausschreiben gewonnen hatte, reagierte die Frau am anderen Ende der Leitung enttäuscht, dass ich nicht überrascht war.

„Nun ja, ich habe Ihren Anruf erwartet, aber ich dachte, ich würde eher von Ihnen hören."

Tonya und Derek waren einverstanden, Cubby und Emma zu sich zu nehmen, solange ich weg war. Die Reise nach Missouri bestand aus einem Flug mit einer 747, einer Minimaschine, und dann einer Fahrt mit einem Mietwagen. Als ich ankam, war mir ganz seltsam zumute, so ganz ohne Hunde. Neufundländer, wohin man auch sah – schwarze, braune und Landseer. Ich erkannte Namensschilder von Menschen, die Beiträge in der Neufundländer-Mailingliste im Internet schrieben. Die Präsidentensuite war nicht ganz so, wie ich sie mir vorgestellt hatte. Die Möbel waren sauber, aber ziemlich abgenutzt. Der gemauerte Kamin bildete den Mittelpunkt des Wohnzimmers, und im großen Schlafzimmer stand neben dem Kingsize-Bett ein von Spiegeln umrahmter Whirlpool. Immer noch durchgerüttelt von meinem ersten Flug in einer so kleinen Maschine, ließ ich mir ein Bad ein, stellte die Düsen an, stieg ins Wasser und schloss die Augen.

Hinter meinen Augen sah ich mich, wie ich Sophie als Hundebaby im Arm hielt. Ich spürte die Liebe, die von ihr ausging. Ein weißes Licht umgab unsere Herzen. Aber dann veränderte sich das Gefühl. Ich hatte sie zwar immer noch im Arm, stürmte aber durch die Türen in der Tierklinik. Sie erbrach Blut, es lief überall an mir herunter und ich schrie um Hilfe. Dann war ich von völliger Schwärze umgeben. Hinter mir spürte ich eine Lichtenergie. Auch ohne hinzusehen, wusste ich, dass es der amerikanische Ureinwohner war. Er trat hinter mich und legte mir die Hände auf die Schultern. Ich schloss die Augen und gab mich ganz dem Gefühl hin, einen Ort zu haben, an dem ich mich geborgen fühlen konnte.

„Aber ich habe sie doch nur zu ihren Impfungen hergebracht", hörte ich mich sagen. Und schon war ich wieder in Missouri. Ich öffnete die Augen und nahm das Blubbern der Düsen in der Wanne wieder wahr. Innerlich verspürte ich dasselbe Gefühl wie bei meinen Nachtängsten.

Beim Abendessen lernte ich zufällig einen Herrn kennen, mit dem ich seit einem Jahr per E-Mail korrespondiert hatte. John war auch in der Internetgruppe und saß im Vorstand des Newfoundland Club. Äußerlich erinnerte er mich an den sechzigjährigen Anthony Hopkins. Seine ganze Art war so sanft wie die eines Neufundländers. Wir wollten uns in einer Stunde zum Abendvortrag von Dr. Tanner treffen. Darin sollte es um seine Langzeitstudie zu Blähungen bei Hunden gehen. John kannte den Forscher persönlich, daher standen wir nach dem Vortrag mit mehreren anderen Zuhörern um Dr. Tanner herum und unterhielten uns mit ihm. Meine Gedanken schweiften ab, bis ich John etwas sagen hörte, was meine Aufmerksamkeit sofort wieder auf das Gespräch lenkte. Es ging um Tollwut-Impfungen. Im Nacken spürte ich einen Biss, und unwillkürlich schnellte ich mit dem Kopf nach vorne. Beinahe wäre ich auf den Tierarzt gefallen.

„Bitte entschuldigen Sie!" Verlegen kratzte ich mich im Nacken.

„Wieso glauben Sie, dass Impfungen unbedenklich sind?", fragte Tanner die Frau, die neben ihm stand.

Die Antwort hörte ich nicht mehr. Ich schaute nach unten und sah mit meinem Dritten Auge Sophie vor mir sitzen. In meinem Kopf hallte das Echo: *Wieso glauben Sie, dass Impfungen unbedenklich sind?*

War das wahr? Hatte Sophie so auf die Impfung reagiert?

6

Unsichtbare Flöhe

1997, Glass Beach, Kalifornien

Auf der Suche nach mehr Platz für meine Hunde und die wachsende Halsband- und Leinenfirma zogen wir in ein zweistöckiges Haus im Mendocino County, nicht weit vom Meer. In drei Minuten war ich von meiner Haustür bei den Klippen über dem Pazifik. Von dort waren es weitere fünf Minuten Fußweg zum Glass Beach, einem Strandstück, das vor Jahrzehnten eine Abfallhalde für Glas und Porzellan gewesen war. Mit der Zeit hatte das Meer aus dem Abfall kleine Schmuckstücke gemacht, die bei Touristen, Künstlern und Einheimischen sehr gesucht waren: Seeglas. Manchmal konnte man größere Porzellanstücke von fünf bis zehn Zentimetern Durchmesser finden, bei denen das Muster noch unversehrt war. Andere Male fand man ungewöhnliche Formen in zarten Blau- und Grüntönen. Abgelegen und etwas weiter im Süden lag der geheime Strand, den nur die Einheimischen – oder fleißige Touristen – kannten. Sie suchten die Klippen ab und fanden den Eingang zur Goldmine voller Schätze. Mein Haus füllte sich mit Gläsern, Schüsseln und Vasen voller Seeglas und Muscheln.

Unser neuer Garten war ziemlich langgestreckt, daher konnten Emma und Cubby darin herumtollen. Emma verfügte über ein erstaunliches inneres Wissen. Nicht ein einziges Mal stieß sie an Cubbys schlimme Hüften. Sie manövrierte stets so geschickt, dass sie ihn nur von vorne anstieß und auch dann ausschließlich so, dass sie ihn nicht umwarf. Er schmiss sich wie eine Dampfwalze auf sie. Sie warf ihm einen entsprechenden Blick zu, schlug aber nie mit gleicher Münze zurück und schien immer genau zu berechnen, was sie beim Spielen mit ihm machen konnte und was nicht. Wenn jemand ins Haus kam, dann stand sie oft zwischen der Person und Cubbys Hüften, wie die Wächterin auf dem Posten, die selbsternannte Hüterin ihres behinderten Bruders.

Da wir nun einen eigenen Garten besaßen, konnte ich mit Emma Ballspielen und sie richtig müde machen. Der einzige Wermutstropfen in unserem neugefundenen Paradies war ein bestimmter Nachbar. Sein Garten grenzte an meinen, und entlang der gemeinsamen Grenze musste ich eine Barriere errichten, um meine Neufundländer von dem einen Meter achtzig hohen Redwood-Zaun fernzuhalten. Der Nachbar hielt auf seinem Grundstück zwei Rottweiler. Jedes Mal, wenn wir in den Garten kamen, griffen die beiden im Freien gehaltenen Hunde den Zaun an und versuchten, zu meinen Hunden herüber zu kommen. Das brachte Emma auf die Palme, die mehr als einmal drauf und dran war, über den Zaun zu klettern. Es bedeutete außerdem, dass ich meinen Main Coon-Kater *Fast Eddy* im Haus halten musste, weil der nämlich alle Hunde liebte und womöglich unter dem Zaun hindurchgekrochen wäre, um die Rottis zu begrüßen. Mia hatte Eddy und seine Schwester unter einem Gebüsch bei ihrem Haus hervorgezogen, als sie drei Tage alt waren. Eddy war von Norwich-Terriern aufgezogen worden und hielt sich für einen Hund. Er freundete sich sofort mit Emma und Cubby an. Oft traf ich ihn schlafend unter Emmas Kinn an.

Da der Besitzer der Rottis nicht den geringsten Wunsch verspürte, seine beiden Hunde ins Haus zu holen, bestand die Lösung für mich im Bau eines zweiten Zaunes, wodurch mein Garten etwa einen Meter kürzer wurde. Die Barriere trug zur Wahrung des nachbarschaftlichen Friedens bei.

An manchen Tagen ging ich durch die Heidelandschaft, suchte mir eine Stelle am Rand der Klippen, wo ich mich hinsetzen und nach Walen Ausschau halten konnte. Stunden vergingen, in meinen Ohren und in meinem Kopf klang das Rauschen der Wellen, und schon bald war es, als würden sie eins mit meinem Körper. Wenn ich nicht da war, sehnte ich mich nach den Momenten am Rande der Welt, in denen ich mich eins fühlte mit dem Meer.

Nach mehreren Monaten nahm ich die Kiefernkiste mit Sophies Asche mit ans Meer. Ich wollte ihre Asche von den Klippen in den Ozean streuen und sie loslassen. Wenn ich so etwas in Filmen sah, dann wirkte es immer so selbstverständlich und poetisch. Aber als ich die Kiste öffnete und sie umdrehte, packte eine Windbö die Asche und blies sie mir ins Gesicht, auf die Kleider und ins Haar. Ein wenig geriet mir auch in Mund und Augen. Minutenlang konnte ich nichts sehen, denn meine Augen tränten und versuchten so, die Asche auszuwaschen. Meine Kleidung war ganz weiß und grau von dem feinen Aschestaub. Da stand ich nun, über und über voll mit dem, was von meinem Mädchen übrig geblieben war – und musste lachen. Ich hatte eins sein wollen mit dem Meer. Jetzt war ich eins mit Sophie. Ich schloss die Kiste, und weil ich sie nicht loslassen wollte, versteckte ich sie unter meiner Jacke und ging nach Hause.

Die Küste von Mendocino litt nicht eben unter Schnecken-Mangel. Die ganze Nacht über krochen sie durch den Garten. Mit ihrem Häuschen auf dem Rücken sahen sie aus wie Wohnwagengespanne auf der Autobahn. Über Grashalme, Kieselsteine und am Haus hinauf zogen sie ihre klaren, weiß schimmernden Schleimspuren. Jeden Morgen spritzte ich die Rückseite des Hauses ab, wo sie sich offensichtlich in Massen versammelten. Wenn wir bei Regen in den Garten gingen, dann saßen garantiert zehn bis zwölf Schnecken in jeder Pfütze. Emma war dann immer ganz aufgeregt und hob mit der sanften Schnauze eines Rettungshundes eine nach der anderen aus den Pfützen, um sie am Rand wieder abzusetzen. Wenn ich eines ihrer geretteten Opfer irgendwo anders hinsetzte, dann suchte Emma sie – sie erkannte jede an ihrem Geruch – und brachte sie wieder dorthin, wo sie sie ursprünglich hingesetzt hatte. Sie mochte es nicht, wenn ich ihr ins Werk pfuschte.

Eines Abends sah sie an einer Seite des Hauses, in etwa sechzig

Zentimeter Höhe, drei Schnecken. Sie beschnüffelte jede Einzelne und begab sich dann auf die Suche nach weiteren Exemplaren, die vielleicht im Garten aus dem Wasser gerettet werden mussten. Während sie in ihrer Mission unterwegs war, hob ich eines der behausten Tiere von der Wand ab und warf es über den Zaun auf das angrenzende offene Feld. Emmas Liebe zu den kleinen Weichtieren teilte ich überhaupt nicht. Als Emma wieder zur Wand kam, um nach den drei Schnecken zu sehen, beschnüffelte sie die beiden verbliebenen und machte sich dann auf die Suche nach Nummer drei. Schließlich merkte sie, dass sie nicht mehr da war und forschte nach ihr. Sie schnüffelte überall im ganzen Garten. Ich achtete nicht weiter auf Emma und machte mich an Cubbys Fellpflege. Als ich das nächste Mal aufsah, stand sie vor dem Zaun, exakt an der Stelle, an der ich die Schnecke hinübergeworfen hatte. Sie bellte mich an, sah zum Zaun und dann wieder zu mir.

„Das sind nicht deine Schmusetiere, klar?"

Emma brummte.

„Okay, ich verspreche, dass ich keine mehr wegtue." Ich sah sie böse an und versuchte, nicht zu erkennen zu geben, wie witzig ich sie fand. Aber das wusste sie ohnehin.

Emmas Aggressionen gegen andere Hunde verschlimmerten sich, doch etliche Monate nach unserem Umzug an die Küste geschah noch etwas. Die Hunde entwickelten einen Juckreiz und kratzten sich ständig. Sie kratzten sich im Schlaf, am Morgen, bevor sie aufstanden, während des Essens, im Haus, draußen – sie kratzten sich wund. Überall, wo sie sich hinlegten, fand ich Blutflecken: Auf dem Teppich, auf den Fließen oder in ihren Hundebetten. Zunächst glaubte ich, eine Chemikalie im Teppich jucke sie. Ich reinigte jeden Zentimeter Teppich im Haus mit einem neutralen Shampoo, aber der Juckreiz wurde immer schlimmer.

Ich stellte sie bei einem Tierarzt am Ort vor. Der behauptete, sie hätten Flöhe, und verschrieb entsprechende Mittel. Damit war ich nicht einverstanden. Ich hatte nie auch nur einen einzigen Floh an ihnen oder im Haus gesehen. Aber schon bei dem Gedanken daran juckte es mich auch, deshalb kaufte ich ein natürliches Flohmittel für den Teppich (ein weißes Pulver, das man aufstreute und dann wieder absaugte). Das ganze Haus war in weißen Staub gehüllt, während die Hunde im Garten campierten und auf ihr nächstes Bad warteten, weil wir fast jeden Tag eine Kräuterspülung machten. Ich hatte jahrelang hobbymäßig Seifen und Tinkturen hergestellt, jetzt wendete ich mein Wissen bei meinen Hunden an und bereitete eine Mischung aus Kamille und Aloe zu. Ich brauchte einen ganzen Tag, um das Pulver im Haus zu verstreuen, dann alles abzusaugen und schließlich alles zu waschen, was nicht angenagelt war – Kissen und Bettdecken, Schonbezüge, Überwürfe und Kissenbezüge. Alle meine Kleider wurden noch einmal gewaschen … aber immer noch kratzten sich die Hunde blutig. Ich wusste, es musste etwas Inneres sein – und ich hatte recht. Wieder rief ich den Tierarzt an und erhielt dieselbe Antwort: Es müssen Flöhe sein, bringen Sie sie vorbei, dann bekommen sie Steroide zur Beruhigung der Haut.

„Nein!“ Allmählich war ich völlig frustriert. „Schauen Sie, ich weiß, wie Flöhe aussehen, und wenn das nicht unsichtbare Plagegeister sind, dann befindet sich nicht ein einziger Floh auf meinem Grund und Boden. Doch selbst wenn es je einen gegeben hätte, dann ist er jetzt gewaschen, gebügelt, ordentlich zusammengelegt – und absolut tot!“

Ich knallte den Hörer auf. Emma saß mir gegenüber. Ich schaute ihr in die Augen, und mir fiel auf, dass sie nicht klar waren. Sie wirkten verschleiert, wie es bei alten Hunden vorkommen kann.

„Irgendetwas stimmt einfach nicht, mein Mädchen.“

Emmas Gesichtsausdruck signalisierte Zustimmung.

Mir kam ein Gedanke. Ich ging in die Küche, holte mein Telefonbuch und blätterte darin, bis ich ihre Nummer gefunden hatte. Ich hatte schon eine ganze Weile nicht mehr mit dieser Frau gesprochen. Sie besaß ebenfalls Neufundländer, und ich hatte gehört, dass ein älterer Neufundländer, den sie zu sich genommen hatte, am Cushing-Syndrom erkrankt war, dass daraufhin eine Frau namens Wendy irgendetwas gefunden, dies ihr geholfen hatte und es dem Hund jetzt besser ging. Es war nicht das erste Mal, dass Wendys

Name genannt worden war, und jedes Mal, wenn er fiel, verspürte ich ein Kribbeln – dasselbe Kribbeln, das ich verspüre, wenn ich jemandem begegne und einfach weiß, dass ich diesen Menschen schon früher gekannt habe oder etwas zwischen uns ist und wir sofort Freunde werden. Wenn Wendys Name fiel, dann sah ich uns manchmal am Amazonas entlanggehen und Pflanzen sammeln.

Die Besitzerin des Cushings-Hundes hatte den vollständigen Namen Wendy Volhard. Sie lebte im Bundesstaat New York. Ich wählte ihre Telefonnummer. Wendy nahm den Hörer ab. Sie war buchstäblich auf dem Sprung zum Flughafen, weil sie nach Deutschland flog, aber ein paar Minuten hatte sie noch für mich.

„Ich habe zwei Neufundländer", begann ich, „und die lösen sich gerade in Wohlgefallen auf." Ich erzählte ihr von Emmas Aggression, dem pausenlosen Jucken und Emmas Alte-Hunde-Augen. Ich hatte schon in dem Moment angefangen zu weinen, als Wendy ans Telefon gegangen war, und obwohl es am anderen Ende der Leitung still war, spürte ich jetzt, wie sich eine Energie in Bewegung setzte. Es blieb noch einen Moment still, dann sprach sie.

Wendy sagte mir sehr nüchtern, dass die Ernährung meiner Hunde zu alkalisch war. Als sie fragte, was sie zu fressen bekämen, nannte ich ihr die Marke des (ziemlich teuren) Premium-Trockenfutters, das ich kaufte. Wieder sagte sie, das sei zu alkalisch, sie bräuchten die Aminosäuren in rohem Rindfleisch. Ich vermutete, sie konnte spüren, wie ich zusammenzuckte bei dem Gedanken, Emma und Cubby rohe Hamburger zu verfüttern.

„Ich mache das schon seit Jahren so", sagte sie, und etwas in ihrer Stimme gab mir Sicherheit. Ich glaubte ihr. Ich erhielt eine Liste von Nahrungsmitteln, die ich dem Trockenfutter beimischen sollte, um es ausgewogener zu machen. Sie fragte, ob ich ihr Buch gelesen hätte. Das hatte ich nicht. Sie schlug mir vor, es zu lesen und sie dann wieder anzurufen, sobald sie aus Deutschland zurück sei, falls ich dann immer noch eine Beratung wegen der Ernährung meiner Hunde wünschte.

Ich mischte die rohen Zutaten unter das Trockenfutter. Beide Hunde stürzten sich auf das Essen, als hätten sie ihr ganzes Leben lang Hunger leiden müssen und bekämen nun zum ersten Mal eine richtige Mahlzeit. Ich hingegen beobachtete sie haarscharf und ließ sie keine Minute aus den Augen; denn ich glaubte, sie müssten jeden Augenblick umkippen, Anfälle bekommen oder sofort in Totenstarre verfallen, weil ich sie mit rohem Fleisch vergiftet hatte. Ich sah zu und wartete. Nichts passierte, zumindest nicht gleich. Im Laufe der nächsten vierundzwanzig Stunden geschah allerdings etwas! Sie kratzten sich nicht mehr. Nichts juckte. Keiner hob eine Pfote oder verdrehte den Kopf, um eine Stelle auf dem Rücken in Angriff zu nehmen. Beide Hunde schliefen in der Nacht selig und süß. Ihre Wunden heilten. Ich fütterte sie weiter so, wie Wendy es mir gesagt hatte, und besorgte mir Wendys Buch *The Holistic Guide for a Healthy Dog* (Der ganzheitliche Ratgeber für einen gesunden Hund) in der Buchhandlung bei uns am Ort.

Beim Lesen hätte ich am liebsten alles unterstrichen. Ich markierte Zeile um Zeile und notierte am Rand, dass dieses auf Emma und jenes auf Cubby zutraf. Sämtliche Blasenentzündungen, die Emma hatte, waren auf ihr zu alkalisches Futter zurückzuführen. Es grauste mir bei dem Gedanken, wie oft sie bereits Antibiotika erhalten hatte, aber weiterhin zu sich nahm, was sie krank machte. Ich las die ganze Nacht und setzte mich am nächsten Morgen mit dem Buch an den Computer. Dort ging ich die Literatur-Empfehlungen durch und bestellte jedes Buch, das noch lieferbar war. Ich musste einfach alles wissen und zählte die Tage bis zu Wendys Rückkehr, damit wir ein Beratungsgespräch vereinbaren konnten.

Ich musste zum Tierarzt, um Blut abnehmen und dieses dann an Dr. Jean Dodds, eine Endokrinologin in Südkalifornien, schicken zu lassen. Nach Wendys Anweisungen brauchten die Hunde eine vollständige ärztliche Untersuchung, und ich musste meinem Tierarzt alles sagen, was wir vorhatten. Wendy war keine Tierärztin und konnte nur Vorschläge machen. Mein Tierarzt musste über jeden Schritt informiert sein. Die Ergebnisse der Blutuntersuchung sollten an den Tierarzt, an Wendy und mich gehen. Die Blutwerte mussten nun regelmäßig ermittelt werden, und ich musste sie in einem Notizbuch festhalten. Ich war allerdings überhaupt nicht darauf vorbereitet, dass Emmas Blutwerte auf eine schwer geschädigte Leber und eine kaum funktionierende Schilddrüse hindeuteten. Der Tierarzt schüttelte den Kopf und glaubte, dass man im Hinblick auf Emmas Leber nichts tun könne. Wendy hingegen entwarf Ernährungspläne für Emma und Cubby. Sie enthielten unter anderem Drüsenkonzentrate, Vitamine der B-Gruppe sowie die Vitamine C und E, Willard Water[2], Rindfleisch, Haferflocken und Gemüse, insbesondere Süßkartoffeln.

Auf ihre Anregung hin bestellte ich außerdem etwas, wovon ich noch nie gehört hatte – homöopathische Arzneimittel. Die Homöopathie ist eine Form der energetischen Medizin, die auf dem Prinzip fußt, dass „Ähnliches mit Ähnlichem geheilt werden kann". Wird man also zum Beispiel von einer Biene gestochen, so kann man zu einem Mittel namens *Apis* greifen, das aus der Biene samt ihrem Gift gewonnen wird. Das Ausgangsmittel wird in mehreren Schritten verdünnt und verschüttelt, d.h. potenziert. Niedrigere Potenzen, wie z.B. D30, werden normalerweise in Akutsituationen gegeben. Je höher eine Substanz potenziert wird, desto mehr vertieft sich ihre Wirkung. Dann könnte jemand über ein Wespennest am Boden gehen, sein Körper unter den Stichen aufquellen, aber nach der Behandlung mit Apis normalisierte sich seine Atmung wieder, die Schwellungen gingen zurück und die roten Stichmale verblassten – und das alles innerhalb einer halben Stunde nach der Mitteleinnahme.

Außerdem lernte ich die Theorie der fünf Elemente aus der *Traditionellen Chinesischen Medizin* (TCM) kennen. Danach werden den verschiedenen Körperorganen bestimmte Gefühle zugeordnet. Zu den verschiedenen Jahreszeiten ist jeweils die Energie in ganz bestimmten Organen am stärksten. So ist zum Beispiel am Frühjahrsbeginn die Energie in Leber und Gallenblase am stärksten.

---

2 Ein mit Elektrolyten angereicherter und in einem speziellen patentierten Verfahren „katalysatorveränderter" Zusatz zum Trinkwasser, durch den Wasser Giftstoffe besser ausschwemmen und Nähstoffe leichter zu den Zellen transportieren können soll. Wird in Deutschland, Österreich und der Schweiz nicht vertrieben. (Anm. d. Ü.)

Das Gefühl der Wut sitzt in der Leber. Ist die Leber geschädigt, dann zeigt sich dieser Zustand im Frühjahr in seiner schlimmsten Ausprägung. Hunde zeigen in dieser Zeit unter anderen folgende Symptome: Aggression, Geschwulste und Schwellungen, Probleme an der Hinterhand (einschließlich Hüftdysplasie), bestimmte Anfälle und grün verfärbte Körperausscheidungen. So gesehen kann man also durch die Heilung der Leber auch Aggressionen lindern. Wendy zufolge lassen sich mindestens neunzig Prozent aller Verhaltensauffälligkeiten auf gesundheitliche Beschwerden und Ernährungsfehler zurückführen. Ich musste mich einfach fragen: Wenn das auf Hunde zutraf, wie war es dann beim Menschen?

In den nächsten Wochen und Monaten blieben Wendy und ich in ständiger Verbindung. Bei den Hunden trat Heilung ein, und ich lernte jeden Tag aus den Büchern, manchmal nur ein paar Stunden, manchmal den ganzen Tag. Wenn ich etwas Faszinierendes entdeckte, dann blieb ich die ganze Nacht wach, las nach und suchte Querverbindungen. Nachdem ich einmal eine ganze Nacht lang über den Unterschied zwischen Allergien und einem gestörten Stoffwechsel-Gleichgewicht sowie darüber nachgelesen hatte, was man tun kann, um den Körper wieder in Balance zu bringen, wollte ich bei Sonnenaufgang partout nicht ins Bett gehen. Ich ging in die Küche und bereitete das Frühstück für die Katzen, die Hunde und mich zu. Ich stellte ihre Schüsseln auf den Boden, goss mir eine Tasse Kaffee ein und lächelte still vor mich hin, weil ich an die Veränderungen denken musste, die in meiner Familie gerade vor sich gingen. Ich hauchte einen geflüsterten Dank an Wendy.

Gern geschehen hörte ich aus dem Reich hinter meinem Dritten Auge. Mit meiner neuen Freundin fühlte ich mich sicher und geborgen.

Da die Hunde jetzt stabil waren, wollte der Tierarzt bei Emma die Tollwut-Impfung nicht auslassen. Die Auffrischung war gesetzlich vorgeschrieben. Aber ich wusste, wenn mein Mädchen die bekäme, dann würde alles wieder anders. Ich konnte spüren, dass sie sich an der Grenze zwischen Leben und Tod bewegte und es, wenn sie die Impfung jetzt bekäme, kein Zurück mehr gäbe. Es wäre genau dasselbe wie bei Sophie.

Einen Monat nach der Impfung entwickelte Emma an der Stelle, an der sie verabreicht worden war, einen Tumor. Über Nacht entstanden sechs weitere, und die Biopsie zeigte, dass sie bösartig waren. Außerdem ergraute sie rasch. Während der Operation zur Entfernung der Tumoren blieb ich bei ihr. Als der Tierarzt fertig war und Emma genäht wurde, sah ich zu ihm auf.

„Ich dachte immer, Tierärzte sollten den Tieren keinen Schaden zufügen", sagte ich. „Wie kommt es dann, dass ich genau die gegenteilige Erfahrung gemacht habe? Sagen Sie mir doch: Gibt es irgendwelche Beweise, dass der Tollwut-Impfstoff tatsächlich etwas nützt? Verhindert er wirklich, dass der Hund Tollwut bekommt?"

An die Antwort des Tierarztes kann ich mich nicht mehr erinnern. Ich erinnere mich aber an die Tränen in seinen Augen, die hinter seinen Brillengläsern, die dick waren wie Flaschenböden, noch größer wirkten. Vor meinem Dritten Auge sah ich ihn alleine in seinem Operationsraum stehen. Er trug blaue Kleidung, und seine Hände waren gefesselt. In den Seilen verschlungen waren alle Impfstoffe, die er von Gesetzes wegen verabreichen musste.[3] Ich wusste, dass ihm das zu schaffen machte und sich in seinem Körper Geschwüre gebildet hatten.

Im Laufe der nächsten Monate wurde er immer dünner, bis er schließlich an Lungenkrebs starb. Er fehlt mir sehr. Er war ein intelligenter Mann mit besten Absichten.

In der Nacht nach Emmas Operation wachte ich auf. Ich stand in der Küche, und die Türen der Küchenschränke waren offen. Alles war durchwühlt worden, aber dieses Mal war nichts zu Bruch

3 In Deutschland gibt es keine gesetzlichen Vorschriften zu Impfungen bei Hunden. Empfohlen wird die Impfung gegen Staupe, Parvo und Hepatitis. Die Impfung gegen Tollwut gilt als sinnvoll, auch wenn Deutschland seit 2008 als tollwutfrei gilt (aus dem Ausland importierte Tiere könnten den Virus einschleppen). In viele europäische Länder dürfen Hunde nicht ohne nachgewiesene Tollwut-Impfungen einreisen. Inzwischen gibt es allerdings Impfungen, die nur alle drei Jahre statt jährlich aufgefrischt werden müssen. (Anm. d. Ü.)

gegangen. Ich fühlte mich, als schlafe ich und sei zugleich hellwach. Es war, als wenn man vom Grund eines Flusses auftaucht und glaubt, dass die Wasseroberfläche nahe ist, sie aber nie erreichen kann. Ich fühlte mich, als würde ich ertrinken. Irgendetwas stimmte nicht, und ich wusste, ich sollte es in Ordnung bringen. Seit wir an die Küste gezogen und die Hunde so krank geworden waren, passierte so etwas immer öfter. Manchmal fand ich mich plötzlich zu einer Kugel zusammengerollt auf dem Küchenboden wieder. Emma war dann stets an meiner Seite, als hielte sie Wache. So beängstigend das war, ich wusste doch, dass sie niemals zulassen würde, dass ich mir etwas antat.

7

Eine Erscheinung

Februar 1999

Mein Haus war über zwei große Straßen zu erreichen. Die eine war kurvenreich und lang und führte entlang der Küste, die andere verlief im Landesinneren, über die Berge. Sie war zweispurig und schmal, steil abfallend zur einen und dicht am Berghang zur anderen Seite. In den höheren Regionen gefror der Regen im Winter zu Eis und Schnee. Entlang des größten Teils der Strecke bestand Erdrutschgefahr.

In jenem Jahr hatten die Regenfälle früh eingesetzt und wurden kaum einmal von Pausen unterbrochen. Die Route im Landesinneren war streckenweise weggespült worden. Den Notbehelf, der die Straße wieder passierbar machte, bis sie im Frühjahr richtig ausgebessert werden konnte, nannten wir die *Fischertechnik-Brücke.* Sie konnte immer nur von einem Fahrzeug auf einmal befahren werden. Die Autos auf einer Spur mussten an einer Baustellenampel warten, während der Gegenverkehr passierte. Es war ein grauenhaftes Gefühl, wenn man eingequetscht zwischen zwei Holzlastern über diese Spielzeugbrücke fahren musste. Als ich sie das erste Mal überquerte, stellte sich das Gefühl ein, mein Leben in Kalifornien könne sich bald seinem Ende zuneigen. Ich spürte, dass es mich anderswohin zog. Ich merkte, wie ich das Wort flüsterte und schließlich laut aussprach: „Vermont."

Es war Sonntagabend um 20 Uhr. Seit Stunden saß ich am Esstisch und las meine neueste Literatur-Erwerbung über Homöopathie und Krebs. Emma schlief auf dem Küchenboden. Cubby schnarchte auf seiner orthopädischen Matratze im Wohnzimmer. Fast Eddy hatte es sich auf einem Aktenstapel gemütlich gemacht, und meine zweite Katze, Madison, kauerte auf der Fensterbank in der Küche und sah dem Regen zu, der an der Scheibe herunterlief. Hin und wieder verpasste sie einem verirrten Tropfen auf der anderen Seite einen Hieb. Ich hob den Blick, stand auf und streckte mich.

Beim Gang in die Küche, um mir ein Glas Apfelsaft einzugießen, entdeckte ich etwas Blut auf dem Boden. Ich sah genauer nach und stellte fest, dass bei Emma eine der Stellen, an der ein Tumor gesessen hatte, völlig offen war. Irgendwie war die Naht aufgerissen. Die einzige Tierärztin, die ich jetzt noch erreichen konnte, war eine Frau, mit der ich vor kurzem schon einmal eine Auseinandersetzung gehabt hatte. Ich sprach ihr auf den Anrufbeantworter, und sie rief mich von ihrer Badewanne aus zurück. Als sie mir sagte, sie würde Emma nur nähen, wenn sie ihr eine Vollnarkose geben könnte, weigerte ich mich. Ich wusste, wenn ich das zuließe, würde Emma sterben. Die Ärztin hingegen wollte es nicht anders machen.

Ich tätigte Anruf um Anruf und versuchte, an einem Sonntagabend jemanden zu finden, der Emma nähen würde. Ich wusste, dass dies nur in einem sehr engen Zeitfenster möglich war. In meiner Verzweiflung rief ich Sophies Tierärztin in Marin County an. Sie empfahl die Notfallklinik in Santa Rosa. Das bedeutete eine zweieinhalbstündige Autofahrt, aber dort würde ihre Wunde unter örtlicher Betäubung versorgt, und wenn ich gleich losführe, dann könnte ich noch rechtzeitig da sein, damit sie genäht werden konnte. Die Tierärztin versprach, für mich dort anzurufen und Bescheid zu geben, dass wir kämen und was wir bräuchten. Sie versicherte mir, dass alles wieder gut würde.

Ich ging hinaus zum Auto, um es mit einer Decke für meine sechzig Kilo schwere Neufundländerin auszulegen. Als ich wieder ins Haus kam, klingelte das Telefon. Ich wollte eigentlich nicht abnehmen, wurde aber von einer unsichtbaren Kraft förmlich hingezogen. Die Stimme meines Bruders klang ruhig und gefasst. Unsere Tante hatte einen Schlaganfall erlitten. Sie hatte das Bewusstsein nicht wiedererlangt, und man rechnete nicht damit, dass sie es schaffen würde.

„Es tut mir leid; ich muss weg. Emma hat Probleme. Ich kann heute Abend von hier aus nichts tun. Ich rufe dich an, sobald ich wieder zu Hause bin." Schon waren wir zur Tür hinaus. Ich hatte Schuldgefühle, weil ich so kurz angebunden gewesen war, aber ich musste mich auf Emma konzentrieren. Sie war mir am wichtigsten. Ich wusste, wie empfindsam mein Bruder sein konnte, und hoffte, er würde mich verstehen.

Emma war keine entspannte Autofahrerin. Sie hielt den Kopf zwischen den Vordersitzen, hechelte und sabberte mir normalerweise selbst auf einer kurzen Strecke die rechte Schulter voll. Auch an diesem Abend war es nicht anders. Sie platzierte sich so weit vorne zwischen den Sitzen, wie sie sich nur dazwischen quetschen konnte, und hechelte schon, bevor ich den Zündschlüssel umgedreht hatte. Cubby ließ ich zu Hause. Wir fuhren ins Dunkel hinein. Die Nacht war sternenlos, und es sah so aus, als wollte es gleich wie aus Kübeln schütten. Wir fuhren durch Fort Bragg und bogen dann auf die Straße mit der *Fischertechnik-Brücke* ab, die nach Willets führte. Wegen Erdrutschen war sie am Vortag mehrere Stunden lang gesperrt gewesen.

Einer nach dem anderen trafen Regentropfen die Windschutzscheibe. Unter Redwood-Bäumen fuhren wir den Berg hinauf. Ein Geruch nach nasskaltem Holz und Kiefernnadeln drang durch die Lüftung ins Wageninnere. Das Wasser vom Himmel fiel beständiger. Der regelmäßige Schlag der Scheibenwischer schien Emma zu beruhigen. Ihr Hecheln wurde etwas langsamer. Wir kamen an die Brücke aus Metall. Mein Herz hatte schon vorher schneller geschlagen. Diese Brücke jagte mir zugegebenermaßen Angst ein. Wir überquerten sie langsam, und als wäre sie eine Tür zu einer anderen Welt, schlug das Wetter unvermittelt und deutlich um, kaum dass wir auf der anderen Seite angekommen waren. Es war, als spielte uns jemand einen Streich und hätte Hunderte Wassereimer in die Äste der großen Redwoods gehängt und sie so programmiert, dass sie in dem Moment, in dem wir die Brücke passierten, auf uns niedergingen. Ich stellte die Scheibenwischer auf die höchste Stufe, umklammerte das Lenkrad und brachte mein Gesicht so nah wie möglich an meine Hände, an denen die Knöchel weiß hervortraten. Emma veränderte ihre Position, weil sie meine Angst spürte.

„Es ist okay, mein Mädchen. Wir schaffen das."

In Gedanken wiederholte ich immerzu: *Bitte, bitte, bitte, bitte. Lasst alles gut gehen. Lasst uns heil in die Klinik kommen.*

Während wir am Rand der bewaldeten Berge immer höher hinauffuhren, nahm der Niederschlag zu, wurde zu gefrierendem Regen und schließlich zu Eiskörnern. Mein Wagen hatte Sommerreifen mit zweifelhaftem Profil. Sie waren ziemlich abgenutzt und sollten eigentlich erneuert werden. Ich hatte mich in meinem Van immer etwas unsicher gefühlt. *Bitte, bitte, bitte* … Da fiel mir ein, dass ich ebenso gut versuchen könnte, mit einer anderen Einstellung aus dem Fenster zu sehen. Wenn ich mir dachte, dass das ganz normales Wetter und nicht gefährlich war, könnte ich meine Angst vielleicht lindern, diese Fahrt wohlbehalten überstehen und innerhalb des Zeitfensters in die Klinik kommen, so dass Emmas Naht nachgenäht werden konnte. Ich stellte mir den Regen als tropischen Regen vor, und als ich an den Kiefern vorbeifuhr, auf denen sich langsam erst Eis und dann Schnee sammelte, malte ich mir aus, es sei Weihnachten in den Tropen und jemand habe die Bäume mit einer Schneekanone angesprüht.

Plötzlich senkte sich ein Gefühl der Wärme über mich. *Es ist gut. Wir werden es schaffen.* Aber dieses Gefühl verwandelte sich in etwas anderes. Es war, als führe jemand anderer, und ich spürte eine Energie, die zu mir kam. Vor meinem Dritten Auge stand ein helles Licht. Es war meine Tante. Ich wusste, warum ich sie hier spüren konnte. Ich wusste, warum sie gekommen war.

„Es ist alles in Ordnung, Trudy", sagte ich ihr. Ich konnte Liebe um mich herum spüren. „Es wird alles wieder gut, das verspreche ich dir. Es ist okay. Ich wünsche dir alles Liebe und eine gute Reise. Es ist in Ordnung, dass du gehst. Wir schaffen das. Wir schaffen das. Danke für alles, was ich von dir gelernt habe. Danke."

Die Energie antwortete ohne Stimme, aber ich wusste, dass sie mit mir kommunizierte. Sie schickte ein noch stärkeres Licht in mich hinein, und dann flüsterte ein Windhauch uns im Auto etwas zu, genau wie die sanfte Brise, die bei geschlossenen Türen und Fenstern durch meine Galerie zog, als Sophie starb. Danach waren wir wieder allein und fuhren durch eine Winterlandschaft. Ich stellte fest, dass sich Emma zum allerersten Mal überhaupt im hinteren Teil des Wagens hingelegt hatte. Die Energie hatte sie beruhigt. Ein bittersüßes Lächeln überzog mein Gesicht. Ich wusste, dass Trudy im Sterben lag. Ich konnte spüren, dass ihr Körper noch pulsierte, aber ihr Geist bereits gegangen war. Ihr Körper würde noch so lange in diesem Zustand bleiben, bis bestimmte Familienmitglieder da waren, um sich zu verabschieden. Dieser Moment war wichtig für sie, deshalb würde er ihnen gewährt werden.

Wir kamen rechtzeitig innerhalb des Zeitfensters in der Notfallklinik an, so dass Emmas Wunde wieder genäht werden konnte. Meine Tierärztin aus Marin hatte wie versprochen angerufen, die Angestellten nahmen mir die Angst, nahmen Emma gleich an die Reihe und waren sehr schnell auch wieder fertig. Eine schwarze Frau in OP-Kleidung legte mir die Hand auf die Schulter. Sie hatte klare, tiefe Augen. Ich sah Mitgefühl darin.

„Sind Sie sicher, dass Sie wirklich noch zurückfahren können?" Es war nach Mitternacht. Etwas in ihrer Hand gab mir das Gefühl, von Gnade berührt zu werden. Durch sie floss mir die Kraft zu, die ich brauchte, um wieder über den Berg zu fahren.

„Das geht schon."

Auf der Rückfahrt hatte das Wetter aufgeklart. Schweigend fuhren wir nach Hause. Der ganze Verlauf dieser Nacht fühlte sich an, als sei er bewusst so eingerichtet worden. Es war, als hätte jemand mit Absicht Emmas Naht geöffnet, damit ich ins Auto steige. Beim Autofahren war ich anscheinend offener dafür, Dinge zu sehen und zu hören. Während ich dies dachte, stellten sich die Härchen an meinen Armen auf, und ein kalter Schauer durchzuckte mich. Die Antwort lautete also: Ja. Es stimmte. Ich war eine Schachfigur in einem ausgeklügelten Plan gewesen, mich ins Auto zu kriegen. Es war das letzte Mal, dass ich die Energie meiner Tante spürte. Sie starb am folgenden Tag, nachdem mein Bruder und mein Cousin es noch an ihr Sterbebett geschafft hatten. Sie verabschiedeten sich. Die Monitore zeigten Null-Linien.

Im April rief ich Wendy an, um ihr die guten Neuigkeiten zu berichten.

„Ich habe es erst jetzt richtig gemerkt, Emma hat auf einmal gar keine Lust mehr, andere Hunde anzugreifen. Ihr Verhalten ändert sich. Ich weiß, dass die Aggression in der Leber sitzt, und ihre Leber war ja geschädigt. Aber ich glaube, ich war so sehr damit beschäftigt, ihre körperliche Gesundheit wiederherzustellen, dass ich ganz vergessen habe, es könnte vielleicht auch emotionale Fortschritte geben."

Wendy lachte und sagte, dass wir manchmal vergessen, wie wir Dinge wieder in Ordnung bringen können. Wir befanden uns mitten in der „Leber-Jahreszeit", und Emma war lieb und sanft. Ihre Augen waren mit der Zeit viel klarer geworden. Sie hatte immer noch heiße Ohren und zeigte Anzeichen einer Autoimmunerkrankung, aber da ihre Leber nun besser funktionierte, heilte auch ihr emotionaler Zustand, der von der Leber gesteuert wurde.

Obwohl Emma emotional Fortschritte machte, behielt ich meine reflexhafte Reaktion bei, wenn ich mit ihr außerhalb des sicheren Refugiums unseres Gartens spazierenging. Wenn wir durch die Nachbarschaft marschierten und aus dem Nichts ein Hund auftauchte, der ohne Leine auf uns zukam, dann sah ich aus lauter Angst sofort zu, dass wir schnurstracks nach Hause kamen. Emmas sechzig Kilo schüchterten andere Hunde oft ein. Meine Angst würde dann wie der Blitz an der Leine entlang sausen und Emma entsprechend reagieren. Ich musste lernen, meine Angst abzulegen, ruhig zu bleiben und meinem Wissen zu vertrauen, dass Emma inzwischen emotional stabiler war. In meinem Verhalten umzulernen, war für mich eine Herausforderung.

Während ich mich mit Emmas und Cubbys Gesundheitsproblemen beschäftigte und ganzheitliche Heilmethoden erlernte, rief ich eine Mailingliste für Menschen ins Leben, die Wendy Volhards Ernährungsmethoden anwandten oder mehr darüber wissen wollten. Innerhalb weniger Monate hatte meine Liste mehrere Hundert Mitglieder. Unter denjenigen, die Wendys Seminare und Camps besucht hatten, verbreitete sich die Mund-zu-Mund-Propaganda schnell. Ich achtete besonders darauf, dass jede Frage beantwortet wurde und verbrachte Stunden mit der Recherche für meine Antworten an Mitglieder der Mailingliste. Es wurde für mich zu einer neuen Lernmethode. Ich konnte es jeden Morgen kaum erwarten, den Computer anzuschalten und Neues zu entdecken.

Cubbys Hinken verschlimmerte sich. Als ich mit ihm nach Marin zu Dr. Bellingham fuhr, konnte er kaum noch gehen. Ich musste die Assistentin zum Auto bitten, damit sie mir helfen konnte, ihn zu seiner Behandlung in die Praxis zu bringen. Jim, ein Freund von Wendy, den ich am Telefon kennengelernt hatte, kam zu uns in die Praxis. Der ehemalige Gewichtheber stieß auf Wendy, als sein Mastiff Buster eine Autoimmunkrankheit entwickelte. Jim arbeitete mit der Ernährungspäpstin zusammen, um die Gesundheit seines Mastiffs wieder in den Griff zu bekommen, und die beiden freundeten sich an. Jim ist eine wandelnde *Materia Medica,* und es gibt nicht viel über die Homöopathie, was er nicht weiß. Wir hatten uns am Telefon schon oft und lang über Gesundheit unterhalten, und als er hörte, dass wir zu einem Termin bei der Akupunktur-Tierärztin nach Marin fuhren, sagte er, er käme gerne auch dorthin, um sich mit uns zu treffen, denn das sei nicht einmal eine Autostunde von ihm entfernt.

Cubbys Kreuzband war gerissen. Beatrice und auch der Chiropraktiker arbeiteten deshalb mit ihm. Nach den Behandlungen konnte Cubby auf eigenen Pfoten zum Auto zurückgehen. Jim ging mit uns hinaus. Er war langsam, denn nach einem schweren Unfall ging es ihm immer nur während eines ganz kurzen Zeitraums am Tag so gut, dass er in Bewegung sein konnte. Was er bei der Heilung von Buster gelernt hatte, wandte er nun auf sich selbst an und befand sich bereits in einem weitaus besseren Zustand, als die

Ärzte erwartet hätten. Aber er bewegte sich langsam und sehr konzentriert. Außerdem musste er regelmäßig Schmerzmittel nehmen, durch die er noch langsamer wurde.

In einem nächsten Schritt musste Cubby zur eingehenden Untersuchung in eine chirurgische Tierklinik, die etwa fünf Autostunden von meinem Wohnort entfernt war. Der Arzt sah sich Cubby nur kurz an und verkündete dann, die Art, wie er sich hinsetze, zeige bereits, dass sein Kreuzband gerissen sei.

„Er hat eine schwere Hüftdysplasie“, sagte ich. „Er setzt sich immer so hin – immer. Das ist absolut nichts Neues. Da müssen Sie sich zur Begründung schon was Besseres einfallen lassen.“

Der Tierarzt wirkte verblüfft und dann verärgert. Er versicherte mir, dass die Röntgenaufnahmen seine Diagnose bestätigen würden. Dem Arzt zufolge hatte Cubby einen vollständigen Kreuzbandriss, der nur durch eine Operation zu beheben war. Auf den 20. Mai um 6 Uhr morgens wurden wir zur Operation einbestellt. Ich wollte während der Operation bei ihm bleiben und dann in einem Hotel übernachten. Am darauffolgenden Tag würde ich Cubby wieder mit nach Hause nehmen können. Ich bestand darauf, nach der Operation bei ihm zu bleiben und ihm gegebenenfalls Heilmittel zu verabreichen, damit er es leichter hätte. Während der Operation selbst durfte ich nicht bei ihm sein.

Cubbys Rekonvaleszenz war schmerzhaft. Er kam mit einem komplett bandagierten Bein nach Hause. Ihn vom Auto zum Toilettengang in den Garten und anschließend in mein Atelier zu bringen, wo er in Türnähe und auf Straßenniveau war, erforderte zwei starke Nachbarn und mich. Ich hatte eine Gehhilfe, eine Manschette mit Tragegurten, die ich ihm umlegen konnte und die ihm seine Bewegungen erleichterte. Wenn ich sie ihm um den Bauch legte, konnte er in Bewegung bleiben, wobei aber sein Bein entlastet wurde, weil ich ihn leicht anhob. Jetzt war ich dankbar, dass ich früher Bodybuilderin gewesen war. Meine Muskeln bauten sich schnell wieder auf und halfen mir, ihn bei seiner Mobilisierung zu unterstützen.

Ihn ins Haus hinein und wieder heraus zu bringen, war bei einem Hund seiner Größe ein mühsames Unterfangen. Das Vertrackte war die Koordination zwischen der Gehhilfe und seinem Penis; man musste die Gehhilfe rechtzeitig anziehen, damit sie nicht nass wurde. Ich musste mehrere Ersatz-Gehhilfen bestellen – für Tage, an denen ich nicht ganz so schnell war wie Cubby. Wir schafften es schließlich, einen Rhythmus für unsere Spaziergänge zu finden. Ich entdeckte einen Chiropraktiker, der ins Haus kam, um Cubby einzurenken; und im Juli konnte er bereits zwei Häuser weiter und wieder zurück gehen. Die Gehhilfe legte ich ihm immer noch um, als wäre sie für ihn so etwas wie die Stützräder an einem Kinderfahrrad. Strauchelte er, so würde sie verhindern, dass er einbrach. Cubby war ganz aus dem Häuschen, dass er wieder hinausgehen und seine nachbarschaftlichen Kontakte pflegen konnte.

Wegen Cubbys Kreuzband-Operation und anschließender Rekonvaleszenz hatte ich mein Bett ins Erdgeschoss des Hauses verlegt und schlief im Barking-Bear-Atelier. Cubby hatte seine orthopädische Matratze in Türnähe, und Emma schlief direkt daneben auf dem Boden.

Am Morgen meines 43. Geburtstags saß ich mitten aus dem Tiefschlaf heraus plötzlich kerzengerade im Bett. „Jungs und Mädels", verkündete ich. „Wir müssen nach Vermont umziehen!"

Ich habe keine Ahnung, was ich geträumt hatte. Über Vermont dachte ich schon seit geraumer Zeit nach. Durch meinen Anteil am Erbe meiner Tante hatte ich genug Geld, um in meine alte Heimat Neuengland zurückzukehren, was ich schon seit dem Tag meiner Ankunft in Kalifornien, vor vierzehn Jahren, hatte tun wollen. Ich könnte Emma aus dem feuchten Kima herausbringen und mir meinen Traum von einem eigenen Haus mit einem eingezäunten Garten mit Hundespielplatz erfüllen. Der Zaun könnte komplett auf meinem eigenen Grundstück verlaufen, ohne gemeinsame Grenze mit Nachbarn, und Emma und Cubby hätten einen Ort, an dem sie ungestört spielen könnten und wo mein Landseer vor freilaufenden Hunden sicher wäre.

In den folgenden Wochen schaute ich mich im Internet nach Grundstücken im Süden von Vermont um. Das erste, das ich mir näher ansah, war ein etwa vier Hektar großes Stück Land in einer kleinen Universitätsstadt überwiegend ländlicher Prägung in der Südwestecke des Bundesstaates. Zwar schaute ich mir auch noch etliche andere Grundstücke an, kam aber immer wieder auf dieses eine zurück. Ich wusste, je früher ich Emma vom Meer weg und in ein kühleres Klima bringen konnte, desto besser bekäme ich ihre Überempfindlichkeit gegen bestimmte Pflanzen und Schimmelpilze in den Griff. Fort Bragg war nicht unbedingt der beste Ort für sie. Kurz nach meinem ersten Beratungsgespräch mit Wendy hatte ich nämlich erfahren, dass die amerikanischen Ureinwohner diese Gegend das „Land der tausend Krankheiten" nannten. Na toll! Ganz großartig! Auf jeden Fall war es das Land des Schimmels.

Wöchentlich wischte ich schwarze Sporen von meinen Fensterbänken. In jedem Zimmer des Hauses standen Luftentfeuchter. Bevor ich sie anschaffte, bekamen alle Textilien, die länger als vierundzwanzig Stunden auf dem Boden lagen, Stockflecken. Das sorgte immerhin dafür, dass ich in meinen Fähigkeiten als Putzfrau strukturierter wurde. Emmas Ohren waren ständig entzündet, ihre Augen tränten, und der Versuch, ihre Gesundheit angesichts ihrer Autoimmunerkrankung einigermaßen im Gleichgewicht zu halten, konnte einen zur Verzweiflung bringen. Wir mussten weg. Wir wollten Winter haben. Ich wusste, Winter würden uns Zeit schenken.

Ich stellte eine Hundesitterin an und flog nach Albany, New York, wo ich mir einen Wagen mietete und zu dem Immobilienmakler fuhr. Wir schauten uns zunächst das Haus in dem Universitätsstädtchen und dann noch mehrere andere an. Am nächsten Tag gab ich ein Angebot für das erste Grundstück ab. Das Haus war 1986 erbaut worden und stand etwas zurückversetzt auf dem Grundstück, so dass davor offenes Grasland lag. An zwei Seiten war es von Feldern und im Norden von einem Wäldchen umgeben. Der direkte Nachbar hatte auf dem Feld hinter dem Haus Mais angebaut. Jetzt, im Herbst, war der Mais abgeerntet. Auf dem Feld standen nur noch braune Stängel. Seidenblumen entsandten ihre Samen in die Luft, als wir auf dem Rasen standen. Mein Angebot wurde angenommen. Nach Ablauf der 30-tägigen Prüffrist würde mir das Eigentum endgültig übertragen – im November würde ich zum ersten Mal im Leben stolze Hausbesitzerin sein.

Die Umzugsvorbereitungen versetzten Emma in Panik. Bis die Möbelpacker gekommen und wieder gegangen waren und wir uns von den Nachbarn verabschiedet hatten, zitterte sie ständig. An dem Morgen, als ich erst Cubby und dann Emma ins Auto lud, hatte sie einen Anfall. Ich gab ihr drei Mal das homöopathische Mittel Aconitum C30, und das Zittern hörte auf. Wir fuhren fort, weg von unserem Strandhaus. Fast Eddy, mein Main-Coon-Kater, jaulte, übergab sich und kotete sich ein. Emma klemmte sich fest zwischen die Vordersitze. Am vierten Tag war sie lahm, weil sie sich partout nicht hinlegen wollte. Schließlich gab sie dem Schmerz nach und legte sich doch ab und zu kurz hin. Alle paar Stunden hielten wir an, um unsere Glieder zu strecken. Jeden Morgen musste ich anhalten, um Eddys Erbrochenes und seinen Kot zu entfernen.

Madison aß während des größten Teils der Reise nichts und versteckte sich in den Motels stets unter dem Bett. Am sechsten Tag überquerten wir die Grenze zu Vermont und rollten in die Einfahrt zu unserem Haus. Es war drei Uhr morgens. Die Haustür war nur angelehnt. Der Immobilienmakler hatte alle Kisten ins Haus gebracht, die ich ihm hatte schicken lassen. Darin waren Luftmatratzen, Töpfe, Pfannen, Kleidung und anderes, mit dem wir uns in der ersten Zeit behelfen konnten, bis der Umzugslaster käme, den wir erst in zwei Wochen erwarteten.

Kurz nachdem unsere Sachen angekommen waren, fing es an zu schneien. Emma war auf der hinteren Veranda, als um sie herum die ersten weichen Flocken fielen. Ich schaute durch die Glasschiebetür und öffnete sie dann. Sie saß ganz still und schaute mich verdutzt an. Ich wusste, die Zeit mit ihr war kostbar. Jeder Augenblick zählte. Ich konnte spüren, dass in ihr Vieles falsch lief. Irgendwie musste ich das korrigieren. Der Gedanke, sie zu verlieren, war einfach zu viel. Ich musste es schaffen.

An jenem Abend um Mitternacht dämmerte mir im Halbschlaf, dass ich vergessen hatte, den Hunden etwas zu geben, das sie unbedingt brauchten. Ich spürte, wie ich aufstand und in die Küche ging.

Dann weiß ich nur noch, dass ich um drei Uhr morgens aufgewacht bin. Ich lag im Flur, zusammengerollt wie ein Fötus. Emma lag neben mir. Ich hatte immer noch das Gefühl, dass ich vergessen hatte, ihr etwas zu geben. Das Atmen fiel mir schwer. Mein Herz raste unkontrollierbar. Ich wühlte in meinem Notfallkoffer und zog verschiedene Medikamente heraus, aber sie fielen zu Boden. Stolpernd fand ich zurück ins Bett. Ich wusste, ich hatte etwas Wichtiges in ihrem Essen vergessen oder versäumt, ihnen ein Medikament zu geben. Ich war fest davon überzeugt, verlor aber das Bewusstsein und rührte mich bis Tagesanbruch nicht mehr. In der Nacht träumte ich, ich stünde in einem Fluss. Etwas kam auf mich zu, aber die Angst ließ mich wie angewurzelt verharren, ich konnte mich nicht vorwärtsbewegen.

Der Immobilienmakler, der mir das Haus verkauft hatte, war ein großer drahtiger Mann mit kurzem dunklen Haar und einem Gesicht wie ein echter Junge vom Land. Als ich zum ersten Mal in Vermont war, um das Haus zu kaufen, legten wir einen etwa sechzig Ar großen Bereich im hinteren Grundstücksteil fest, wo er für mich einen stabilen Maschendrahtzaun ziehen lassen sollte. Der Zaun wurde gesetzt, bevor der Boden gefror. Der Makler machte es sich zur Gewohnheit, regelmäßig anzurufen und sich zu erkundigen, wie es uns ging. Manchmal verabredeten wir uns auch zum Abendessen oder auf einen Drink. Das klingt zwar wie der Beginn einer Romanze, aber er machte nie Annäherungsversuche und fuhr immer gleich weiter, wenn er mich nach Hause gebracht hatte.

Manchmal erzählte ich ihm auf der Fahrt – ohne dass mir dies überhaupt bewusst wurde – was für Menschen in den Häusern lebten, an denen wir vorüberfuhren. „Sie wissen noch gar nicht, dass sie wieder ein Kind erwarten“ oder „Die Frau, die hier wohnt, ist eine unglaublich tolle Köchin. Das ist sie schon seit vielen Leben, und sie liebt Lebensmittel.“ Einmal kamen wir an einem Haus vorbei, vor dem unzählige Spielsachen herumlagen sowie mehrere abgemeldete Autos und ein verfallenes Hundehäuschen ohne Hund standen. Schaudernd fuhr ich zusammen.

„Was ist los? Ist dir kalt?“, fragte der Immobilienmakler.

„Nein, es ist das Haus da – unheimlich.“

„Warum glaubst du das? Es ist doch in Ordnung.“

„Nein … er schlägt seine Frau.“

Der Immobilienmakler verzog wütend das Gesicht. „Mach dich nicht lächerlich.“

„Ich habe recht.“

„Nein. Auf gar keinen Fall.“

Ich wandte mich ab und schaute aus dem Seitenfenster. Da, neben dem Auto, lief der amerikanische Ureinwohner. Er hielt etwas in der Hand. Ich wusste, dass es ein abgestempelter Parkschein war. Er warf ihn in die Luft, und im selben Moment erschienen Hunderte gleicher Scheine und schwebten zu Boden. Ich musste lachen. Er bestätigte mein inneres Wissen, der Makler hingegen nicht. In dem Moment wurde mir erst klar, dass ich meine Fähigkeiten allmählich gelassen annehmen konnte, dass ich sie fließen ließ und nicht mit Alkohol, einem lauten Fernseher oder Rauchen unterdrücken musste.

„Was ist so lustig?“, fragte der Makler.

„Nichts, es ist ein Insider-Witz.“

Als der Makler eines Abends wieder einmal kam, um mich abzuholen, erwischte ich ihn dabei, wie er Cubby unwirsch aus dem Weg schob. Ich sagte kein Wort, aber für mich stand fest, dass dies das Ende unserer Beziehung war.

8

Die erste Blume

Wir waren zu Beginn des Winters in Vermont angekommen. Schneereiche Tage vergingen mit dem Lösen und Abziehen alter Tapeten und dem Auspacken von Kisten. In der Nacht schauten Emma, Cubby und ich in verschiedenen Zimmern zum Fenster heraus. Oft versammelten sich annähernd dreißig Rehe im vorderen Garten und scharrten mit ihren Hufen im Schnee, um an das darunterliegende Gras zu kommen. Da der schneebedeckte Boden das Mondlicht reflektierte, konnten wir kilometerweit über Felder und Straßen sehen.

Wir freuten uns auf das letzte Gassigehen am Abend, wenn wir unter Sternen stehen konnten. Die Schwärze des Universums wurde hier nicht durch Stadtlichter verwässert. Die Sternbilder sahen aus, als wären sie sorgfältig poliert und dann an das tiefschwarze Firmament gehängt worden. In der Abendkälte konnten wir oft den Zug hören, der dreißig Kilometer nördlich von uns vorbeifuhr. Wenn er vorüber war, wirkte die Stille noch greifbarer. In der kalten Luft konnten wir unseren Atem dann nicht nur sehen, sondern hörten auch, wie er ausgestoßen wurde, ganz gleich wie leise wir zu atmen versuchten.

Ich stand auf der Trittleiter im vorderen Zimmer und zog Tapete von der Wand. In diesem Raum war es bis jetzt am einfachsten. Jedes Zimmer war eine Überraschung für sich: Tapete, die mit literweise Kleister aufgebracht worden sein musste, oder Tapete, die ohne Grundierung auf Trockenbauwänden klebte, so dass jetzt beim Abziehen deren Papierschicht gleich mit abriss. In diesem

Zimmer jedoch ging alles schnell. Ich hatte den Fernseher eingeschaltet, damit ich mich nicht so alleine fühlte, hörte aber eigentlich gar nicht zu.

Eine Talkshow fing an. Der erste Gast war eine Frau, deren Sohn vor vielen Jahren entführt worden war. Sie wohnten in einer ländlichen Gemeinde, irgendwo im Mittleren Westen. Die Familie hatte mehrere Kinder, und eines nachmittags kam einer der Söhne nicht nach Hause. Der Junge wäre heute knapp zwanzig Jahre alt. Die Mutter hegte immer noch die Hoffnung, ihn zu finden.

„Er lebt, aber Sie werden ihn in diesem Leben nicht mehr sehen."

Die Worte kamen aus meinem Mund, und zunächst achtete ich gar nicht darauf, was ich da sagte. Es war, als spräche jemand anders, was normalerweise auch der Fall ist, wenn so etwas geschieht. Ich wusste, dass der Junge am Leben war, aber dass es ihm nicht gut ging. Er nahm Drogen und prostituierte sich.

Als die Worte mir zu Bewusstsein kamen, unterbrach ich meine Arbeit. Ich blieb einfach nur stehen und sah der inständig bittenden Mutter und dem Talkshow-Moderator zu. Warum hatte ich die Fähigkeit, so etwas zu sehen, und was sollte ich mit dieser Information anfangen?

Ich stieg von der Trittleiter, seufzte und griff nach der Fernbedienung, um den Fernseher auszuschalten. Emma und Cubby schliefen im vorderen Flur.

„Wollt ihr raus?", rief ich ihnen zu.

Beide waren wie der Blitz auf den Beinen und führten wahre Freudentänze auf, als ich meinen übergroßen, für Minusgrade gerüsteten, marineblauen, mir viel zu weiten und bis unter die Knie reichenden Parka anzog. Ich streifte den Hunden Halsbänder über, wir gingen durch die Hintertür und die Stufen der Veranda herunter. Emma ging als Erste. Sie berührte die Stufen kaum und schien eher hinunter zu fliegen als zu gehen. Cubby hingegen schritt vorsichtig und achtete genau darauf, wohin er seine Pfoten setzte. Die länglichen Holzstufen führten einen Abhang hinunter in den weiten, ebenen Bereich des umzäunten Gartens. Ich beobachtete ihn, wie er Fuß vor Fuß setzte.

Irgendetwas stimmte mit seinem Vorderlauf nicht. Äußerlich sah es so aus, als wäre alles in Ordnung. Aber innerlich spürte ich eine Energieverschiebung. Es fühlte sich an, als verdunkele jemand das Licht in seinen Karpalgelenken. Ich beobachtete, wie er die letzte Stufe nahm. Vielleicht war ich ja nur paranoid. Vielleicht sah ich ja förmlich Dinge in ihn hinein.

Auf der anderen Seite des Zauns standen drei Rehe auf dem Feld. Emma rannte an der Längsseite des Zauns hin und her. Mit hoch erhobenem Kopf ließ sie den Blick von Seite zu Seite schweifen, und ihr langhaariger Schwanz stand senkrecht nach oben. Ihr Beutetrieb war erwacht. Ich sah, dass sie alle Möglichkeiten prüfte, durch den einen Meter achtzig hohen Zaun ins Freie zu kommen. Darüberspringen konnte sie nicht. So musste sie sich wohl damit zufriedengeben, auf der Innenseite des Zauns Reh-Wache zu halten.

Cubby blieb bei mir und ließ gelegentlich ein langgezogenes Wuu-Wuu hören. Dabei senkte er den Kopf zu einer Viertelsverbeugung und setzte sich dann hin, um Emmas Mätzchen zuzusehen. So sehr ich ihm wünschte, er könne mit ihr rennen und spielen, so viel Freude hatte ich auch daran, dass er neben mir war, wenn wir gingen oder stillstanden. Ich musste mich nicht bücken, um seinen schwarz-weißen Kopf zu erreichen. Oft schob er ihn direkt in meine Hand als Aufforderung, ihn zu streicheln.

Wir sahen den weißen Spiegeln der Rehe nach, die über die Maisstängel und den Schnee auf das Feld, das hinter unserem lag, und von dort aus weiter in den Wald sprangen. Meine Gedanken blieben an dem Maisfeld hängen, und ich fragte mich, was ich wohl damit anstellen würde. Die früheren Besitzer hatten es an den benachbarten Farmer verpachtet, der darauf Mais anbaute. Als ich ihn bat, keine Pestizide und Herbizide zu verwenden, zog er ein mürrisches Gesicht und erklärte, das sei für ihn ein Ding der Unmöglichkeit. Wir waren vor den Schneefällen zusammen auf dem Feld gestanden, um über mögliche Lösungen zu sprechen. Aber wir konnten keine finden.

„Keine Chemie. Ich will keine Chemie auf meinem Land. Diese

Stoffe sind weder für mich und meine Familie noch für die Wildtiere unschädlich – und für Sie übrigens auch nicht."

„Es ist Ihr Land. Sie haben das Sagen. Ich weiß bloß nicht, wo das Problem liegen soll. Ich mache das schon seit Jahren so, und noch immer sind die Vögel und die Tiere wiedergekommen. Sie fallen nicht tot um. Sie kommen wieder."

Die Worte des Farmers gingen mir nicht mehr aus dem Kopf. Am Abend jenes Tages dämmerte es mir. Da die Vögel nicht tot umfielen, glaubte er, es sei in Ordnung, Chemie einzusetzen. Ich fragte mich, ob er überhaupt schon einmal darüber nachgedacht hatte, was Pflanzenschutzmittel und Unkrautvernichter über einen längeren Zeitraum anrichten. Wie die Giftstoffe sich anhäufen. Vielleicht stellte er sich das mit den Vögeln so vor wie bei Kanarienvögeln in Kohlebergwerken und glaubte, wenn es problematisch wäre, würden sie einfach tot umfallen. Dieser Gedanke ging mir nicht mehr aus dem Kopf. Was, wenn die Reaktion nicht so unmittelbar erfolgte? Was dann? Was, wenn wir die Kanarienvögel im Kohlebergwerk sind und am Ende tot umfallen? Oder wenn wir sofort tot umfallen? Wir fallen eben langsam und allmählich tot um. Ich wollte die ganze Nacht wach bleiben und darüber nachdenken. Es beschäftigte mich so sehr, dass ich nicht schlafen wollte; denn Schlafen bedeutete oft nächtliche Angstzustände.

Schließlich kamen der Farmer und ich überein, dass er das Feld nicht mehr nutzen würde. Auch das seitliche Feld, wo er Heu geschnitten und Gülle ausgebracht hatte, sollte ungenutzt bleiben. Das Feld, auf dem er Jahr um Jahr angepflanzt hatte, würde keinen Mais mehr tragen. Wie ich so mit Emma und Cubby in der Kälte stand, kam mir eine Idee. Ich wusste, was im Frühjahr da draußen passieren sollte. Noch am selben Nachmittag wollte ich im Internet dazu recherchieren. Das war eine brillante Idee!

Ich bezweifle, ob ich sie je gefunden hätte, wenn ich nicht durch meinen neuen Chiropraktiker von ihr gehört hätte. Es war ganz typisch für Vermont, dass am Ende kleiner Sträßchen verborgene Überraschungen lockten. In Pawlet, einem kleinen Weiler auf halber Strecke zu dem knapp fünfzig Kilometer entfernten Laden in Manchester, in dem ich Bio-Lebensmittel kaufte, stand ein blassrosa Haus im Cape-Stil aus dem beginnenden 19. Jahrhundert. Es hatte noch sein Original-Schindeldach (von dem von Zeit zu Zeit einige Schindeln herunterfielen, egal ob man gerade darunter stand oder nicht). Mit der Zeit war das Fundament verrutscht, und jetzt stand das Gebäude ein klein wenig schief. Dahinter verlief am Fuß eines steilen Gefälles der Flower Brook, ein Fluss, der etwa anderthalb Kilometern weiter in den für seinen Fischreichtum weltberühmten Metowee River mündete.

Im Inneren von *Lakes Lampenschirme* verband die Besitzerin Judy Lake ihre Liebe zu alten Stoffen mit ihren kunsthandwerklichen Fähigkeiten. Sie fertigte handgemachte Lampenschirme aus den Stoffen ihrer heiß begehrten Textilsammlung, die von Chenille über französische Baumwolle aus dem 19. Jahrhundert bis zu wunderschönen Rindenstoffen in klassischen Blütendessins alles umfasste. Auf dem breiten Kiefernboden stapelten sich Lampenschirmgestelle. Die Regale waren wie zufällig im ganzen Laden verteilt und quollen über mit ihren Kreationen, brennenden Lampen, halb zugeschnittenem französischen Drell und Kommodenläufern oder hellen Tafeltüchern aus den 1940er Jahren, einige mit Blumenmuster oder großen roten Kirschen darauf. Es roch wie in einem muffigen Keller. Ein heißes Bügeleisen stand ebenso parat wie frisch gekochter Tee.

Hinter der von zahllosen Farbschichten zusammengehaltenen Haustür verbarg sich eine Werkstatt – ein alter Tisch mit gedrechselten Beinen trug Klebstoffe, Bänder, zugeschnittene Stoffe und Papierstapel. Unter dem kreativen Durcheinander, eingerollt unter dem dunkeln Holz des Tisches, fand man normalerweise den Australischen Schäferhund Odie. Sein Fell war von Zotteln durchzogen, und die langen Haare an seinen zauseligen Puschelpfoten verbargen Krallen, die schon lange nicht mehr gekürzt worden waren. Sein Fell war matt und seine Augen so glasig, wie man es häufig bei älteren Hunden mit Leberfunktionsstörungen sieht. Er war ein Landhund, der Judy auf langen Spaziergängen und Wanderungen begleitete und tagsüber bei ihr im Laden blieb.

Eines Samstags kam ich vorbei, um eine cremefarbene schmiedeeiserne Stehlampe abzuholen, für die Judy mir einen Schirm angefertigt hatte. Die Stoffe dafür hatten wir gemeinsam ausgesucht. Sie hatte mich den Pfad entlangkommen sehen und mir bereits eine Tasse Kräutertee eingegossen – der Becher mit dem Teebeutel darin wartete schon auf mich, als ich zur Tür hereinkam.

„Hey, Odie!“, rief ich, und er kam, um mich zu begrüßen. Über das, was ich in seinen Augen sah, war ich ganz und gar nicht erfreut.

„Haben Sie die Hunde dabei?“, fragte Judy.

„Ja. Emma verträgt das Autofahren besser, seit sie weiß, dass wir nicht wieder fünftausend Kilometer weit fahren.“

„Ich bin mit dem Schirm noch nicht ganz fertig.“

Ich lenkte das Gespräch auf Bereiche, in denen ich mich zu Hause fühlte. „Haben Sie schon Zeit gefunden, Wendys Buch zu lesen?“

„Bethanne, diese ganze Rohkostgeschichte ist einfach eine Überforderung.“

„Ja, am Anfang wirkt es so. Aber es ist alles nur Organisationssache.“ Ich wusste, ich hatte etwas zu viel Druck auf sie ausgeübt, aber ich war nicht glücklich mit ihrem Hund. Ich witterte Schwierigkeiten. Ich weiß, was Rohkost anging, konnte ich sehr stur sein. Oft witzelte ich, dass ich mir vielleicht eine Glatze rasieren und ein langes Gewand anlegen und dann auf öffentlichen Plätzen zur Melodie von Hare Krishna „Kein Fertigfutter! Kein Fertigfutter!“ singen sollte.

Wir tranken Tee und sprachen über Kunden von Judy, die auch Interesse an meinen Leinen und Halsbändern haben könnten. Sie schrieb ein paar Namen und Telefonnummern auf eine Karteikarte, die ich schnell in meine Jackentasche steckte. Ich wollte die Hunde nicht allzu lange alleine im Auto lassen und weiter nach Manchester, damit ich noch vor Einbruch der Dunkelheit wieder zu Hause wäre.

Ich erhob mich zum Gehen und warf dabei einen Blick auf Odie. „Seine Schilddrüse ist zu schwach. Es geht ihm nicht gut, Judy.“

Ich hörte seinen Herzschlag in meinem Kopf – etwas stimmte damit nicht.

Sie wusste nicht, was sie darauf sagen sollte. Mir war klar, dass ich sie in Verlegenheit gebracht hatte, und noch im selben Moment, in dem es mir herausgerutscht war, bereute ich, dass ich es gesagt hatte. Das passierte mir häufig – die Worte purzelten mir einfach aus dem Mund, bevor ich Einfluss darauf nehmen konnte. Ich ging den rutschigen Weg zum Wagen zurück und murmelte vor mich hin. „Warum, zum Teufel, habe ich das gemacht? Zu dumm, zu dumm, zu dumm!"

In meinem Kopf hörte ich klar und deutlich: *Du hast einen Samen gesät. Das musste so sein.*

Das Frühjahr nahte, und es war an der Zeit, meine Pläne für das Feld in die Tat umzusetzen. Ich hatte bei einem Fachgeschäft hier in Vermont dreißig Pfund Wildblumensamen gekauft, eine Mischung für den Nordosten. Die Aussaat-Empfehlungen rieten zur letzten Mai-Woche, kurz bevor man unbedenklich Tomatensetzlinge in den Boden bringen konnte. Der Farmer brach das Feld um, kehrte dabei die Maisstoppel nach unten und hinterließ 160 Ar klumpige, brockige braune Erde.

Anfang Juni holte ich den neuen Schubkarren aus der Garage, füllte ihn zur Hälfte mit Sand und gab dann dieselbe Menge Wildblumensamen hinein. Ich mischte alles gut durch und wollte dann den Schubkarren näher an die Rückseite des Hauses schieben. Doch er war zu schwer geworden. Ich konnte ihn nicht sicher lenken, ohne dass er mir womöglich umgekippt wäre. Also holte ich mir einen großen Eimer und schaufelte die Sand-Samen-Mischung mit einem kleineren Eimerchen dort hinein. Ich füllte den Eimer auf und musste ihn gleich wieder bis auf die Hälfte leeren, damit ich ihn überhaupt den Hügel hinunter zum Feld tragen konnte.

Im strahlenden Sonnenschein marschierte ich mit meinem halbvollen Eimer mit Sand und der Wildblumen-Mischung den Hügel hinauf und hinunter und stakste über die unebenen Erdklumpen und untergegrabenen Maisstoppeln. Im Film sah das Säen auf den

Feldern immer so leicht aus, der Boden war immer so flach und das satte Erdreich versprach reiches Grün und üppige Blütenpracht. Aber hier war das Gehen beschwerlich und uneben, und ich fühlte mich schon erschöpft, bevor ich die erste Schubkarrenladung auch nur zur Hälfte geleert hatte.

Zur Mittagszeit machte ich eine Pause und gönnte mir ein Thunfisch-Sandwich mit Eistee. Ich legte mich einen Moment aufs Sofa – und als ich die Augen wieder öffnete, war es draußen bereits dunkel geworden und Emma schleckte mir das Gesicht ab. Auch Cubby saß da. Als er sah, dass ich wach war, gab er ein Wuu-wuu von sich, was heißen sollte: „Ich muss Pipi."

„Okay, okay."

Ich versuchte aufzustehen, aber es war, als ob jeder einzelne Muskel in meinem Körper nachgab. Als ich stand, bekam ich Krämpfe in den Füßen, besonders im großen Zeh. Ich schrie auf vor Schmerz. Im Schrank hatte ich einen einen Meter fünfzig langen Spazierstock. Ich humpelte zur Schiebetür, schob die Kleider beiseite und holte den Stock heraus. Ich ging mit jedem Hund einzeln hinaus. Wenn ich mich leicht auf ihren Rücken und schwer auf den Stock stützte, kam ich einigermaßen voran. Ich verabreichte mir homöopathische Mittel und trank alle halbe Stunde ein Glas Wasser, bis die Krämpfe nachließen. Nachdem alle etwas zu essen bekommen hatten, gingen wir zu Bett.

Am nächsten Morgen war ich müde. Weil ich aber wusste, dass Regen vorhergesagt war, wollte ich mit dem Feld fertig werden. Ich sah mit Sorge, wie rasch die Mischung zu Ende ging. Was ich übrig hatte, würde wohl kaum für das ganze restliche Feld reichen, aber ich wollte auch nicht noch mehr Samen kaufen. Schon die dreißig Pfund waren geradezu verschwenderischer Luxus gewesen. Wer war überhaupt auf diese Idee gekommen? Und was war so Besonderes an einem Wildblumenfeld?

Um 10 Uhr nahm ich meine Arbeit wieder auf: Ich schaufelte den Eimer halb voll und schleppte ihn dann den Abhang hinunter auf das Feld. Im Laufe des Tages verdüsterte sich der Himmel. Stündlich machte ich eine kleine Pause, um etwas zu trinken, und um

14 Uhr war es Zeit für ein weiteres Thunfisch-Sandwich. An der Kalifornischen Küste hatte ich eine spezielle Vorliebe für Sandwiches mit weißem Thunfisch entwickelt. Einmal wöchentlich fuhr ich von Fort Bragg durch den Tunnel aus Redwoodbäumen an der Küste entlang nach Mendocino. An einem kleinen Gourmet-Imbiss, der Fertiggerichte und ein paar Sandwiches anbot, hielt ich an. Dort gab es das atemberaubendste aller Sandwiches – weißer Thunfisch auf Sauerteigbrot.

Ich kaufte mir dann ein Sandwich und einen Mini-Eclair und fuhr damit ans Meer. Auf einem verlassenen Grundstück über den Klippen parkten die Leute und hielten Ausschau nach Walen, Wellen und hier und da auch einem Schiff. Ich nahm den Klang des Meeres in mich auf, verspeiste glücklich mein Sandwich und genoss die salzige Luft und den Wind. Dann fuhr ich zurück in die Stadt in einen kleinen Laden, in dem afrikanische Marktkörbe von der Decke baumelten. Im hinteren Ladenteil hatten sie eine kleine offene Truhe mit Frischwaren und an der Seite ein, zwei Regale mit Käse aus der Region. Ich brachte es tatsächlich fertig, jedes Mal mit zwei neuen Marktkörben aus dem Laden zu marschieren. Die bunten Taschen mit ihren Ledergriffen nahmen allmählich mein Haus am Meer in Beschlag und verstopften später mein Atelier in Vermont, wo ich unbemalte Halsbänder und Leinen in ihnen aufbewahrte.

Bis mir das Saatgut ausging, hatte ich tatsächlich drei Viertel des Feldes geschafft. Ich ließ mich auf den Boden fallen, denn meine Kleider waren bereits über und über schmutzig, und von meinem Gesicht rann der Schweiß in Strömen. In meinen Füßen pochte das Blut, daher zog ich die Stiefel aus und beschloss, barfuß zum Haus zurückzugehen. Im Keller gab es eine Dusche, wo ich mich sauber machen konnte, ohne das ganze Feld ins Haus zu schleppen.

Ich hatte allerdings nicht damit gerechnet, wie weh Blasen tun können. Als ich meine Stiefel auszog, konnte ich buchstäblich zuschauen, wie meine Füße anschwollen. An jedem Fuß hatte ich etwa sechs offene, blutende Stellen. Es war ein Fehler gewesen, die Schuhe auszuziehen. Ich schaffte es, aufzustehen und auf mein weißes Haus mit den versetzten Wohnebenen zu zu humpeln. Wenn ich hinfiele und einfach liegen bliebe, würde mich dann überhaupt je einer finden, fragte ich mich. Endlich an der Kellertür angelangt, weinte ich vor Schmerz und Erschöpfung. Unter der Dusche war ich viel zu benommen, um aufzuschreien, als Wasser an meine Füße kam. Trotz der Hitze des Tages wurde ich das Frösteln, das mich gepackt hatte, nicht mehr los. Ich hatte einen Schock.

Die folgenden beiden Wochen tat ich nichts außer zu schlafen, die Hunde zu füttern, sie in den umzäunten Gartenbereich zu führen und wieder zu schlafen. Mehrere Tage lang musste ich mich auf den Stock stützen, danach kam ich wieder ohne ihn zurecht. Jeden Morgen sah ich aus dem Küchenfenster zum Feld hinüber und fragte mich, ob meine ganze Arbeit nur ein Traum gewesen war. „Na ja, wohl eher ein Alptraum“, sagte ich zu Cubby, der neben mir Wache hielt, egal wo ich im Haus hinging.

In der Aussaat-Anleitung stand, dass einige Samen bereits nach acht Tagen keimten. Nichts. Kein Grün. Nichts. Aber nach zwei Wochen sah ich die Andeutung eines grünen Schimmers, und nach der dritten Woche sah ich etwas ... etwas Gelbes. Ich unterhielt mich gerade am schnurlosen Telefon mit meiner Freundin Becky, als ich, aus dem Küchenfenster schauend, die Entdeckung machte.

„Oh mein Gott! Die erste Blume!“

„Geh und schau nach, was es ist!“, sagte meine Freundin.

Ich rannte nach unten zur Hintertür, hinaus in den eingefriedeten Garten und zum Zaun. Ich hakte die Finger meiner rechten Hand in die Drahtmaschen und spähte hindurch. Dort, mitten auf dem Feld, rings umgeben von dem zartgrünen Hauch, stand die erste Blume.

„Becky.“

„Und, was ist? Was für eine Blume ist es?“

„Es ist ein dämlicher Löwenzahn.“

Jeden Tag entdeckte ich beim Blick aus dem Fenster mehr gelbe Flecken auf dem Feld. Der Löwenzahn verbreitete sich über die ganze Fläche bis in den Rasen hinein, als sei die Sonne übergelaufen und habe auf die Erde getropft. Je mehr Löwenzahnblüten auftauchten, desto weniger ärgerte ich mich darüber. Ich musste einfach immerzu an Emma und ihre Leber denken. Löwenzahn hat einen Bezug zur Leber, er wirkt anregend auf das Organ. Mariendistel sowie Löwenzahnblätter und -wurzeln spielten eine wichtige Rolle bei der Heilung von Emmas Leber.

Was der Löwenzahn alles kann, macht ihn fast zum Zauberkraut. Er enthält viel Kalium und Vitamin A. Er hilft bei Verdauungsbeschwerden, verbessert die Nährstoffaufnahme und ist ein wirksames Abführmittel, ohne dem Körper Kalium zu entziehen, wie es viele pharmazeutische Mittel tun. Die Pflanze regt die Gallenproduktion an und unterstützt die Ausscheidung von Schadstoffen. So unterstützt sie die Leberfunktion. Vom Beginn der Leberjahreszeit, am 21. März, bis zu ihrem Ende, am 6. Juni, ist der Löwenzahn mild im Geschmack, erst gegen Ende der Saison wird er bitter.

Ich dachte daran, wie viele Menschen überall im Land jetzt zu Unkrautvernichtern und „Rasenschutzmitteln" griffen, um dem verhassten Löwenzahn den Garaus zu machen. Mit ihrem großflächigen Einsatz vernichteten sie ein wertvolles Heilkraut, das uns die Natur schenkt, nur weil es unseren Rasen mit kleinen gelben Sonnen und später mit umherschwebenden weißen Samenschirmchen überzieht, die man mit Begeisterung von ihrem Stängel pusten kann. Ich sah zu, wie sich nach und nach die Wildblumen daruntermischten, und als die Bartnelken, das Schleierkraut und die Lupinen verblüht waren, merkte ich, dass der Löwenzahn meine Lieblingsblume von allen war. Für mich ist er einer der größten Helden aller Zeiten. Er hatte geholfen, meine Hündin zu retten und ihr mehr Lebenszeit geschenkt. Die gelben Sonnen wuchsen von ganz allein auf meinen Feldern, ohne meinen Schweiß, meine Qualen oder meine Blasen, und warteten geduldig darauf, geerntet zu werden, damit sich ihr innerer Zauber entfalten konnte. Sie sind blühende, tief wurzelnde Geschenke von Mutter Natur höchstpersönlich; und wenn sie Samen ausbilden, dann erfüllen sie die Luft tausendfach mit dem Versprechen neuen Lebens.

9

Sparky, das Murmeltier

An Emmas Rücken bildeten sich nach und nach weitere Tumore. Ich hörte von einer Frau, die sich für ganzheitliche Heilweisen einsetzte und eine Website mit Naturprodukten unterhielt. Eines dieser Produkte hieß „DJ“ und war nach jemandes Hund benannt. Angeblich war es eine Mischung natürlicher Stoffe, die Krebszellen auf der Haut buchstäblich auskochen, gesundes Gewebe aber nicht angreifen sollten. Ich schrieb der Frau eine E-Mail, die jedoch von einem Mann beantwortet wurde. Er gab mir keinerlei Informationen über das Produkt, seine Inhaltsstoffe oder wie es entwickelt worden war. Er wusste nur, dass es wirkte und nach dem Hund von Herrn Sowieso benannt war. Nachdem ich noch ein paar Mal per Mail nachhakte, behauptete er, es sei ein uraltes tibetisches Geheimrezept. Ich glaubte ihm nicht. Ich sah ständig Dollarzeichen um ihn herum. Aber das Mittel hatte eine interessante Energie, deshalb bestellte ich es.

Die „DJ“-Salbe blieb mehrere Wochen unberührt im Schrank liegen. Immer wieder ging ich zu ihr hin, nahm sie in die Hand und legte sie wieder weg. Jedes Mal, wenn ich in ihre Nähe kam, sah ich blutrote Wurzeln hervorsprießen. Ich wollte wissen, was das war. Schließlich probierte ich sie an einem der Tumore auf Emmas Rücken aus. Ich trug sie ein paar Tage nacheinander auf, dann fing der Tumor an, Blasen zu werfen und verkleinerte sich schließlich. Ich wusste, dass das schmerzhaft für sie war, aber wir machten dennoch weiter. Emma stellte sich so vor mich, dass ich meine Hand über den Tumor halten konnte, den wir gerade behandelten.

Ich hielt meine Hand zu einer Schale geformt, über den Tumor, schloss die Augen und begab mich in eine andere Realität. Wenn ich die Augen wieder öffnete, wirkte Emma ruhiger, und in ihren braunen Augen sah ich Dankbarkeit.

Im Laufe der folgenden Wochen verschwand erst einer, dann ein weiterer Tumor. Die Wunden heilten. Ich machte weiter und behandelte einen Tumor nach dem anderen, bis alle verschwunden waren. Dennoch musste ich mich fragen: Entfernten wir zwar die Tumoren, aber nicht die Energie, die den Krebs auslöste?

Ich schrieb der Firma noch einmal eine E-Mail. Der Mann riet mir, ihr das „DJ“ innerlich zu verabreichen. Das brachte ich allerdings nicht über mich. Für mich fühlte es sich einfach nicht richtig an. Jeden Abend sprachen Jim in Kalifornien und ich am Telefon darüber. Ich wusste, dass die Krebs-Energie in ihr war. Trieb ich sie noch tiefer in sie hinein, indem ich die Tumoren entfernte? Veränderte ich damit die Energie? Oder veränderte ich sie nicht? Ich wusste nur, dass ich auf keinen Fall nach den klassischen Methoden der westlichen Schulmedizin vorgehen würde, weil ich spürte, dass sie nichts zu ihrer Heilung beitragen könnten. Ich setzte Emma auf Krebsdiät (eine Ernährung, die die Krebszellen aushungert), aber in meinem halbwachen Zustand spürte ich jede Nacht, dass dies viel zu wenig und viel zu spät war. Wir „kochten“ sechzehn Tumoren an ihrem Rücken aus. Ich hatte das Gefühl, ich wüsste einfach nicht genug, als dass ich ihr helfen könnte. Es fühlte sich an, als übersteige dies bereits meine Möglichkeiten, noch etwas zu ändern.

Ich erwachte um drei Uhr morgens. Regen prasselte auf das Dach, Donner grollte in der Luft – und ich hatte den Topf mit der DJ-Salbe in der Hand. Ich saß auf dem Boden neben dem Schrank im Flur, in dem ich viele meiner Heilmittel aufbewahrte. Überall lagen Bücher verstreut, offen und einfach so hingeworfen. Der Schrank war durchwühlt worden, und mein Gesicht war tränennass. Ich hatte das überwältigend starke Gefühl, dass ich vergessen hatte, etwas für die Hunde zu tun – für beide – und dass dies lebensbedrohlich war. Eine Stunde lang versuchte ich auseinanderzuhalten, was real und was wohl nur ein Alptraum war, der sich in meinem Gehirn festgesetzt hatte und von dem ich mich offensichtlich nicht mehr ganz lösen konnte.

Erst viele Jahre später sollte ich die Entstehungsgeschichte der Salbe kennenlernen, die ich auf Emmas Tumore angewendet hatte. Ich googelte „cancer salve“ (Krebssalbe) und fand eine Fülle von Informationen über dieses mysteriöse Mittel. Es war indianischen Ursprungs. Die Hauptzutat war Blutwurz.

Am Morgen ging ich mit meinem Kaffee und ohne die Hunde nach draußen in den umzäunten Garten und setzte mich unter den Ahorn. An meiner Grundstücksgrenze, dort, wo das Feld, das als Grünfutter- und Düngewiese gedient hatte, an das ehemalige Maisfeld stieß, stand ein alter Ahorn. Seine Äste waren ungewöhnlich kurz und dick. Im Winter hatte ich geglaubt, der Baum sei abgestorben. Umso überraschter war ich, als er im Frühjahr Blätter trieb. Ich saß ganz still, nippte an meinem Kaffee und betrachtete den Ahorn.

„Was denkst, du, Baum?“, fragte ich leise.

Der Baum schwieg. Aber aus dem Wildblumenfeld kroch ein Murmeltier hervor. Unter meinem Baum sah es mich nicht. Es stellte sich auf die Hinterbeine, schaute sich um, schnupperte in der Luft, fasste einen Entschluss und grub sich dann unter dem Maschendrahtzaun hindurch.

Ich warf ihm einen bösen Blick zu, blieb aber immer noch unentdeckt.

„Das ist nicht dein Garten, junger Mann!“, bellte ich den Eindringling an. Damit hatte er seinen Namen weg: Sparky (junger Mann).

Das Waldmurmeltier huschte unter dem Zaun wieder zurück, mitten zwischen die Wildblumen und hinein in das sichere Refugium seiner Tunnel. Die nächsten paar Minuten war alles still. Dann hörte ich es am Eingang seines Tunnels. Ärgerlich pfiff es mich an.

„Bleib draußen!“, erwiderte ich mit fester Stimme, wohl wissend, dass es meine Anordnung nicht befolgen würde.

„Sei kein *Idiot*!“

In der übernächsten Stadt fand ich einen Metzger, bei dem ich Rindfleisch in größeren Mengen bekommen konnte. Ich sagte ihm, das sei leider nur vorübergehend, denn ich müsse ganze Rinder kaufen. Kurz danach erhielt ich einen Anruf von einem Mann, der drei entlaufene Kühe wieder eingefangen hatte, die er jetzt schlachten lassen wollte. Es waren Weiderinder der Rasse Jersey. So kam ich auf einen Rutsch zu dreihundert Pfund Fleisch für meine Gefriertruhe. Das würde ausreichen, bis ich eine Quelle ausfindig gemacht hätte, über die ich regelmäßig Rindfleisch beziehen könnte. Bei zwei Neufundländern brauchte ich mindestens fünf Kilo vorzugsweise zu achtzig Prozent mageres Fleisch pro Woche.

Im Juni entdeckte ich im Genossenschaftsladen bei uns am Ort abgepacktes tiefgefrorenes Fleisch von Weiderindern. Es war kostspielig, aber ich kaufte es, weil auf der Packung auf eine Website verwiesen wurde. Als ich die URL in den Browser eingab, baute sich eine Seite auf, auf der Fleisch von Weiderindern angeboten wurde, allerdings nicht das Gleiche, was in der Tiefkühlpackung war. Ich las alles durch, rief auf der Farm an und hinterließ eine lange Nachricht auf dem Anrufbeantworter, in der ich erklärte, was ich wollte. Eine Frau namens Valerie rief mich zurück. Sie konnte mir eine Milchkuh zu einem sehr guten Preis pro Kilo Kaltschlachtgewicht verkaufen, und sie hatte auch Leber für mich. Ich würde aber zu ihr in den Norden fahren und alles selber abholen müssen. Damit war ich einverstanden. Valerie vereinbarte einen Termin beim Schlachthof und rief mich wieder an, um mir zu sagen, wann ich kommen konnte.

Das Fleisch von Weiderindern, die nur Gras sowie teilweise etwas Gras- und Mais-Silage erhalten, ist ganz anders als das von konventionell, also ganzjährig auch mit Soja und Kraftfutter etc. gefütterten Rindern. Weiderinder liefern ein Fleisch mit einem hohen Gehalt an konjugierter Linolsäure und Omega-3-Fettsäuren. Die schädliche Sorte der *Escherichia coli* Bakterien (E. coli 0157:H7) kann in diesen Kühen nicht gedeihen. Bei zwei immungeschwächten Neufundländern wollte ich bei der Futterqualität keine Kompromisse machen. Zum Glück musste ich dafür kein Vermögen ausgeben, weil ich das Fleisch in großen Mengen einkaufen und einfrieren konnte.

Der 28. Juni war kühl und trocken für einen Sommertag. Ich lud Emma und Cubby in meinen Wagen und machte mich auf die dreieinhalbstündige Fahrt nach Norden zu Valeries und Allens Milchviehfarm. Wir verließen die Autobahn unmittelbar vor der kanadischen Grenze und bogen dann auf einen ziemlich gut ausgebauten zweispurigen Feldweg ein. Nach knapp anderthalb Kilometern sah ich zur Linken zuerst den Stall mit dem riesigen, marineblauen Silo, dann das eingeschossige in hellem Blau gehaltene Haus. Zwischen dem Haus und dem Stall stand ein ungenutzter Stall, dem Zeit und Wetter schon arg zugesetzt hatten. Er sah ganz so aus, als könne er einem bei Nacht das Gruseln lehren, weil bestimmt Geister und Schatten darum herum schlichen.

Wir bogen auf die dreispurige Einfahrt, passierten den Heuschober und hielten vor dem alten, nicht mehr genutzten Stall. Vor allem anderen musste ich erst einmal die Hunde heraus lassen, damit sie sich bewegen und pinkeln konnten. Ich brachte Emma dazu, dass sie heraus sprang, und legte dann Cubbys Holzrampe an, die ein Schreiner in Kalifornien für ihn angefertigt hatte. An der kurzen Leine ging ich mit den beiden zur Rückseite des verlassenen Bauwerks. Beide Hunde bemerkten es lange vor mir. Sie reckten ihre Nase in die Luft und sogen die Gerüche der Farm tief ein. Hier roch es anders. Damals wurde im Südwesten von Vermont, wo ich wohnte, noch alte Landwirtschaft betrieben. Die Kühe wurden nicht natürlich gehalten, sondern hauptsächlich mit Getreide und Silage aus genverändertem Mais gefüttert. Wo ich wohnte, roch es auf dem Land nach fauliger Gülle, die auf den Feldern versprüht wurde.

Valeries Kühe rochen ganz anders als die, die zu Hause um uns herum waren. Diese Herde roch gut! Und selbst der Dung hatte nicht diesen fauligen Stich, bei dem man unwillkürlich zusammenzuckt, als stieße man auf eine halbverweste Leiche. Cubby und Emma merkten es sofort.

Ich brachte die beiden Neufundländer wieder ins Auto. Als ich die Schiebtür schloss, erschien eine schlanke Frau mit schulterlangem, rötlich-blondem Haar unter der Tür zum Melkhaus und winkte uns. Sie trug ausgebleichte Jeans, ein einfarbiges durchgeknöpftes Hemd und kniehohe Gummistiefel. Sie wirkte fröhlich und gelassen. Sie hatte etwas an sich, das mir das Gefühl gab, wir seien bereits alte Freunde.

Valerie zeigte mir die ganze Farm. Zuerst gingen wir zu der mit einem Elektrozaun umschlossenen Weide, die sich zwischen dem blauen Haus und den sanft geschwungenen, baum- und grasbestandenen Hügeln an der kanadischen Grenze erstreckte. Einst hatte die Farm auf kanadischem Boden gelegen, aber nun befand sie sich auf der amerikanischen Seite der Grenze, mit Ausblick auf das Nachbarland. Die Rinder vor uns waren Jersey-Bullen. Sie durften im sommerlichen Grün tollen und sich am Weidegras gütlich tun, um dann, wie es ihr Schicksal war, im nächsten Jahr für das Fleisch auf dem Tisch zu sorgen. Zwar trugen alle Tiere Ohrmarken mit Zahlen, aber Valerie rief viele beim Namen. Ihr braun-weißes Fell reflektierte das Sonnenlicht eher wie ein stilles Gewässer, nicht wie normale Kuhhaut. Die Bullen strahlten von innen ganz genau so wie sie von außen im Sonnenlicht glänzten.

Wir gingen durch den langen Offenstall; denn die Kühe waren zum größten Teil draußen. Dann stiegen wir den Abhang hinauf, kletterten über den Elektrozaun bis nach oben zur „Krankenweide", auf der Kühe standen, die wegen Euterentzündung, Hufproblemen oder anderen Leiden unter Beobachtung waren. Valerie war so eine Art Rattenfänger von Hameln. In dem Moment, in dem eine Kuh sie erblickte, kam sie auf sie zu. Die Tiere folgten ihr auf dem Fuß, wohin sie auch ging. Mein langer Jeansrock raschelte in der leichten Brise. So etwas hatten die Kühe noch nie gesehen. Jetzt kamen sie her, um ihn zu untersuchen. Und sie waren sehr neugierig!

Wir hatten nur begrenzt Zeit, deshalb luden wir das zerlegte Rindfleisch und die Leber in den Wagen. Dann machten sich die Hunde und ich wieder auf den Weg in den Süden. Noch bei Tageslicht waren wir wieder zu Hause. Während ich die Segeltuchtaschen mit dem gefrorenen Fleisch aus dem Auto lud, machten es sich die Hunde im Garten gemütlich. Emma hielt gern Wache unter dem alten Apfelbaum beim Nebengebäude, dessen Krone sich dort über den Zaun wölbte. Zwischen dem Zaun und dem knorrigen Baum war ein Loch im Boden – der Eingang zu einem Murmeltiertunnel. Ständig entdeckte ich neue Löcher, denn die Murmeltiere erweiterten ihr Terrain. Eines entstand unter der Veranda beim Windfang, ein weiteres unter dem Geißblatt im Garten neben dem Haus, und sogar gleich zwei am Zaun zum Wildblumenfeld. Mit der Zeit entdeckte ich noch mehr, eines, weil ich im Winter hineintrat, als ich einen Eimer voller benutzter Katzenstreu zum Rand des Feldes schleppte, und das zweite auf dem Rückweg, nachdem ich den Eimer geleert hatte. Als ich alle Taschen aus dem Auto, durch den Windfang, die Verandatreppe hinunter in den Keller getragen und das Fleisch in den Gefriertruhen verstaut hatte, gesellte ich mich zu den Hunden im Garten. Meinen Adirondack Stuhl hatte ich geschickt so aufgestellt, dass er zum Wildblumenfeld wies, ich aber, wenn ich meinen Kopf nur ein wenig wendete, auch den Apfelbaum beim Nebengebäude sehen konnte. Dort saß Emma und wartete darauf, dass Äpfel von seinen Ästen fielen, die eher wie die Hand einer alten Frau oder verwitterte Wurzeln, aber kaum wie Baumzweige aussahen. Meistens fiel das Obst auf die unerreichbare Seite des Zauns, in die Nähe des Murmeltierlochs. Hin und wieder jedoch hatte sie Glück, und es fiel ein Apfel auf ihre Seite. Dann schloss ich einen Tauschhandel mit ihr: Leckerli gegen Apfel. Es musste allerdings ein Leckerli sein, das ihr besser schmeckte als saures Obst.

Ich schloss ein paar Minuten die Augen und nahm die Abendstimmung in mich auf, in meiner Nase immer noch den Geruch nach süßem Dung und Heu von der Farm. Es war, als umgebe er meinen Kopf wie ein Heiligenschein. Ich spürte, wie ich davondriftete, nahm aber auch Emma neben mir wahr. Sie sah mir forschend in die Augen, hing einem Gedanken nach, hob dann kaum merklich den Kopf zum Himmel und stieß ihr leises Bellen aus. Ich lächelte sie an und schenkte ihr ebenfalls ein leises Bellen.

Das waren die komischsten Hunde, die ich je gesehen habe, hörte ich aus Cubbys Richtung. Ich lachte kurz bellend auf.

„Und die dachten, ihr wärt zwei urkomische Kühe!“

Cubby wu-wute mich an, ließ sich dann zu Boden fallen, legte sich auf die Seite und rollte auf den Rücken. Das schaffte er allerdings nicht mehr ganz. Als Welpe hatte er sich jeden Tag auf den Rücken gerollt und mit den Beinen in der Luft gestrampelt wie ein verspieltes, ausgelassenes, wildes Hengstfohlen. Jetzt rollte er sich nur noch halb herum und strampelte nicht mehr mit den Beinen.

Emma trottete in Schlangenlinien zurück zum Apfelbaum. Ich beobachtete, wie sie versunken die Äste ansah. Ihr Kopf neigte sich bald zur einen, bald zur anderen Seite. Wenn ein Apfel zu Boden fiel, dann folgte sie der Bewegung mit dem Kopf und schaute ihn noch eine ganze Weile an, abwartend, ob der Apfel am Boden noch irgendetwas machen würde. Anschließend sah sie wieder nach oben und wartete darauf, dass der Nächste herunterfiel.

„Ach, wie wäre das schön, wenn das Leben für uns alle so einfach wäre, meine Liebe. Wenn immer nur ein Apfel vom Baum fiele, dann der Nächste und noch einer." Ich spürte, dass ich müde war. „Wollt ihr …" Immer wenn ich einen Satz mit diesen Worten begann, wurden die beiden sehr hellhörig. Denn das bedeutete stets, dass gleich etwas passieren würde, was sie mochten. „Wollt ihr …" ich hielt inne und beide Hunde schauten mich an. „…essen?" Hocherfreut folgten sie mir die Treppe hinauf ins Haus. Nachdem alle etwas zu fressen bekommen hatten, freute ich mich auf eine lange, heiße Dusche.

Madison verfiel zusehends. Ihre Nieren versagten. Alles, was sie zu sich nahm, kam wieder heraus. Sie versuchte, ihr Erbrechen im Mansardenzimmer zu verheimlichen, aber ich hörte sie immer, egal wo ich mich im Haus gerade aufhielt. Ich konnte spüren, welche großen Schmerzen sie litt und wusste, dass es an der Zeit war, sie loszulassen. Ich rief einen Tierarzt an, der verschiedene Tests an ihr durchführen und sich selbst davon überzeugen wollte, dass sie eingeschläfert werden musste. Damit war ich nicht einverstanden und suchte mir einen anderen Tierarzt in Manchester, der sie für mich einschläferte. Ich brachte sie in einem Weidenkorb nach Hause und stellte ihn ins Wohnzimmer, damit Eddy und die Hunde sie sehen konnten. Keiner näherte sich dem Korb, aber an jenem Tag war es bei uns sehr still.

Das Wildblumenfeld hatte sein letztes Farbenkleid angelegt. Der Herbst nahte. Ich trug den Korb zu den Blumen, und dicht am Zaun, zwischen den Kokardenblumen und den schwarzäugigen Susannen, grub ich ein Loch. Mit jedem Mal, wenn die Schaufel ins Erdreich stieß, verzog sich mein Gesicht ein wenig mehr, meine Augen füllten sich mit Wasser wie ein überlaufendes Spülbecken, und Salz und Tränen tropften in Madisons Grab.

Ich wickelte ihren toten Körper in die Decke, auf der sie oft geschlafen hatte, und senkte ihn in das Loch. Danach legte ich mich auf den Bauch und schaute sie an. Meine linke Hand lag weiter auf dem gut verschnürten Päckchen. So blieb ich, bis mir das Kreuz weh tat und mein Kopf vom vielen Weinen schmerzte. Zum Aufstehen nahm ich die Schaufel zu Hilfe, und im Stehen lehnte ich mich mit meinem ganzen Gewicht darauf. Langsam verteilte ich die Erde über ihr. Den Korb und das Grabwerkzeug ließ ich dort stehen und machte mich hinter dem Nebengebäude auf die Suche nach Steinen, die ich auf ihr Grab legen konnte. Mit den Steinen, die ich fand, legte ich zunächst einen Kreis, dann schichtete ich die anderen in der Mitte auf, so dass über ihrer Ruhestätte ein kleiner Steinhügel entstand.

In der Nacht heulten die Hunde von der Pferdefarm auf der gegenüberliegenden Straßenseite stundenlang. Sie rochen den Tod, der in der Luft lag. Um ein Uhr hörte ich die Wildhunde. Sie kamen von den Hügeln hinter dem Haus meiner Nachbarn herunter an meinen Zaun. Dort rannten sie wie Hooligans auf und ab und kläfften und heulten unaufhörlich. Emma lief im Flur auf und ab. Den Kopf hoch erhoben und von links nach rechts neigend, verbellte sie die Wildhunde gründlich.

Am Morgen sah ich nach dem Grab. Es war unberührt. Den größten Teil des Tages blieben wir im Haus. Ich wollte nicht an Madisons Tod erinnert werden, wenn ich in den Garten ging. Cubby lag schlafend vor der Schiebetür, die zur Veranda führte. Er hinkte mehr als sonst, wollte sich ausruhen und rührte sich nicht vom Fleck, als Emma und ich uns bereit machten, um nach draußen zu gehen.

Emma hockte ganz oben an der Verandatreppe. Ich stand hinter ihr und schaute über das Feld. Ich schloss die Augen und ließ mich in der Nachmittagssonne treiben. Plötzlich spürte ich, dass Emma sprang. Sie raste die Verandatreppe hinunter, kaum dass sie den Boden berührte. Mit einem Ruck war ich wieder in der Realität. Dort, auf der Innenseite des Zauns, direkt vor Emma, stand ein Murmeltier auf seinen Hinterbeinen und kaute an einem Apfel, den es sich mitgebracht hatte. Es stand ein ganzes Stück von der Stelle weg, an der die Waldmurmeltiere sich ein Fluchtloch unter dem Zaun hindurch gegraben hatten. Es schaute in eben jene Richtung, aber Emma hatte es schon fast erwischt. Ich raste genauso schnell wie Emma. Meine Füße schienen zu fliegen, und ich kreischte sie an: „Emma, nein!"

Den Bruchteil einer Sekunde lang war sie über dem Tier, ich hingegen packte ihr Halsband und riss daran so stark ich konnte, um sie von dem Wildtier fortzuzerren, das ihr mit seinen langen scharfen Zähnen und Klauen das Gesicht aufreißen konnte. Ich schaffte es. Sie war von ihm weg, wenn auch nur dreißig Zentimeter. Das Murmeltier lag am Boden, während ich Emma weiter fortzog.

„Beweg dich! Sofort! Na los! Verdammt. Beweg deinen Hintern!"

Ich zog, und sie gehorchte unwillig meinem Ausbruch grob gebrüllter Kommandos. Sie folgte mir die Stufen hinauf in den Windfang. Ich fürchtete mich schon davor, was ich zu sehen bekäme, sobald ich die Tür hinter uns schloss. Ich wandte mich um, untersuchte ihr Gesicht und jeden Quadratzentimeter ihres Körpers. Sie hatte drei kleine Kratzer am Kinn, aber ansonsten waren kein Blut und keine Wunden zu entdecken. Es hatte nur klopfende Herzen und blaue Flecken an meinen Händen und Armen gegeben. Emma wollte gleich wieder raus und mit ihrem „Action-Spielzeug" spielen.

Ich vergewisserte mich, dass sie sitzen bleiben würde, ging zur Tür und schaute durch deren Fenster hinaus. Das Murmeltier stand auf. Es schüttelte sich und wirkte völlig verdattert, als wollte es sagen: „Wow, Mensch, was war das denn?“ Es war anscheinend noch dabei herauszufinden, was gerade passiert war. Ein riesiger Bär hatte es angegriffen und ein Mensch den Bären von ihm heruntergezogen, dann waren beide weggerannt. Es sah zu, dass es auf seinen Fluchtweg kam. Es zitterte, war aber unversehrt. Doch jetzt wollte Sparky mehr wissen über das schwarze Ungeheuer und den Menschen, der es im Griff hatte.

10

Die Katze, die Lola sein wollte

Januar 2001

Wenn Emma und Cubby ihre chiropraktische Behandlung hinter sich hatten, brachte ich sie in meinen Wagen, setzte mich dann zu meinen Freunden im Ausbildungsraum auf Mahogany Ridge und sah zu, wie der Tierarzt andere Hunde behandelte. Diese Behandlungen wurden alle acht Wochen in einem großen Hunde-Ausbildungszentrum, etwas mehr als eine Autostunde von meinem Wohnort entfernt, angeboten. Wendy hatte dafür eine dreistündige Autofahrt zu bewältigen, aber der behandelnde Tierarzt war so gut, dass meine Freundin die weite Reise aus Phoenix, New York, in die Nähe von Saratoga auf sich nahm. Dort trafen sich auch mehrere Teilnehmer der Volhard-Ausbildungscamps oder Ernährungsseminare. Wir ließen unsere Hunde wieder geradebiegen, bestellten dann Sandwiches und beobachteten, wie Patient um Patient durch die Tür kam.

Der Januar hatte Tauwetter gebracht. Ich verfrachtete die Hunde in den Wagen, nahm wieder auf einem der Klappstühle Platz und nippte an meinem Grüntee.

„Hallo? Erde an Bethanne! Wo warst du?“ Es war Theresa, die Besitzerin der Hundeschule.

Ich kam wieder zu mir und schaute sie unverwandt an.

„Erde an Bethanne! Bitte kommen, Bethanne! Du warst ganz weggetreten. Wo warst du denn?“

„Weiß nicht", stammelte ich. Ich wusste es wirklich nicht. Ich hatte etwas Virales in einem ängstlichen Wesen gespürt. Es war, als ob diese Seele mich riefe. Ich schaute auf und sah, wie der Tierarzt einen kleinen Pudel einrenkte. Ich fragte mich, ob ich wohl in diesem Hund gewesen war, verwarf den Gedanken dann aber wieder und schob meine geistige Abwesenheit einfach auf meine große Müdigkeit.

An jenem Abend schlief ich auf dem Sofa ein. Emmas Kopf ruhte auf meinem Schoß, und Cubby schlief zu meinen Füßen auf seiner Matratze. Bereits während ich träumte, wusste ich, dass dieser Traum real war; es war ein Traum mit einer Erscheinung. Eine Glückskatze (orange, schwarz und weiß) saß allein in einem Zimmer.

Wann kommst du endlich und holst mich?

Ich hatte das Gefühl, dass alle sie im Stich gelassen hatten. Vorerst war sie irgendwo gut aufgehoben, aber im Hintergrund tickte eine Uhr. Sie wollte zu mir kommen und bei mir leben.

Ich warte auf dich.

Ich wachte mit dem starken Wunsch auf, diese Katze zu finden. Am Morgen griff ich als Erstes zum Telefon. Ich rief eine Tierkommunikatorin an, die ich kannte. Aber sie begriff nicht ganz, worum es mir ging.

„Ach, mit mir reden ständig sehr viele Tiere. Du könntest eine x-beliebige Katze gehört haben, die ein Zuhause sucht."

Ich wusste, dass sie damit falsch lag. Deshalb rief ich eine Freundin in Massachusetts an, die sich für Katzen in Not engagierte.

„Wir haben einen großen orangefarbenen Kater, der ein Zuhause sucht. Er ist etwa zwei Jahre alt und in einem Tierheim in einem Zwinger untergebracht, vielleicht war das die Umgebung, die du gesehen hast."

„Nein, das ist er nicht. Es ist eine Katze, kein Kater." Ich schloss die Augen und konnte sie in meiner Nähe spüren.

Den ganzen Tag über rief ich immer wieder verschiedene Leute an, die mir eingefallen waren, weil ich sie vielleicht fragen konnte. Mit jedem ergebnislosen Anruf wuchs meine Frustration. Mir kamen Zweifel an dem, was ich gesehen hatte. Vielleicht war es ja doch nur ein Traum gewesen. Oder vielleicht war es Wunschdenken – schließlich hatte ich vor nicht allzu langer Zeit Madison verloren. Womöglich war gar nicht mehr an der Sache dran.

Am Nachmittag ging ich unter die Dusche, ließ mir das Wasser über den Rücken laufen und schloss die Augen. Da war sie wieder. Sie saß auf einem Speicher. Unter ihr hörte ich Hunde. Irgendwie hatte ich das Gefühl, ich kannte diesen Ort, auch wenn ich noch nicht in dem Zimmer gewesen war. Sie streckte die Pfote aus und berührte mein Gesicht.

Pudel, sagte sie, *Pudel.*

„Oh mein Gott!" Das Haar voller Shampoo, stellte ich das Wasser ab, schnappte mir ein Handtuch, wickelte es um meinen Körper, schlang ein zweites um meinen Kopf und machte mich dann auf die Suche nach meinem Adressbuch mit der Telefonnummer.

„Hallo, Mahogany Ridge."

„Hallo, hier ist Bethanne Elion. Ist Theresa da?"

„Hallo Bethanne. Ja, sie ist da, bleib dran."

Ich erzählte Theresa von der Erscheinung. Sie hörte mir aufmerksam zu.

„Die Katze ist hier bei mir", sagte sie nüchtern. „Und jetzt wissen wir auch, wohin du gestern verschwunden warst, denn sie ist in dem Zimmer über dem Ausbildungsraum, in dem wir waren."

Ihr Sohn hatte sie in einem verlassenen Gebäude gefunden. Er brachte sie nach Hause und wollte sie eigentlich behalten, aber Theresa fand, sie hatten bereits genug Tiere. Anscheinend sollte es wohl so sein, dass die Katze zu mir käme. Ich war ein bisschen nervös bei dem Gedanken, eine ältere Katze nach Hause zu bringen, von der ich nicht wusste, welche Erfahrungen sie mit Hunden gemacht hatte, aber ich musste meinem Gefühl vertrauen und fuhr noch einmal zur Mahogany Ridge, um mein neuestes Familienmitglied abzuholen.

Die dreifarbige Glückskatze hatte eine Naht am Kopf und Risse in den Ohren, die von Angriffen anderer Katzen herrührten. Sie zeigte mir, wie ein Auto sie angefahren hatte und sie dabei wie ein

Brummkreisel die Straße entlang geschleudert worden war. Sie hatte keine Knochenbrüche davongetragen. Ein anderer Autofahrer hielt an, hob sie auf, legte sie in eine Kiste, fuhr sie zu einem Tierarzt und ließ sie dort. Eine Frau nahm sie aus der Tierklinik mit nach Hause, zog dann aber um und ließ sie zurück.

Eine andere Tierkommunikatorin war nicht meiner Meinung. Sie glaubte, die Katze habe den Unfall einer anderen beobachtet und zeige mir nun, was sie gesehen habe. Ich wusste, dass ich recht hatte, beschloss aber, nicht weiter darüber zu sprechen. Außerdem glaubte sie, dass die Katze nur anderthalb Jahre alt war.

Ich sehe so aus, nicht wahr? Jung.

Wie alt bist du? Fragte ich sie in Gedanken.

Vierzehn.

„Anscheinend wissen Sie nicht, wie Sie das, was Sie hören und sehen, deuten müssen“, sagte die verärgerte Tierkommunikatorin. „Das ist eine junge Katze, noch nicht einmal ganz ausgewachsen.“

„Sicher wissen Sie mehr als ich“, gab ich nach. Ich wollte darüber mit ihr nicht in Streit geraten. Ich spürte eine starke Eifersucht bei dieser Frau, was ich nur sehr schwer nachvollziehen konnte. Sie verwirrte mich. Ging es schließlich nicht einzig und allein um die Gesundheit und das Wohlbefinden der Tiere? Und nicht um die Gesundheit und das Wohlbefinden unseres Egos?

Auf dem Heimweg hatte ich den Katzentransportkorb so gedreht, dass die Tür beim Fahren zu mir zeigte.

„Wie möchtest du denn genannt werden, schönes Mädchen?“

Lola.

„Hmm, Lola gefällt mir aber nicht für dich. Kann es ein Name sein, den wir beide mögen? Wie wäre es mit Lucy?“

Lucy … Lucy … Lucy

„Drei ist eine Glückszahl, meine Liebe. Bei Lucy bleibt es.“

Am darauffolgenden Nachmittag fuhren wir zu einem Tierarzt in Bennington. Er glaubte, Lucy habe einen seltsamen Virus. Alle erdenklichen Tests waren negativ, aber ihre Viruslast (die Menge eines im Blutserum oder -plasma gefundenen Virus) war hoch. Er zog die Fäden der Naht an ihrem Kopf.

„Manchmal hat sie Schluckbeschwerden“, sagte ich ihm. „Es ist, als ob jemand einmal versucht hätte, sie zu erwürgen und die Erinnerung daran noch vorhanden sei.“

Er konnte keinen körperlichen Befund an ihrer Kehle feststellen. Als er sie im Untersuchungszimmer umherlaufen ließ, versuchte sie, auf den Tisch zu springen, schaffte es aber nicht.

„Ich glaube, sie könnte irgendwann einmal von einem Auto angefahren worden sein“, deutete ich an.

„Woher wissen Sie das?“, fragte er.

Ich suchte nach Worten: „Oh, äh … sie kann schlecht hochspringen.“ Ich hatte sie bis dahin noch nie springen sehen, aber ich wollte auch nicht sagen, woher ich mein Wissen wirklich hatte. Später stellte ich Stühle und Trittleitern für sie auf, weil Lucy bei Sprüngen auf Tischhöhe regelmäßig scheiterte. Ich tat, was ich konnte, um es ihr leichter zu machen.

Zu Hause reservierte ich ihr ein Zimmer mit einem Gitter vor der Tür, so dass sie nach Belieben hinein und heraus konnte, die Hunde ihr aber nicht zu folgen vermochten. Eddy beobachtete das Ganze aus der Ferne und war sauer auf den Eindringling in seinem Revier.

Zunächst zog sich meine Glückskatze die ganze Zeit in das Geheimversteck zurück, das ich ihr gebaut hatte: Einen mit schweren Decken verhängten Tisch, unter dem in einer Kiste ein Bettchen hergerichtet war. In der Nacht konnte ich sie herumstromern hören. In der vierten Nacht weckte Lucy mich auf, indem sie auf mein Bett sprang. Sie drängte sich in meine Arme und schlief dort ein. Vor dem Morgengrauen sprang sie herunter, schlich sich unters Bett, vergewisserte sich, wo die Hunde waren und schlich dann zur Tür hinaus und wieder in ihr sicheres Zimmer, wo sie bis zum nächsten und übernächsten Abend blieb, bis sie sich an ihre neue Umgebung gewöhnt hatte.

Eine Woche später kam Emma in die Küche, nachdem sie zuvor im Schlafzimmer verschwunden war. Auf ihrer Nase zeigten sich drei kleine Blutstropfen.

„Oh, wie ich sehe, hast du dich mit Lucy näher bekannt gemacht.“

Sie ließ mich das Blut abtupfen und die Mini-Wunden versorgen.

„Ich weiß, ich weiß, alles sehr aufregend. Aber, ehrlich gesagt, mir ist es lieber, du freust dich über eine Katze als über Schnecken."

Jeden Abend rollte sich Lucy entweder in meinen Armen über meinem Herzen zusammen oder sie wurde zum Saugnapf an meinem Rücken. Besonders gern nuckelte sie an einer alten Verletzung an meiner rechten Schulter, die noch aus meiner Zeit als Bodybuilderin stammte. Sobald ich mich auch nur ein bisschen rührte, versetzte sie mir einen Hieb oder biss mich. Sie mochte es nicht, wenn sie bei ihrer Arbeit unterbrochen wurde. Sie konzentrierte sich auf die Stellen meines Körpers, die kaputt wirkten. Meistens schlief sie auf meinem Herzen.

Katzen werden von Stellen angezogen, an denen sich negative Energie angestaut hat. Wenn eine Katze immer wieder zu einer bestimmten Stelle geht, dann muss die Energie dort höchstwahrscheinlich transformiert werden. Katzen lösen negative Energien auf. Wenn sie sie verarbeiten, dann halten sie jedoch manchmal daran fest, statt sie loszulassen. Diese Katzen schwellen dann an, als würden sie von innen wie ein Ballon aufgeblasen. Sie sind normalerweise keine guten Esser, was man aber nie vermuten würde, wenn man sie sieht. Die Energie geht in sie hinein, wird aber nicht verarbeitet und verlässt ihren Körper nicht mehr. So war es auch bei Lucy. In manchen Nächten focht ich schwere Kämpfe mit ihr aus, um sie weg von meinem Rücken oder aus dem Arm zu bekommen. Aber sie war hartnäckig und gewann diese Schlachten. Dann lag ich still, während sie sich ihren Lebensunterhalt verdiente.

Valerie rief an. Seit ich auf ihrer Farm gewesen war, sprachen wir oft miteinander. Dieses Mal wollte sie das Neueste über Lucy erfahren, und ich erzählte es ihr.

„Sag mal, setzen sich Kühe eigentlich manchmal hin wie Hunde?" Ich fragte aus einem bestimmten Grund.

Sie lachte. „Ja, schon, aber es ist eher ungewöhnlich. Normalerweise erlebt man so etwas nicht. Aber wenn, dann sieht es ziemlich witzig aus. Warum?"

„Dein Stier ..."

„Hans?“

„Genau der. Er setzt sich hin wie ein Hund. Er sitzt wohl alles aus.“

„Ähm, ja, das tut er tatsächlich. Er hat eine Klauenwarze, und die ist sehr schmerzhaft.“

„Also deckt er gerade nicht.“

Sie lachte. „Das stimmt, das tut er nicht. Er sitzt es aus. Ich verwende äußerlich Kupfersulfat. Die Klauenwarze könnte durch Kupfermangel im Boden ausgelöst worden sein.“

Valerie erklärte, das Landwirtschaftsministerium habe in den 1930er Jahren Untersuchungen durchgeführt, die ergeben hätten, dass die Böden in Vermont Kupfermangel aufwiesen. Dieser war damals zwar extrem, aber es wurde nichts dagegen unternommen.

„Wie sieht Kupfermangel bei Rindern denn aus?“

„Um die Augen herum dünnt das Fell aus, und es wirkt fast, als trügen sie eine Brille. Entlang der Rückenlinie verändert sich die Fellfarbe. Bei den Jerseys kann das wie Rost aussehen.“

„Kann man das auch homöopathisch behandeln?“

„Ja, das geht. McCloud sagt in seinem Buch, dass Cuprum bei Kupfermangel hilfreich sein kann.“

„Vielleicht solltest du ihn anrufen“, schlug ich vor.

Ohne mit der Wimper zu zucken erwiderte Valerie: „Er ist tot. Da müsstest schon du ihn anrufen.“

In meinem Telefon wurde „angeklopft“, das Zeichen, dass ein Anruf kam. Ich verabschiedete mich von Valerie und nahm das andere Gespräch an. Es war die Geschäftsführerin eines Hauhaltswarenladens. Wenn ich nach Manchester oder von dort wieder nach Hause fuhr, schaute ich oft in dem Laden vorbei. Als ich das erste Mal da war, trug ich eine Mütze mit der Aufschrift „Good Thing“ und einen meiner vielen übergroßen Jeans-Overalls, die ich zum Bemalen der Halsbänder und Leinen anziehe. Gleich als ich eintrat, bemerkte ich, dass mehrere Angestellte mir durch die Gänge folgten und mich genau beobachteten.

Sehe ich etwa aus wie eine Ladendiebin?, fragte ich mich. *Weil der Overall so weit ist, denken die vielleicht, ich stecke mir einen Toaster in die Hose.* Ich verließ das Geschäft. Als ich das nächste

Mal wieder kam, begrüßten mich zwei der Frauen, die mich zuvor beschattet hatten, und folgten mir wieder überall hin. Dieses Mal plauderten sie mit mir, statt mich nur stumm zu beobachten.

„Sind Sie aus der Gegend?"

„Sozusagen. Bin gerade von Kalifornien hierher gezogen."

„Sind Sie Künstlerin?"

„Sozusagen. Ich male viel."

„Oh. Dann sind Sie sicher oft in New York City."

Ich fand die Frage reichlich seltsam und glaubte, sie hätten mich vielleicht mit jemandem verwechselt. Eine weitere Frau kam zu uns in den Bereich, in dem wir umherschlenderten.

„Bob hat sich wieder losgerissen", sagte sie zu einer der anderen Frauen.

„Wer ist Bob?", fragte ich, obwohl ich es bereits wusste.

„Bob, der Beagle. Er reißt sich ständig los und treibt uns noch zum Wahnsinn."

Ich weiß, für sie muss ich ein wenig weggetreten gewirkt haben, aber das war mir egal. Im Geist reiste ich eine Straße entlang und ging hinter einem Hund her. „Verläuft etwa vierhundert Meter von Ihrem Haus entfernt eine ungeteerte Straße, und gibt es da einen neuen Zaun, der wie von Hand gesägt aussieht, weil er so neu ist?"

Die Frau, die eben erst zu uns gestoßen war, versuchte herauszufinden, was ich machte. Sie kniff die Augenbrauen zusammen. „Ähm, ja, tatsächlich. Woher wissen Sie das?"

„Bob ist gerade daran vorbeigegangen. Er ist dahin unterwegs, wo ein Mann mit einem blau karierten Flanellhemd und Schutzhelm steht. Dort sind irgendwelche Elektro- oder Bauarbeiten im Gang."

„Ja! Ja! Ich bin heute Morgen an ihnen vorbeigekommen."

„Können Sie jemanden dorthin schicken? Bob hat es ganz schön eilig."

Sie zog ein Handy aus ihrer Tasche und ging ein paar Schritte weg, um ihren Mann anzurufen. Sie flüsterte etwas, schaute zu mir herüber, sprach weiter ins Telefon und sah mich dabei verstohlen an. Dann legte sie auf und kam wieder zu uns.

„Mein Mann geht hin – zur Sicherheit. Sind Sie ein Medium?"

Ich zuckte zusammen. „Ich glaube, so könnte man es nennen.“

„Oh!“ Sie starrte mich an. „Und wir haben geglaubt, Sie arbeiteten für Martha Stewart.“

Einen Moment lang sah ich sie fragend an, dann wurde mir klar, dass ich meine „Good Thing“-Mütze von *marthastewart.com* recht häufig trug und stets einen farbverschmierten Overall an hatte, wenn ich in den Laden kam. Dass sie auf diese Idee gekommen waren, überraschte mich dennoch.

„Nein, ich arbeite selbstständig und nur für mich allein“, gab ich lachend zurück.

Das Mobiltelefon der Frau klingelte. Es war ihr Mann. Bob war bei ihm im Auto. Als er Bob fand, begrüßte der gerade einen Mann in einem blaukarierten Flanellhemd, der zusammen mit zwei anderen an Telefonkabeln arbeitete.

Danach hatte ich anscheinend ein Näschen dafür, immer dann in dem Laden aufzutauchen, wenn Bob einmal wieder einen seiner abenteuerlustigen Ausreißertage hatte. Manchmal fingen sie ihn auf der Stelle wieder ein, andere Male hingegen dauerte es einen Tag, dann kam er von selber wieder nach Hause oder ließ sich auf der Straße blicken.

Dieses Mal war die Frau wütend auf ihn gewesen und hatte ihm die Schuld daran gegeben, dass ein Katzenjunges gestorben war.

„Bob ist einfach Bob. Es war ein Unfall. Man kann niemandem die Schuld dafür geben. Vielleicht wäre es das Beste, Sie hielten die Kätzchen von den Hunden fern, bis sie alt genug sind, um auf sich selbst aufzupassen. Bis dahin …“

Im Geiste schwebte ich über einer Stadt, die ich nicht kannte. Ich dachte, am besten beschriebe ich der Geschäftsführerin einfach, was ich sah, und wartete darauf, dass ihr bei einer meiner Schilderungen ein Geistesblitz käme. Ich beschrieb die Straßen und eine Kirche und gab auch an, wo sich der Friedhof befand, von der Kirche aus gesehen.

„Das ist unsere Stadt.“

„Oh, Bob ist auf diesem Friedhof. Er liegt auf einem Grab und hält dort ein Schläfchen. Auf dem Grabstein stehen die Initialen E. B.“

Noch während ich ihr das sagte, wusste ich, dass dies ihr letzter Anruf wegen Bob sein sollte. Ihr Mann fuhr los und fand den Hund auf dem Friedhof. Ich habe nie erfahren, ob es tatsächlich der Grabstein war, den ich beschrieben hatte, aber ich spürte, dass die Genauigkeit meiner Angaben zu Bobs Aufenthaltsorten für ihn eine Grenze überschritten hatten und ihm ein wenig zu unheimlich waren. Danach habe ich nie wieder Bob-Anrufe erhalten. Ich hoffe nur, sie haben einen Zaun ziehen lassen.

11

Der Hund der Lampenschirm-Künstlerin

Oktober 2001

Eines nachts sah ich im Traum einen Hund, der auf einem Tisch geröntgt wurde. Ich konnte nicht erkennen, was für ein Hund es war, hörte aber die Besitzerin weinen. Mit wachsendem Zorn wiederholte ich immer wieder: „Warum tun Sie das? Er braucht einen Ultraschall, verdammt nochmal!“

Als ich aufwachte, lag ich zusammengerollt wie ein Fötus im Flur, Emma neben mir. Draußen war es zwar hell, aber der Himmel sah düster aus. Ich ging mit den Hunden in den Garten. Cubby raschelte durch die rotgoldenen Ahornblätter am Boden, Emma patrouillierte am Zaun entlang und nahm die Witterung von Rehen auf, die vor kurzem daran vorbeigestrichen waren.

Wir gingen wieder hinein und frühstückten, und als die Hunde im Wohnzimmer eingeschlafen waren, ging ich hinunter in mein Atelier, um eine Bestellung für Barking Bear zu bearbeiten. Aber ich wurde das Gefühl nicht los, dass etwas nicht stimmte. Immer wieder stand ich von meinem drehbaren Bürostuhl auf und schaute aus dem großen Panoramafenster hinüber zum Zaun und dem Wildblumenfeld dahinter. Vereinzelt blühten ein paar schwarzäugige Susannen, aber zum größten Teil standen dort nur noch kahle Stängel und Seidenblumen mit samenentleerten Kapseln.

Das Telefon klingelte. Ich blieb davor stehen und ließ es ein zweites Mal klingeln. Ich wusste, wer dran war: Judy Lake.

„Was ist los?", fragte ich ganz direkt.

Sie war in Tränen aufgelöst. Odie hatte Husten, deshalb war sie an jenem Morgen mit ihm zur Tierärztin gefahren. Diese hatte ihn und geröntgt und festgestellt, dass mit seinem Herzen etwas nicht stimmte.

„Hat sie einen Ultraschall gemacht?"

„Nein."

„Was hat sie dann gemacht?"

Papier raschelte. Judy wühlte in ihren Unterlagen. „Er wurde geröntgt und bekam ein EKG. Sie will ihm bestimmte Medikamente geben. Aber ich weiß einfach nicht, Bethanne."

„Was sind das für Pillen?"

Ich hörte, wie sie das Fläschchen schüttelte. „Encard, 10 mg."

„Was hat das alles gekostet?"

„200 Dollar. Ich hab auch einen Arztbericht."

„Lies ihn mir vor."

„EKG und klinische Untersuchung. Das EKG zeigt vorzeitige ventrikuläre Kontraktionen. Das könnte an einer zugrundeliegenden Herzerkrankung oder anderen Unregelmäßigkeiten wie Stress, Fieber, Aufregung, Sauerstoffmangel, Schmerzen oder Stoffwechselerkrankungen liegen. Das gleichzeitige Auftreten von Husten ist bedenklich und lässt auf ein primäres kardiologisches oder pulmonales Problem schließen."

„Okay. Was noch?"

„Es gibt eine Empfehlung für weitere diagnostische Maßnahmen." Judy hielt einen Moment inne, um ihre zitternde Stimme wieder unter Kontrolle zu bekommen. „Es sollten Röntgenaufnahmen der Brust durchgeführt werden …"

Inzwischen hörte ich nicht mehr Judy, sondern Odie zu.

Möchtest du, dass ich dir helfe, Kumpel?

Ja, bitte.

Möchtest du zu einem neuen Tierarzt?

Unbedingt!

Judy sprach immer noch. „... die uns dann zur Auswertung zugeschickt werden. Wenn Sie ein 24-Stunden-Langzeit-EKG machen lassen wollen, dann nehmen Sie bitte wieder Kontakt mit uns auf."

„Hast du ihm das Medikament schon gegeben?", fragte ich.

„Nein."

„Könntest du dir vorstellen, nochmal zu einem anderen Tierarzt zu gehen?"

„Kannst du ihm helfen?"

„Er muss zum Tierarzt, damit der eine Diagnose stellt."

„Nein. Ich will dich, Bethanne. Ich will Odie nicht verlieren."

Gut. Okay. Ich tu's. Bitte hilf mir, dass ich das Richtige sage und tue. Lass mich die Botin sein.

Ich spürte, wie mir ein Energieschub durch die Wirbelsäule schoss. Das war die Bestätigung dafür, dass ich die richtige Antwort geben würde.

„Okay, Judy, du musst mir sehr gut zuhören. Ich bin nicht Gott. Ich weiß nicht, ob Odie das übersteht oder nicht. Ich kann dir im besten Falle nur eine Ahnung davon vermitteln, dass man die Sache auch anders angehen kann. Im schlimmsten Fall verlieren wir Odie, aber deine anderen Hunde werden die Früchte dessen ernten, was du jetzt lernst. Oder aber Odie kommt wieder auf die Beine, wir können ihn stabilisieren und finden heraus, was ihm fehlt. Dann haben alle etwas davon. Auf jeden Fall machen wir es leichter für Odie. Es besteht auch die Möglichkeit, dass es für ihn an der Zeit ist zu gehen. Wir können einfach nur nach vorne schauen und unser Bestes tun."

Judy war einverstanden und schien sofort handeln zu wollen.

„Okay. So machen wir's. Ich bin keine Tierärztin. Ich stelle keine Diagnosen und verschreibe nichts. Niemals. Hole dir für alles, was du tust, den Segen eines Tierarztes. Ich kann dir nur sagen, was ich tun würde, wenn Odie mein Hund wäre. Wenn du auch tun willst, was ich tun würde, dann ist das einzig und allein deine Entscheidung."

Judy war einverstanden.

„Ich weiß nicht so recht, warum die ihn geröntgt haben. Wenn Odie mein Hund wäre, dann wollte ich einen Ultraschall. Ich empfehle dir einen Tierarzt in Manchester. Er ist jung und aufgeschlossen und nicht so schulmedizinisch in seinen Methoden. Rufe ihn an und mache einen Termin für einen Ultraschall. Nimm die Medikamente und Odies Arztbericht mit. Er soll eine umfassende klinische Allgemeinuntersuchung machen mit großem Blutbild, Elektrolytbestimmung und Messung der Schilddrüsenhormone. Die Tests soll er an Jean Dodds in Kalifornien schicken. Ich faxe dir alles, was du dazu wissen musst. Jean ist Expertin für alle Erkrankungen der Schilddrüse. Sie soll sich Odies Blutbild ansehen und auswerten. Sorge dafür, dass der neue Tierarzt und ich auch eine Kopie ihres Berichts bekommen. Odie braucht eine komplette Untersuchung. Und du musst alles, was ich vorschlage und was du umsetzen möchtest, dem Tierarzt berichten."

Der Ultraschall bestätigte den Verdacht auf Kardiomyopathie (Herzmuskelerkrankung). Judy bat mich, für Odie einen Ernährungsplan zu erstellen und beschloss, weder die Medikamente des einen noch des anderen Tierarztes zu verabreichen. Odies Prognose war bestenfalls so, dass er unter Beobachtung bleiben musste, ansonsten, sagte der Tierarzt, konnte er nichts weiter für ihn tun.

Die Ergebnisse der Schilddrüsentests zeigten, dass Odies Werte im unteren Bereich lagen. Der Tierarzt war ebenfalls der Meinung, dass es nicht schaden könne, Odie Soloxine zu verabreichen, und gab Judy ein Rezept. Außerdem erhielt Odie reines L-Carnitin, verbunden mit der Empfehlung, dass er es sein ganzes weiteres Leben lang erhalten solle. Darüber hinaus empfahl ich, ihm sofort zwei Mal das homöopathische Medikament Apis mellifica C 30 zu geben.

Zu Odies Ernährungsplan gehörten nun neben rohem, natürlichem Futter mit reinigender Wirkung auch Weißdorn, Löwenzahnblätter, Nebennieren-Drüsenkonzentrate und das Coenzym Q10. Nach einigen Wochen stieg er von Nebennieren-Drüsenkonzentraten auf neonatale Drüsenkonzentrate und Verdauungsenzyme um. Im ersten Monat bekam er außerdem zwei flüssige homöopathische Präparate, nämlich Viratox und Supportasode. Seine Nahrung bestand unter anderem aus Rindfleisch, frischen Kräutern (Kamille,

Cayenne-Pfeffer, Ingwer, Süßholz und Engelwurz, um nur ein paar zu nennen), frischem Obst, Gemüse und Willard Water.

Um den Husten zu lindern, der nachts am schlimmsten war, schlug ich Judy vor, sie solle kurz vor dem Schlafengehen noch einmal einen kleinen Spaziergang im Mondlicht mit ihm machen. Judy stellte fest, dass er durch diese Spaziergänge und die chiropraktischen Behandlungen, die er auf Mahogany Ridge bekam, besser schlafen konnte.

Ich schlug vor, im Frühjahr noch einmal eine Ultraschalluntersuchung zu machen. Wir planten sie frühzeitig ein. Auch der Tierarzt war an einem erneuten Ultraschall interessiert und sagte Judy, er werde nur die reinen Untersuchungskosten (ohne eigenes Honorar) berechnen. Wir trugen uns das Datum im Kalender ein und beobachteten, wie es Odie im Laufe des Herbstes und Winters immer besser ging.

Den ganzen Tag schon erledigte ein Handwerker viele kleinere Arbeiten am Haus. Ich beschloss, herumzugehen und nachzusehen, was er bisher geschafft und wie gut er gearbeitet hatte. An erster Stelle der Prioritätenliste stand der Einbau einer Fliegengittertür vor dem Kellerausgang. Bei der alten Tür waren die Scheiben gesprungen, und in der unteren Hälfte hatte sie sich verzogen, so dass sie nicht mehr richtig schloss. Die neue Fliegengittertür war sehr solide. Im Winter konnte man eine Glasscheibe über das gesamte Gitter schieben und im Sommer wieder abnehmen. Ich öffnete die Kellertür, ging mehrfach durch die Fliegengittertür und sah zu, wie sie, ohne lauten Knall, langsam, aber sicher und fest in ihr Schloss fiel.

„Wunderbar!" Wieder eine Sache weniger, die am Haus noch in Ordnung gebracht werden musste. Ich machte die Tür zu, schloss sie ab und verriegelte dann die eigentliche Kellertür. Neben der Tür war eine lange, schmale Glasscheibe eingelassen. Als ich so dastand und aus dem Fenster zum Wildblumenfeld hinüber schaute, hörte ich ein leises Klopfen. Ich schaute hinunter, und dort, vor der neuen Fliegengittertür, saß eine sichtlich verblüffte Maus. Mit äußerst besorgtem Gesicht schaute sie zu mir auf. Dann schlug sie mit dem Kopf an die Tür, stand etwas benommen da und vollführte schließlich eine Rolle rückwärts.

Lass mich rein!

Wie es scheint, hatte ich durch das neue Hindernis dem kleinen Wesen von außen den Eingang zu seinem Winterquartier versperrt. Ich sah ihr weiter zu, und es tat mir leid für sie.

Lass mich rein! Lass mich rein! Lass mich rein! Sie wirkte zusehends benommener und verunsicherter, während sie immer wieder mit dem Kopf gegen die Tür schlug und jedes Mal eine Rolle rückwärts machte.

„Tut mir leid, Kleines, das ist mein Haus, nicht deines. Du wirst dir wohl etwas anderes suchen müssen."

Sie schaute zu mir auf, die kleinen Ohren angelegt und die Zähne in ihrem verzerrten Gesicht leicht gebleckt. Sie wirkte sehr traurig. Ich fühlte mich wie jemand, der ein glückliches Heim zerstört hatte, aber die Regel lautete nun einmal, wer nicht zur Toilette gehen kann, muss draußen bleiben – ganz zu schweigen von dem, was Mäuse mit Wänden, Stromleitungen und Isoliermaterial anstellen können.

An jenem Abend lag Emma am Fußende meines Bettes. Ich wollte eben das Licht ausschalten, hielt aber mitten in der Bewegung inne, denn Emma schoss wie der Blitz vom Bett. Nach ihrer Begegnung mit dem Murmeltier vermutete ich, dass ihr im Flur etwas ins Auge gefallen war, das dort nicht hingehörte. Und tatsächlich, es war eine kleine graue Maus. Sie versteckte sich hinter dem Tisch im Flur, und beide Hunde verbellten sie lautstark.

„Okay, okay. Schluss damit! Zurück ins Schlafzimmer, alle Mann." Ich zog jeden Hund einzeln ins Schlafzimmer und schloss die Tür.

„Hey Eddy! Wie wär's, wenn du dir mal deinen Lebensunterhalt verdienst, du fauler Kater! Lucy? Wo steckst du?"

Beide Katzen schliefen auf dem Sofa im Wohnzimmer. Ich hob Eddy auf und schleppte ihn in den Flur zum Tisch.

„Hallo, hier gibt's einen Leckerbissen. Ein kleiner Appetithappen wartet auf dich!"

Er schnupperte, stellte den Schwanz kerzengerade auf – und trottete davon.

„Vielen Dank!" Danach holte ich Lucy. Sie reagierte immerhin etwas besser als Eddy. Sie streckte die Pfote unter den Tisch und schlug nach dem verängstigten grauen Mäuschen. Das rannte im Zickzack den Flur entlang ins Wohnzimmer, wo sie Lucys Sprung dadurch entkam, dass sie unter die Sockelleistenheizung flitzte. Sie rannte daran entlang und verkroch sich zitternd in einer Ecke der Anlage. Lucy verlor das Interesse und ging zur Treppe hinüber, wo sie sich auf der zweiten Stufe niederließ und mit der rechten Pfote das Gesicht wusch.

„Jetzt bin wohl ich dran. Toll! Genau das wünsche ich mir zur Schlafenszeit!" Ich ging in den Windfang und holte einen Besen. Anschließend öffnete ich die Schiebetür so weit, dass die Maus zwar hinaus, die Katzen aber nicht hinterher konnten. Dann stocherte ich in der Ecke der Heizungsanlage herum, bis die Maus darunter hervor und um die Zimmerwand herumrannte – haarscharf an der Schiebetür vorbei.

„Nein! Raus aus dem Haus, Maus!"

Wir wiederholten das Ganze. Ich jagte sie mit dem Besen und versuchte, sie zur Tür hinauszutreiben. Lucy kam wieder herein, sprang und fing sie mit den Zähnen. Auf den Besenstiel gestützt, stand ich da und sah die panische Angst im Gesicht des kleinen Wesens. Diese Maus kannte ich. Es war dieselbe, die zuvor an der Hintertür gewesen war. Lucy saß da, ihre Beute in der Schnauze. Wir warteten.

„Und jetzt. Was wird das?"

Anscheinend war Lucy drauf und dran einzuschlafen mitsamt der Maus im Maul. Sie beugte sich nach unten und ließ sie los.

„Nein! Sei eine Katze! Katzen fressen Mäuse! Das ist natürliche Katzennahrung! Gesundes Essen! Lucy! Verdammt nochmal!"

Die Maus, obwohl noch im Schock, rannte noch einmal an den Zimmerwänden entlang. Dieses Mal jedoch lief sie hinaus, als sie die spaltbreit offene Schiebetür erreichte. Ich sprang hinüber und schloss die Tür hinter ihr, damit sie ja nicht in Versuchung geriet, wieder hereinzukommen. Zitternd saß sie auf der Veranda, während Lucy und Eddy zur Tür stolzierten, um sie sich anzusehen.

„Na, ihr seid mir vielleicht zwei schöne Jäger – fabelhafte Jäger, oder etwa nicht?!" Die Maus drehte sich um, sah uns an und rannte davon in die Dunkelheit.

„Okay, nächstes Mal, lieber Gott, schick mir Meister-Mäusejäger!"

Meine Bitte wurde vom Universum gehört und sollte erfüllt werden.

12

Wiederbelebung einer Kuh

Die Anzeichen für den Zusammenbruch waren von Anfang an zu sehen gewesen. Ich saß auf dem Boden inmitten zahlloser Fotos meiner Hunde und Katzen von früher und heute und suchte Bilder von Cubby als Welpe heraus. Selbst auf den Bildern, die in seinen ersten Lebenswochen noch beim Züchter aufgenommen worden waren, konnte ich erste Vorzeichen für einen Zerfall des Karpalgelenks am rechten Vorderlauf erkennen. Auf den Welpenbildern zeigte sich eine winzig kleine Fehlstellung. Mit jedem Jahr, das verging, wurden die Hinweise auf einen Zusammenbruch deutlicher. An jenem Abend war Cubby die Betonstufe beim Windfang hinunter gestolpert und aufjaulend auf seinem Kinn gelandet. Seine Karpalgelenke hatten nachgegeben. Es war nicht mehr zu übersehen. Etwas musste geschehen. Er hatte bereits zwei Schwachstellen an seinem Körper. Eine dritte brauchte er wirklich nicht.

Ich griff zum Telefon und rief Jim in Kalifornien an. Er dachte einen Augenblick nach, seufzte und erzählte mir dann von der Zeit nach seinem Unfall in der Lagerhalle. Damals waren schwere Fässer auf ihn gefallen. Eine Zeit lang trug er eine im Knie bewegliche Beinschiene.

„Vielleicht wäre so eine bewegliche Beinschiene auch für Cubby das Richtige. Die Schiene würde seine Gelenke entlasten, aber er könnte sie immer noch bewegen, und sie würden nicht versteifen.“

Mir gefiel die Idee. Inzwischen gingen wir zu Hannah, einer Chiropraktikerin, deren Praxis etwa anderthalb Autostunden weit entfernt lag und die mehr Termine frei hatte als die Klinik auf Mahogany Ridge. Unser nächster Termin stand bald bevor. Ich machte mir eine Notiz im Kalender, dass ich mit Hannah über die Idee mit der Beinschiene sprechen wollte. Hannah arbeitete öfter mit Pferden als mit Hunden und Katzen, deshalb kannte sie einen Orthopädie-Techniker für Pferde in Trumansburg, New York. Er fertigte Beinschienen für Pferde an und hatte auch schon Hunden in seiner Nachbarschaft welche angepasst. Wir mussten einen Gipsabdruck abnehmen lassen und ihm schicken. Danach konnte er dann eine maßgefertigte Schiene für meinen Landseer herstellen. Da für den Gipsabdruck drei Personen erforderlich waren und das außerdem mehr Zeit in Anspruch nahm als eine normale Behandlung, konnten wir nicht sofort einen Termin vereinbaren. Wir verglichen unsere Terminkalender und legten den frühestmöglichen Termin im Mai fest.

Nach einem Gespräch mit Frank, dem Pferde-Orthopädie-Techniker, hatte ich ein gutes Gefühl für meinen Jungen. Das würde klappen. Ich wusste, es wäre das Richtige, wenn Cubby so mobil wie möglich bleiben konnte. Einstweilen legte ich ihm um sein rechtes vorderes Karpalgelenk eine elastische Bandage an, wenn wir spazierengingen, um es etwas zu entlasten. Allerdings konnte ich sie nicht lange dran lassen; denn da sie die Blutzirkulation behinderte, störte sie ihn mit der Zeit.

Ich schaute gerade verträumt durch die Schiebetür auf die Veranda, als der Anruf kam. Draußen, am äußeren Rand des hellblauen Freisitzes, saß eine grau-weiße Katze. Sie putzte sich das Gesicht und kehrte es dann der Sonne zu, um die ersten warmen Frühlingstage zu genießen. Ich sah sie nicht zum ersten Mal. Im April stieß ich fast mit ihr zusammen, als sie gerade unter die Verandastufen schlüpfen wollte. Sie warf mir einen frechen, besitzergreifenden Blick zu und rannte davon. Sie war zu wild, als dass ich mich näher an sie herangetraut hätte, deshalb beobachtete ich sie aus der Ferne, wenn sie auf der Veranda saß oder auf den jungen Baum kletterte, der direkt daneben wuchs und in dem sie es sich gern gemütlich machte.

Unter jenem Teil der Veranda tauchten oft Tiere auf. Im Winter hatten Kaninchen dort ihren Unterschlupf. Jetzt, im Frühling, kroch eine neue Generation der Murmeltiersippe einer nach dem anderen zwischen den Betonpfeilern heraus. Sie kamen gern unter der Veranda hervor, steckten ihre Nasen ins Loch des Fallrohrs, sahen nach, ob noch mehr Eindringlinge da waren und kletterten dann auf die Veranda, wo sie sich den lieben langen Tag lang sonnten, putzten und immer wieder ein Schläfchen gönnten. Um die Hunde im Garten scherten sie sich nicht im Geringsten. Es war nichts Ungewöhnliches, wenn man den Vorhang der Schiebetür öffnete und ein Murmeltier ins Zimmer schaute.

Sparky klopfte sogar an die Tür. Wie die kleine graue Maus, wollte auch er hinein. Im Haus sah es interessant aus. Da gab es bestimmt eine Menge zu entdecken und zu fressen. Eines nachmittags war ich auf dem Sofa eingeschlafen, nur um von Sparky geweckt zu werden, der mit den Fäusten gegen die Scheibe hämmerte.

Lass mich rein!

„Was? Hast du etwa deinen Schlüssel vergessen? Ja dann. Und du wolltest mir weismachen, wie zuverlässig du bist. Diese Murmeltiere von heute! Vorne hat es eine Klingel. Wie wär's denn damit?"

Er starrte mich mit wütender Mine an.

„Hau ab! Sofort!"

Er rannte davon, aber es schien, als verfluche er mich beim Rennen. Ganz offensichtlich war er ein sehr entschlossener kleiner Kerl und neugieriger, als ihm gut tat.

Emma, die auf dem Sessel eingeschlafen war, wollte die Beine auf den Boden stellen, stolperte aber. Ihr linkes Vorderbein knickte ein. Das passierte nicht zum ersten Mal. Seit einem Monat ließ ich sie nicht mehr nach oben gehen, denn wenn sie die Treppe wieder heruntergìng, zeigte sich eine Schwäche in diesem Bein. Das kam mir nicht normal vor, deshalb ließ ich beide Hunde weder nach oben noch nach unten. Ein paar Tage später wachte sie morgens auf, legte aber nicht die Vorderbeine aufs Bett, um mich zu begrüßen, wie sie es Zeit ihres Lebens gemacht hatte. Als wir den Flur entlang in die Küche gingen, um Frühstück zu machen, hielt sie mitten im Lauf inne, legte sich hin und blieb einfach liegen.

Angst kroch in mir hoch. Aber ich schüttelte sie ab und fragte, was sie brauchte. Sie brauchte zwei homöopathische Mittel: *Arnika* und *Symphytum*, beide in der Potenz C200. Ich gab sie ihr, und am nächsten Tag wirkte sie wieder mobil. Fünf Tage lang gab ich ihr jeden Morgen die beiden Mittel. Bewusst sagte ich mir, dass es eine Verletzung war, die sie sich draußen beim Spiel zugezogen hatte, unbewusst wusste ich es besser.

Als das Telefon klingelte, lief mir ein wohliger Schauer über den Rücken. „Ah, gute Nachrichten." Ich nahm ab.

Es war Judy Lake. „Wir … haben … gute … Neuigkeiten!" Sie dehnte die Worte in einem sehr glücklichen Singsang.

„Wirklich?"

„Wir haben die Ultraschall-Nachuntersuchung machen lassen."

„Und?"

„Folgendes steht unten auf dem Blatt, das mir ausgehändigt wurde: Im Vergleich zur letzten Untersuchung deutliche Stabilisierung." Judy lachte. „Aber meine Lieblingsstelle in dem Bericht ist Folgende: Die Besitzerin hat das Enalapril nicht verabreicht, und dem Hund geht es trotzdem gut."

„Die sind ja witzig! Trotzdem? Jessesmaria!"

„Bei der Untersuchung hat er Odies Herz abgehört und dann gesagt: ‚Judy, ich kann nichts hören, was nicht in Ordnung wäre.' Das Kuddelmuddel in seinem Herzen ist also komplett weg. Die Schwellungen – alles weg. Er hat immer noch leichte Rhythmusstörungen, aber bei weitem nicht mehr so, wie es war."

„Toll gemacht, Mädel! Du hast das super gemacht mit ihm. Ich bin echt stolz auf dich."

„Ohne dich hätte ich das nie geschafft", beharrte Judy.

„Du hast es ohne mich geschafft. Das waren alles deine Entscheidungen, niemand sonst hat sie getroffen. Ich habe dir nur gezeigt, was ich tun würde, und du hast entschieden, was du tun willst und was nicht. Judy – nicht ich oder der Tierarzt oder sonst jemand. Aber das zeigt dir, dass unsere Lieben an einem Tag anscheinend an der Schwelle des Todes stehen und am nächsten schon wieder quicklebendig sein können."

Am 8. Mai, als Emma wieder wie angewurzelt im Flur stehen blieb und sich hinlegte, sagte ich alles ab, was ich an jenem Tag im Kalender stehen hatte, um bei ihr zu Hause zu bleiben. In meiner Panik gab ich ihr *Symphytum LM30* und setzte mich neben sie, die Hand auf ihrem Hals. Sie seufzte. Etwas an ihrem Geruch brachte mich zum Weinen.

„Okay, reiß dich zusammen, du paranoide mittelalte Spinnerin."

Ich wischte mir mit dem Ärmel das Gesicht ab und machte mich auf den Weg zur Dusche. Emma blieb, wo sie war. Cubby folgte mir ins Badezimmer und legte sich, solange ich duschte, auf den Badewannenvorleger. Ich hasste das Badezimmer, hatte mir aber noch nicht überlegt, wie ich es renovieren wollte. Ich hatte noch etwas Geld aus dem Erbe meiner Tante übrig und hatte davon die Küche umgebaut, mich aber noch nicht entschieden, wie ich das Bad verändern wollte. Ich wusste, dass ich eine wunderbare Wanne wollte, in der ich mich aalen und mir sprudelnde Luft an Knie, Schultern und Kreuz blasen lassen konnte, die Stellen, an denen ich oft unter Beschwerden litt. Intuitiv wusste ich, dass sich mit der Veränderung des Badezimmers auch mein Leben verändern würde. Ich wusste nur nicht, ob ich dazu schon bereit war.

Unter der Dusche wanderte meine Seele davon. Ich hörte das Telefon klingeln, machte aber keinerlei Anstalten, aus der Dusche zu steigen.

Geh aus der Dusche und ans Telefon. Es war wieder diese Stimme.

Ich brachte es nicht über mich, mein Wasserrefugium zu verlassen.

Aconitum.

Ich verstand nicht, warum ich das hörte. Das homöopathische Mittel *Aconitum napellus* wird angewendet bei Unfallopfern, Menschen im Schockzustand oder Angstattacken. Waren meine Angstattacken gemeint? Vielleicht half es ja auch bei meinen nächtlichen Ängsten? Hörte ich deshalb dieses Wort? War es für Emma? Nein. Ein Herzinfarkt? Ich nahm mir vor, Aconitum für den nächsten Angstanfall neben mein Bett zu stellen.

Wasser tropfte auf den Schlafzimmerboden, als ich zum schnurlosen Telefon griff, um den Anrufbeantworter abzuhören. Valerie hatte angerufen. Es war ein Notfall.

Die Kuh Sherry hatte einen Herzinfarkt und war leblos; sie hatte gekalbt und Milchfieber bekommen. Valerie gab Calcium-Infusionen. Dabei ist wichtig, dass sie sehr langsam verabreicht werden. Oft bringen Farmer ihre Kühe unabsichtlich um, weil sie das Calcium sehr schnell in den Kuhkörper laufen lassen oder zu viel geben. In beiden Fällen erleidet die Kuh einen Herzinfarkt und stirbt. In Sherrys Fall wurde das Calcium langsam genug zugeführt. Der Fehler war, dass danach Vitamin C, Ascorbinsäure, gegeben worden war.

Ascorbinsäure wirkt entzündungshemmend und stärkt das Immunsystem. Nach dem Kalben steht eine Kuh unter großem Stress, deshalb sind Vitamin-C-Gaben sinnvoll. Valerie dachte an die Calcium-Infusion wegen des Milchfiebers und unabhängig davon auch an das Vitamin C, um dem Immunsystem der frischgebackenen Mutter auf die Beine zu helfen. An die Wechselwirkung der beiden dachte sie nicht. Ascorbinsäure wirkt wie eine Verstärkung für das Calcium; sie sorgt dafür, dass es schneller und besser aufgenommen wird.

Durch das Vitamin C gelangte das Calcium schnell zum Herzmuskel und löste einen Herzinfarkt aus. Sherrys Halsschlagader war wie ein riesiger Ballon. Alle zwanzig Sekunden blähte sie sich auf und fiel dann wieder in sich zusammen. Valerie gab ihr das homöopathische Mittel *Arsenicum album*, aber ohne Erfolg. Sherry war kalt und verharrte in ihrem kollabierten Zustand. Sie war komatös, die Augen nach oben und hinten gerollt. Ihre Lippen waren lila verfärbt, aufgrund des Sauerstoffmangels war sie zyanotisch. Valerie dachte, sie hätte ihr vielleicht *Carbo vegetabilis* geben sollen, den sogenannten „Totenerwecker", oder das „Abra Kadaver"-Mittel, wie ich es gerne nenne.

Als ich sie zurückrief und sie mir alles erzählte, sagte ich, sie solle ihr Aconitum C30 geben.

„Ich habe C6, aber nicht C30“, sagte sie.

„Auch gut. Jetzt nimmst du erst einmal selbst eine Dosis, und dann gibst du Sherry alle paar Minuten eine.“

Wie Valerie mir später erklärte, hatte sie meine Anweisungen befolgt. Im Grunde gab sie damit einer toten Kuh ein Mittel. Nachdem sie es ihr viele Male scheinbar ergebnislos verabreicht hatte, wandte Valerie sich ab und wollte den Holzverschlag verlassen. Bevor sie ging, drehte sie sich noch einmal zu Sherry um: „Okay. Du hast eben ein Baby bekommen. Du kannst gehen, wenn du willst – oder du kannst darum kämpfen zu leben.“ Valerie wischte sich das rotblonde Haar aus dem Gesicht. Ein Haarwisch blieb an dem Schweiß auf ihrer Stirn kleben. Ihre Jeans waren über und über voller Schmutz und Heu, und etwas davon war auch in ihre kniehohen Gummistiefel geraten. Sie roch nach Blut, Sägemehl und Dung. Ihr Magen knurrte, denn sie hatte seit dem Vorabend nichts mehr gegessen. Sie hatte das Frühstück ausfallen lassen, um in den Stall zu gehen, und jetzt war es bereits später Nachmittag.

Valerie drehte sich um. Sherry setzte sich auf, schüttelte sich das Sägemehl vom Kopf und sah die Milchbäuerin hellwach an. Der Kuh ging es anscheinend gut. Valerie sank auf Knie und Hände. Sie weinte; die Tränen flossen in Strömen aus ihren blauen Augen. Als ihr Mann Allan in den Stall kam, stand Sherry bereits wieder.

Der Tierarzt, der auf dem Weg zu der Farm gewesen war, als Valerie Sherry Aconitum gegeben hatte, untersuchte die zu neuem Leben erwachte Kuh. Ihr Puls war zwar noch ein wenig schwach, aber ansonsten ging es ihr gut.

„Was haben Sie ihr gegeben?“ Er war ganz aufgeregt und wollte es unbedingt wissen.

„Aconitum.“

„Zeigen Sie mir die Flasche. Das Zeug will ich sehen“, erwiderte er ungläubig.

Valerie fand das ulkig. Alle Fläschchen mit homöopathischen Mitteln sehen im Grunde gleich aus, dennoch brachte sie ihm das Fläschchen, damit er es in Augenschein nehmen konnte. Allerdings wurde er daraus auch nicht unbedingt schlauer. Später fragte ihn

Valerie, was man laut veterinärmedizinischem Lehrbuch in einer solchen Situation tun solle.

Er sagte: „Ich entschuldige mich bei dem Farmer und hoffe, dass ich trotzdem wiederkommen darf."

Im Studium erfahren die angehenden Tierärzte absolut nichts darüber. Das Calcium löst einen Herzinfarkt aus, und die Kuh stirbt. Basta.

An jenem Abend lud ich beide Hunde in den Wagen und nahm sie mit zu einem Besuch bei Judy Lake. Emma konnte weder hineinspringen noch die Rampe hinaufgehen. Da wusste ich, dass ich bei ihr nun nichts mehr verleugnen konnte. An ihrem linken Vorderbein hatte sich eine Geschwulst gebildet, und sie wuchs so rasch, dass ich fast zusehen konnte. Ich wollte mir nicht eingestehen, was es war. Wenn ich es aussprach, dann hätte damit alles Sanfte und Gute in meinem Leben ein Ende.

In den nächsten Tagen rief ich verschiedene Tierärzte an. Ich wollte jemanden, der Hausbesuche machte, konnte aber anscheinend niemanden finden, der zu mir kommen wollte, es sei denn, um ein Tier einzuschläfern. Mir wurde geraten, das Bein röntgen zu lassen. In unserer Gegend hatten viele Tierärzte große tragbare Röntgengeräte, um Rinderbeine zu röntgen.

Am 13. rief ich einen Arzt in einer Großtierpraxis in der übernächsten Stadt an. Ja, sie hatten ein tragbares Röntgengerät, aber die Helferin konnte den Tierarzt nicht zu mir schicken, weil Emma ein Hund war und kein Rind.

„Meinen Sie das ernst?"

„Ja."

„Ich möchte mit dem Tierarzt sprechen. Es geht hier um einen sechzig Kilo schweren Hund mit einem schnell wachsenden Geschwür am Bein, das bald so groß sein wird wie ein Baseball."

Die Frau entschuldigte sich und sagte, wenn Emma ein Rind wäre, würde sie sehr gerne einen Termin mit mir vereinbaren. Aber da sie ein Hund sei, solle ich sie doch bitte zu dem Tierarzt in der Stadt bringen.

„Worum geht es denn? Versicherungen? Regress? Ich unterschreibe jede Verzichtserklärung, die Sie wollen, gute Frau. Ich bin eine Frau und lebe hier allein. Wie soll ich denn Ihrer Meinung nach den Hund ins Auto kriegen, ohne mich oder sie zu verletzen?"

Sie entschuldigte sich noch einmal und legte auf, als ich anfing, sie zu beschimpfen.

Am 15. fand ich einen Farmer, der Emma für mich ins Auto hieven wollte. Ich bastelte eine Schiene aus einer Toilettenpapierrolle und elastischen Binden, damit die Schwellung nicht angestoßen würde. Emma legte sich während der gesamten anderthalbstündigen Fahrt nach Woodstock zu Hannah Harris, die ein tragbares Röntgengerät hatte, nicht hin. Bei ihr konnten wir eine Röntgenaufnahme von Emmas Bein machen, während Emma stand.

Hannah brauchte die Röntgenaufnahme eigentlich nicht, um zu erkennen, dass Emma Knochenkrebs im fortgeschrittenen Stadium hatte.

„Es tut mir leid, Bethanne. Sie hat bestenfalls noch ein paar Wochen."

„Knochenkrebs ist schmerzhaft, nicht wahr?"

„Ja."

„Dann müssen wir wohl Vorkehrungen treffen." Ich musste weinen.

Vor anderen Menschen zeigte ich nicht gern Gefühle, besonders nicht in einer solchen Situation.

Auf der Heimfahrt legte sich Emma hin. Ich spürte, dass sie zufrieden war, dass ich es jetzt wusste. Sie hatte gewollt, dass ich es bis zur letzten Minute nicht erfuhr. Als wir wieder zu Hause waren, kam der Farmer und half mir, sie hineinzutragen. Hanna hatte mir eine Schiene für ihr Bein gegeben. Sie meinte, wir sollten jetzt auf jeden Fall versuchen, einen Bruch des Beins zu vermeiden, denn diese Gefahr drohte ernstlich.

Den späten Nachmittag verbrachte ich damit, im Barking-Bear-Atelier ein Bett herzurichten sowie Teppiche, Wasserschüsseln, Handtücher und alles andere anzuschleppen, was wir wohl brauchen würden. Weil Emma nach oben ein paar Stufen hätte überwinden müssen, beschloss ich, dass es für uns alle das Beste wäre, wenn wir in den Keller zögen, von wo sie in wenigen Schritten im

Garten wäre, wenn sie pinkeln musste. Die Route um die Garage herum, den Hügel herunter, am Apfelbaum vorbei in den hinteren Garten würden wir morgen gehen. Emma hatte genug für einen einzigen Tag. Sie schlief neben der Schiebetür. Cubby legte sich hellwach neben sie und bewachte den Schlaf seiner Gefährtin.

Nacheinander rief ich meine Freunde an, um ihnen die Nachricht zu überbringen. Meist waren sie gar nicht da, und ich hinterließ eine Nachricht auf dem Anrufbeantworter. Das war mir auch am liebsten. Nicht mit zittriger Stimme zu sprechen, war eine Herausforderung. Jim, der mir so oft mit Emma und Cubby geholfen hatte, war sprachlos.

Statt mich zurückzurufen, tauchte Judy Lake mit einem Teller selbstgemachter und in Folie verpackter Enchiladas auf. Sie kam herein und hielt mich länger, als mir lieb war, in einer Umarmung gefangen, aber ich ließ es geschehen. Ich spürte, dass sie leichte Schuldgefühle hatte, weil Odie seine Krise überstanden hatte und Emma an ihrer sterben würde. Aber ich wusste auch, dass sie das alles hauptsächlich deshalb tat, weil sie uns liebte und nicht wollte, dass das geschah. Sie stellte die Enchiladas in den Gefrierschrank und setzte sich auf den Boden zwischen Emma und Cubby. Trotz des wachsenden Tennisballs an ihrem Bein hatte Emma es sich nicht nehmen lassen, aufzustehen und Judy an der Tür zu begrüßen. Jetzt ließ sie sich wieder auf ihren Platz fallen und von Judy den Kopf kraulen.

Nachdem am nächsten Morgen alle gefrühstückt hatten und ich mit Cubby zu einem kleinen Spaziergang im Garten gewesen war, legte ich Emma die Schiene an und sicherte sie mit einer elastischen Binde.

„Darin bin ich ein echter Profi, weißt du, weil ich ja schließlich deinen Bruder schon so oft bandagiert habe!“ Ich schlang meine Arme um ihren Hals und prägte mir diesen Moment tief ein. Ich wollte mich jederzeit wieder daran erinnern können, wie sie roch und wie warm sich ihr Fell auf meiner Haut anfühlte.

Emma wandte den Kopf um und schleckte mir ganz sanft durchs Gesicht.

„Ich hab dich lieber, als du dir je wirst denken können."

Sie hob ein wenig das Kinn und ließ dann ihr fast stummes Bellen hören, das sie sich schon seit unseren ersten gemeinsamen Tagen in San Anselmo, Kalifornien, angewöhnt hatte. Ich antwortete ihr auf dieselbe Weise.

Ich hörte: *Ich hab dich lieb. Mehr als du dir je wirst denken können.*

Ich lächelte sie an und wusste, dass dies unsere letzten gemeinsamen Momente im Wohnzimmer sein würden. Ich dachte noch, was für eine sentimentale alte Spinnerin ich doch sei. Es wäre das letzte Mal, dass sie durch den Windfang ging. Ihr letzter Gang den Hügel hinunter in den Garten. Sie würde die Stufen nicht nehmen können. Seitlich über den weniger steilen Abhang zu gehen, war zwar länger, aber leichter für sie.

Als wir um die Hausecke bogen, berechnete ich jeden Schritt und führte sie mit Cubbys Gehhilfe aus Schaffell unter ihrem Bauch, damit ich sie auf jeden Fall auffangen konnte, falls sie ausrutschte oder einbrach. Ich musste ihr stärker helfen, als ich gedacht hatte, und trug einen Großteil ihres Gewichts, damit es nicht auf ihren Vorderbeinen lastete. Alle paar Schritte hielten wir an, damit sie Atem schöpfen und weitergehen konnte. Einmal blieben wir in der Nähe des alten Apfelbaums stehen. Die Blüten waren längst abgefallen und lagen noch vereinzelt auf den Wegen und im Gras. Aus dem Augenwinkel nahm ich eine Bewegung wahr. Es war eine der Schlangen aus dem Garten. Sie war gekommen, um unseren Gang zurück in den Keller zu beobachten.

„Geh weiter, Zippy. Hier gibt es nichts zu sehen." Ich nannte alle Schlangen auf meinem Grundstück Zippy.

Das Tor hatte ich bereits offen gelassen, damit ich es nicht mit einer Hand würde entriegeln müssen, sobald wir dort angekommen waren.

„Jetzt ist es nicht mehr weit, meine Liebe. Dann kannst du dich auf dem schönen weichen Teppich ausruhen, den ich dir dorthin gelegt habe. Ich hole Cubby, damit er dir Gesellschaft leistet. Wir bleiben alle bei dir da unten, damit du leichter raus und rein kommst."

Ich brauchte drei Tage, um mich mit der Tatsache abzufinden, dass es an der Zeit war loszulassen. Am 19. erreichte ich den Tierarzt, der Odie und Judy geholfen hatte. Er konnte am Montagmorgen, um 8 Uhr, zu mir kommen, um Emma einzuschläfern. Er würde anrufen, sobald er unterwegs wäre, und wenn es durch einen Notfall zu Verzögerungen käme, würde er Bescheid geben. An jenem Abend schob ich einen Fernseher an Emmas Krankenlager und kramte ein paar Filme hervor, die ich mir ansehen wollte. Ich wusste, dass ich nicht gut schlafen würde, und hielt es deshalb für eine gute Idee, meine Gedanken mit etwas zu beschäftigen, damit ich nicht immer nur an das denken musste, was gerade vor sich ging. Als die Hunde eingeschlafen waren, ging ich in die Küche. Seit dem Vortag hatte ich noch nichts gegessen. Ich heizte den Backofen vor, legte Emmas Enchiladas in eine Auflaufform und schob sie in den Ofen. Das Telefon klingelte. Es war Valerie.

Es tat mir gut, mit ihr zu reden, denn sie verfiel nicht in einen mitleidigen Ton, sondern erinnerte sich und mich an lustige Sachen, die Emma gemacht hatte. Ich musste lachen, als sie von den Schnecken anfing.

„Hey, habe ich dir das von dem Ausbildungscamp schon erzählt?“ Ich wusste, dass ich es ihr bereits erzählt hatte, aber sie bat mich, es ihr noch einmal zu erzählen. „Okay, Emma und ich belegten einen Anfängerkurs beim Volhard-Ausbildungscamp. Die Lehrerin wollte ihn für uns interessanter machen und baute deshalb ein paar Agility-Elemente ein. Sie stellte einen Tunnel auf, durch den die Hunde hindurchkriechen konnten. Alle Hunde aus dem Kurs krochen hindurch, nur Emma nicht. Wenn wir darauf zugingen, trat sie jedes Mal vor dem Eingang in den Liegestreik. Angie, die Lehrerin, hatte eine geniale Idee. ‚Kriechen Sie doch durch den Tunnel, Bethanne. So zeigen Sie ihr, wie es gemacht wird und dass es okay ist.‘ Nun gut, ich begab mich auf Knie und Hände und kroch in den Tunnel – da brach das ganze Ding über mir zusammen. Emma sah ungerührt zu, und als ich mich zu ihr umdrehte, sagte ihr Gesichtsausdruck: *Siehste, ich hab's dir doch gleich gesagt!*“

Wir lachten darüber und redeten weiter, bis ich unten hörte, dass sich etwas regte.

„Ich muss gehen. Sie hat ihre Schiene nicht an."

Später, nachdem ich zum letzten Mal mit den Hunden draußen gewesen war, nahm ich endlich die überhitzten Enchiladas aus dem Ofen, setzte mich auf die Kellertreppe und sah essenderweise Emma beim Schlafen zu. Ihre Vorderbeine hatte sie wie Schwimmflossen von sich weggestreckt, wie das Neufundländer manchmal machen. Es erinnerte mich an meine Kindheit, als ich mit meiner besten Freundin Gail in Thomas Pond wie eine Meerjungfrau geschwommen war. War ich wirklich einmal so jung gewesen?

13

Die Meerjungfrau

In jener Nacht habe ich vielleicht fünf Minuten lang die Augen zugemacht. Die meiste Zeit saß ich da und sah Emma beim Schlafen zu, jederzeit bereit, ihr zu helfen, wenn sie hinaus musste oder sich bewegen wollte. Dann blieb ich bei ihr, um sie aufzufangen, falls sie fiele oder stolperte. Der Schmerz in ihrem Bein verhinderte, dass sie länger auf einer Stelle liegen konnte. Auch Cubby schlief nicht. Er hielt die Augen fest auf seine Gefährtin gerichtet, die schon sein ganzes Leben lang bei ihm war. Wie würde das Leben ohne sie für ihn sein? Ich versuchte, nicht daran zu denken, denn wenn mir der Gedanke kam, fing ich jedes Mal an zu weinen. Ich durfte jetzt nicht weinen. Ich musste mich auf Emma konzentrieren und mit ihr die Zeit bis 8 Uhr morgens überbrücken, wenn der Tierarzt kommen wollte.

Um 7 Uhr wollte Emma raus. Ich schiente ihr Bein, legte die Gehhilfe um ihren Bauch, schnappte mir das Telefon, steckte es in meine Tasche und half ihr vorsichtig bis zur Tür und dann die paar Schritte in den Garten. Sie verlagerte das Gewicht von Bein zu Bein und versuchte, ins Gleichgewicht zu kommen, damit sie pinkeln konnte, ohne umzufallen.

„Es ist in Ordnung. Lass dir Zeit. Du bekommst das schon hin, Emma. Ich bin bei dir, meine Liebe."

Sie schaffte es, ihr Gewicht so weit auf das rechte Bein zu verlagern, dass sie in die Hocke gehen und pinkeln konnte. Der Adirondack Stuhl war nur einen guten Meter weit weg. Ich bedeutete ihr, dass wir noch ein bisschen draußen bleiben könnten. Ich setzte mich in den Sessel, und sie legte sich neben mich.

„Ich will dir nicht Lebewohl sagen, Em. Können wir nicht einfach sagen: 'Bis bald'?"

Emma seufzte und schob ihren Kopf am Boden von links nach rechts.

„Ich wünschte, wir wären schon immer zusammen gewesen und wären miteinander aufgewachsen. Die Sommer in Thomas Pond mit Gail und ihrer Mam hätten dir auch Spaß gemacht. Wir taten dann immer so, als wären wir Meerjungfrauen und schwammen mit geschlossenen Beinen, wie diese Wesen halb Fisch, halb Mensch, die wir ja auch sein wollten. Wir waren ständig nass bis auf die Knochen und haben nur gelacht. Manchmal haben wir am Landesteg geangelt, oder wir haben weiße Birkenrinde gesucht, mit der wir spielen und kleine Kanus machen konnten, die wir dann auf dem Teich schwimmen ließen. Ich glaube, am liebsten mochte ich den Glimmer in den Felsen. Wenn ich große dicke Platten fand, dann pulte ich sie entweder auseinander oder behielt sie für meine Sammlung."

Das Telefon in meiner Tasche klingelte. Es war die Tierarztpraxis.

„Es tut mir sehr leid, Bethanne. Ich weiß, wir haben gedacht, der Arzt könnte um acht bei Ihnen sein, aber in Wells hat es einen Notfall gegeben. Er glaubt, dass er stattdessen um zehn oder elf kommen kann."

„Ist gut. Daran können wir wohl einfach nichts ändern." Ich legte auf und seufzte. „Ich glaube, wir werden nochmal Lebwohl oder 'bis später' sagen, Emma. Er kommt später als wir dachten. Du musst noch ein paar Stunden durchhalten."

Ich lehnte den Kopf gegen die Rückenlehne des Stuhls und schloss die Augen. Ich muss wohl weggedöst sein, denn das Nächste, was ich hörte, war ein hoher, angsterfüllter Klageschrei. Mit einem Schlag war ich hellwach. Ich schaute zu Emma hinunter, aber sie hatte sich nicht gerührt, seit ich die Augen geschlossen hatte. Hatte ich das Geräusch geträumt? Hatte ich den Laut von mir gegeben? Hörte ich Emmas innere Stimme? Es war mir vollkommen unklar.

„Okay, mein kleines Mädchen. Gehen wir wieder hinein, damit ich das Essen vorbereiten und Cubby in den Garten lassen kann. Er ist eingepfercht und braucht ein bisschen frische Luft, und ich möchte auch ein Weilchen mit ihm reden."

Emma stand langsam auf, den Kopf tief gesenkt. Ich gab Eddy und Lucy auf der Anrichte in der Küche zu essen und brachte dann Cubby und Emma ihre Schalen hinunter. Ich stellte Emmas Schale zwischen ihre Vorderbeine, denn sie lag auf dem Boden. Mehrere Tage lang hatte sie so gegessen, aber jetzt verweigerte sie die Nahrung. Cubby schnupperte an seinem Futter, nahm aber keinen Bissen zu sich.

„Nun gut. Es kann auch euer Abendessen werden", sagte ich. Beim Reden wurde mir klar, dass ich dann nur noch einen Napf brauchen würde.

Als das Geschirr wieder versorgt war, leinte ich Cubby an, bandagierte sein Vorderbein und ging mit ihm zur Hintertür hinaus bis zum seitlichen Tor und von dort den Abhang hinauf in den Seitenteil des Gartens. In diesem Teil gab es einen kleinen Hügel, den ich mit Cubby wie eine Agility-A-Wand benutzte, damit er seine Beinmuskeln gebrauchte. Wir gingen den kleinen Hang hinauf, auf der anderen Seite wieder herunter und dann um den Hügel herum zurück zum Start und noch einmal hinauf und hinunter. Es war Cubbys Hügel. Aber heute war er nicht in Stimmung. Daher gingen wir am Rand des Grundstücks entlang und dann einen anderen Hügel hinauf.

Mein Geist war abgedriftet, aber ich nahm doch wahr, dass viel zu viele Vögel Warnrufe ausstießen. Ich kam wieder in diese Welt zurück und merkte, dass ich auf etwas getreten war. Die schrillen Schreie der Vögel wurden lauter.

„Nein!", kreischte ich. Unter meinem Fuß lag ein Vogeljunges, das seinen ersten Alleinflug unternommen hatte und auf dem Boden gelandet war. Als es hörte, dass Cubby und ich entlang der Grundstücksgrenze gegangen kamen, war es in Panik geraten und am Boden geblieben. Mit einem verdrehten Flügel rannte es nun unter meinem Fuß hervor, den Hügel hinunter und unter das nächstbeste Buschwerk, wo es aus meinem Blickfeld verschwand. Mir drehte sich der Magen um. Ich sank in die Knie und gab mir alle Mühe, Cubby zuliebe meinen Mageninhalt bei mir zu behalten. Ich blickte gerade rechtzeitig wieder auf, um von meinem Landseer mit ganzer Zunge abgeschleckt zu werden, vom Kinn bis zum Haaransatz. Ich musste kichern und lächelte.

„Was sollen wir denn jetzt machen, Cub. Jetzt sind wir bald nur noch du und ich und die Katzen – und die Murmeltiere und die Schlangen und die Mäuse und die Streifenhörnchen und die Eichhörnchen."

Wir gingen um die Biegung in den Vorgarten, durch ihn hindurch bis zum letzten Tor und dann zurück zum Ahorn mit der Sitzgelegenheit. Dort verweilten wir ein paar Minuten und machten uns dann wieder auf den Weg in den Keller. Als wir zurückkamen, stand Emma an der Tür.

„Hey, was machst du denn da? Du sollst doch nicht selber stehen. Dein Bein darf doch nicht belastet werden."

Sobald alle versorgt waren, zog ich mich auf die Liege zurück und starrte zur Decke. Meine Hand hing nach unten und konnte eben Emmas Kopf berühren.

„Du hast doch Speck so gerne." Ich wusste, dass Emma zuhörte. „Wir haben den immer als Köder an den Angelhaken gesteckt. Wir schoben ihn auf den Haken und warfen die Angelschnur dann ins seichte Wasser. Wir konnten den ganzen Tag im Schatten der riesigen Kiefern verbringen. Den Morgen mochten wir am liebsten, denn dann waren noch keine Wasserskifahrer oder Motorboote unterwegs." Ich schloss meine Augen und erzählte Emma weiter von Thomas Pond.

„Eines Morgens war ich mit Gail am Bootssteg. Sie wollte angeln, aber ich hatte Hunger und wusste, dass ihre Mutter Ruth Heidelbeer-Pfannkuchen machen würde, weil nämlich Sonntag war. Am Sonntagmorgen gab es immer Heidelbeer-Pfannkuchen mit Ahornsirup und Butter. Ruths Pfannkuchen waren so dick und locker. Ich ging auf dem Landesteg wieder zurück Richtung Haus und drehte mich noch einmal um, weil ich Gail etwas sagen wollte. Sie war in Gedanken bereits beim Angeln und warf die Schnur nach hinten. Ich schnappte nach Luft, als ich den Stich spürte. Gails Angelschnur hing mir vom Gesicht. Sie hatte mich aufgespießt, und der Haken ging ganz durch. Sie sah, dass das Ende aus meiner rechten Wange herausschaute.

Gail schrie: ‚Halt still!' Als mir klar wurde, was passiert war, versuchte ich, nicht zu weinen, aber die Tränen stiegen mir in die Augen. Ich hatte einen Angelhaken in der Backe! Gail legte die Rute so vorsichtig wie möglich ab, damit ja nichts am Haken riss, und sah sich meine Backe an. Ich sollte mich nicht vom Fleck rühren, während sie zum Haus lief und ihre Mutter holte. Sie kam mit einer Schere und schnitt zunächst den Speck ab, der noch vom Haken baumelte, und dann die Angelschnur. Wir marschierten alle miteinander in die Küche, während Ruth überlegte, was zu tun war.

Sie rief die Frau an, die ihr das Haus den Sommer über vermietet hatte. Die Vermieterin sagte ihr, dass nächste Krankenhaus sei erst in Portland. Das war weit weg. Wir waren in South Casco, und dort gab es in den sechziger Jahren noch kein Krankenhaus. Da es Sonntag war, hatten alle Arztpraxen geschlossen, außer einer. Der Tierarzt war da. An ihn wandte man sich in Notfällen. Ruth rief ihn an, und er beschrieb ihr den Weg zu seiner Praxis.

Ich erinnere mich noch genau, was für ein lieber Mensch er war. Er legte mir die Hand unters Kinn, hob es an, besah sich den Schaden und sagte, es sähe gar nicht so schlimm aus. Er holte Drahtschneider und sterilisierte sie im Dampfkochtopf. Dann rieb er meine Backe mit einem Desinfektionsmittel ab, schnitt das Ende mit den Widerhaken ab und zog den Haken langsam heraus. Dabei habe ich die ganze Zeit geweint. Ich erinnere mich, wie er mir vom Tisch half. Es war mir peinlich, ihn anzusehen, weil ich die ganze Zeit geweint hatte. Das war gar nicht tapfer von mir. Ich lachte ein wenig. Dann nahm ich meinen ganzen Mut zusammen und sagte ihm ganz ohne Ruths Aufforderung Dankeschön. Aus dem Augenwinkel sah ich, dass er lächelte. Das gab mir den Mut, ihn anzusehen. Er nahm mein Kinn noch einmal in die Hand und lächelte mich einfach nur an. Ich hatte zwei kleine Stichwunden, aber weil es ein neuer Haken gewesen war, glaubte er, dass alles gut verheilen müsste. Danach gingen wir ein Eis essen, und Ruth sagte, weil ich so ein tapferes und artiges Mädchen gewesen sei und mich unaufgefordert beim Tierarzt bedankt habe, dürfte ich mir ein Spielzeug aus dem Five-and-Dime aussuchen. Ich entschied mich für ein ‚Malen nach Zahlen'-Motiv, auch wenn Ruth fand, dass das zu schwer für mich sei. Aber ich wollte es, und sie kaufte es mir gern."

Ich setzte mich auf und drehte mich um, so dass ich mich gegen den Rücken der Liege lehnen konnte, kuschelte mir ein Kissen vor den Bauch und dachte an das Vogeljunge im Garten.

„Weißt du, was mich so traurig macht, Emma? In den Sechzigern gab es in Maine einen Tierarzt am Ort, der mich an einem Sonntag gerettet hat, und zwar gern. Heute kann ich noch nicht einmal in der nächsten Stadt einen Arzt in einer Großtierpraxis mit einem tragbaren Röntgengerät finden, der zu dir kommt, und das bloß, weil du kein Rind bist. Was ist bloß mit den Leuten los?"

Ich beschloss, mich zur Hintertür hinauszuschleichen und nachzusehen, ob ich das Vögelchen finden konnte. Ich dachte daran, Valerie anzurufen und sie zu fragen, was ich tun sollte, aber ich wusste, sie würde mich bloß für einen Kindskopf halten. Es gelang mir, die Tür hinter mir zu schließen, ohne die Patientin zu stören. Ich ging in den seitlichen Garten, wo mich sofort etliche Vögel ausschimpften.

„Es tut mir leid. Ich habe es nicht mit Absicht gemacht; es ist einfach passiert. In Gedanken bin ich ganz woanders. Es tut mir wirklich sehr leid."

Ich wanderte hinunter zum Apfelbaum, schloss die Augen und sah, dass das Vogeljunge ganz in der Nähe war. Ich öffnete die Augen wieder und suchte mit meinem Blick das Terrain ab. In der Ecke des Zauns beim Wildblumenfeld bewegte sich etwas. Es war das Vögelchen, aber er war auf der Außenseite des Zauns, wo es nicht im hohen Gras verschwinden konnte, wenn ich näher kam.

„Ich habe nicht die leiseste Ahnung, kleiner Kerl. Ich habe keinen blassen Schimmer, was ich für dich tun kann. Ich muss auf

Emma aufpassen.“ Der Vogel ging im Kreis, lief dann los wie ein Rennkuckuck und verschwand im Gebüsch.

Ich ging wieder ins Haus zurück und rief beim Tierarzt an.

„Haben Sie etwas gehört, wann er kommen kann?“

„Oh Bethanne, ich wollte Sie eben anrufen. Der Doktor hat noch einen Notfall und kann nicht direkt zu Ihnen kommen. Er glaubt, er schafft es frühestens um 16 Uhr. Ist das für Sie in Ordnung, oder möchten Sie den Termin absagen?“

Ich zählte erst stumm bis zehn, um nicht gar zu grob zu werden. „Nein, ich kann den Termin nicht absagen. Meine Hündin hat schreckliche Schmerzen – schreckliche, fürchterliche, gemeine Schmerzen, die weder Sie noch ich uns vorstellen können. Ich verstehe, dass sie kein lukrativer Fall ist, weil sie sterben muss, aber ich glaube, dass man auch ihre Schmerzen berücksichtigen muss. 16 Uhr ist absolut *nicht* in Ordnung, aber wir sind einverstanden, weil uns ja gar nichts anderes übrig bleibt.“

Ich ging wieder die Kellertreppe hinunter und blieb stehen, um Emma anzusehen, die sich, während ich draußen war, an den Fuß der Treppe geschoben hatte. Ich versuchte, sie in mich aufzunehmen, aber mir wurde klar, dass ich dazu all die Jahre Zeit gehabt hatte und es heute, an ihrem letzten Tag, einfach unmöglich war. Ihre Lebensqualität war dahin. Jetzt hieß es nur noch Warten.

Ich setzte mich auf die drittunterste Stufe. Ich sah, dass sie wach war, und versuchte, ihre Beschwerden vor mir zu verbergen. Ich ging zum Ofen hinüber und schien einen Moment lang abzudriften.

„Huh“, ich spürte es deutlich. „Gerade wird jemand geboren. Du gehst und jemand anderer kommt. Ja, ich bin mir ganz sicher. Und es ist jemand, den wir kennenlernen werden. Ich weiß nicht, wer es ist, und ich weiß nicht, wann wir sie kennenlernen, aber sie wird gerade geboren. Heute. In diesem Moment.“

Ich setzte mich neben Emma auf den Boden. Ich wusste, dass sie eigentlich nicht gestreichelt werden wollte. Berührung war in Ordnung, aber sie hatte Schmerzen und Fieber, und Streicheln tat eher weh als gut. Ich saß neben ihr und zog die Knie zur Brust, umschloss sie mit den Armen und legte das Kinn darauf.

Es wurde 16 Uhr – aber kein Tierarzt kam. Jetzt versprach er, etwa um 20 Uhr zu kommen. Ich konnte etwa eine halbe Stunde lang schlafen und ging dann mit Cubby kurz nach draußen. Wir gingen langsam um das eingefriedete Stück Land herum, und am Zaun hörte ich ein Rascheln. Ich stellte mir vor, dass es der kleine Vogel war, der immer noch ins Gebüsch hinein und wieder heraus rannte. Ich versuchte, nicht an ihn zu denken, denn ich wusste, dass er mit seinem verdrehten Flügel, mit dem er nur auf dem Gras oder in den Feldern herumrennen konnte, nicht lange überleben würde.

Wieder drinnen, versuchte ich, Emma dazu zu bringen, dass sie etwas aß. Sie schaffte ein bisschen von ihrem unangerührten Frühstück. Am Nachmittag ging es ihr anscheinend noch schlechter, sie stand auf, ging ein paar Schritte und brach dann auf dem Boden zusammen. Doch selbst wenn sie am Boden lag, kroch sie fahrig nach rechts und links und stöhnte.

Ich füllte eine Ladung Wäsche in die Maschine, setzte mich auf die Treppe und beobachtete sie. Ich wollte, dass sie endlich nicht mehr leiden musste, zugleich aber sehnte ich mich nach jeder Minute mit ihr. Ich wollte, dass sie noch so lange wie möglich bei mir bliebe, lebendig und an meiner Seite.

Ich ging ins Badezimmer und schloss die Tür hinter mir. Ich wollte nicht, dass Eddy hereinkäme und unbedingt auf meinem Schoß sitzen wollte. Nur einen Augenblick lang wollte ich allein sein. Ich zog den Vorhang beiseite und schaute in den Garten hinaus.

„Ich glaube, ich spinne!“ Da draußen im Garten rannte das Vogeljunge mit dem verdrehten Flügel umher wie ein Rennkuckuck und raste auf die Fichte zu. Aus dem Nichts tauchten zwei große Flügel auf, strichen über das Vögelchen, hoben es in die Luft und verschwanden dann so schnell, wie sie gekommen waren. Nur einen kurzen Augenblick lang konnte ich von hinten rote Schwanzfedern erkennen, dann war er außer Sicht. Verblüfft über den plötzlichen Angriff des Bussards schnappte ich nach Luft. Der Tod, so dachte ich, kommt dreifach. Emma, das Vogeljunge und noch jemand war an diesem Tag gestorben – ich war mir nicht sicher, wer, aber ich wusste, dass ich es bald erfahren würde.

Um 18 Uhr an jenem Abend legte ich Emma noch einmal ihr Frühstück vor, um zu sehen, ob sie etwas essen würde. Erleichtert stellte ich fest, dass sie alles aufaß. Cubby tat es ihr nach, was mir einen Moment Ruhe verschaffte. Cubby aß immer dann, wenn Emma auch aß. Und was würde aus seinen Knochen? Immer wenn die beiden Knochen zum Knabbern hatten, nagte Emma Cubbys Knochen für ihn vor, weil er weichere Zähne hatte und es ihm schwerfiel, sich einen zurecht zu kauen. Emma fing dann an einem Knochen an, hielt inne und bellte Cubby zu. Dieser stand auf, und sie tauschten die Plätze. Etwa alle zehn Minuten spielten sie „Reise nach Jerusalem" mit Knochen und tauschten die Plätze. Ich vertauschte die Knochen. Emma fand das ziemlich witzig. Aber was würde er jetzt tun, wenn er alleine wäre? Ich hatte nicht vor, ihm selber einen Knochen weich zu kauen.

In der Einfahrt hörte ich einen Wagen. Es war viertel vor acht. Ich sah den jungen Tierarzt zum ersten Mal. Er war puterrot im Gesicht.

„Es tut mir so leid. Es war ein Tag mit einem Notfall nach dem anderen. Ich hatte keine Ahnung, und ich weiß nie, was der Tag bringt."

„Aber jetzt sind Sie ja da." Ich streckte ihm die Hand zur Begrüßung entgegen. Seine Hände waren kalt. „Gehen wir hier herum", sagte ich und deutete zum seitlichen Tor. „Ich habe meinen anderen Hund nach oben gebracht, damit wir uns nicht auch noch mit seiner Aufregung befassen müssen. Ich bringe ihn später wieder hinunter, damit er selber sehen kann, dass sie hinübergegangen ist."

Ich öffnete das Tor und bedeutete ihm, zuerst durchzugehen.

„Danke."

Als er die Tür öffnete, stand Emma instinktiv auf, um den Tierarzt zu begrüßen. Ihr Schwanz wedelte, als er ihr seine Hand zum Beschnuppern hinstreckte. Dann tätschelte er ihr den Kopf.

„Sie ist sehr schön."

„Ja, da kann ich Ihnen nicht widersprechen."

Wir machten es ihr auf der Matratze bequem.

„Sie wissen, dass sie alles von sich lassen, wenn sie sterben. Möchten Sie ihr etwas unterlegen?"

„Nein. Es ist wichtiger, dass sie es bequem hat. Ich will sie nicht herumwuchten, nur damit eine alte Matratze keine Flecken bekommt. Sie wird danach weggeworfen. Ich möchte sie dann nicht mehr sehen."

Ich achtete mehr auf Emma als auf den Tierarzt und merkte nicht, dass er kein Sedativum verabreichte. Er bereitete die Anästhesie vor, eine große Spritze mit einer rosafarbenen Flüssigkeit. Ich weiß nicht, warum ich es nicht gemerkt habe. Es wäre mir lieber gewesen, sie hätte zuerst etwas zur Beruhigung bekommen, aber es war mir einfach entgangen.

„Brauchen Sie noch etwas Zeit, um sich zu verabschieden?"

Ich lächelte, und Tränen tropften mir vom Gesicht. „Wir verabschieden uns schon den ganzen Tag lang." Ich beugte mich hinunter, um ihr meine Hand auf die Schulter zu legen, und als er die Spritzennadel in sie einführte, warf sie den Kopf herum und sah ihn scharf an. Danach sank ihr Kopf langsam auf die Matratze, und ich flüsterte ihr ins Ohr: „Geh dieses Mal durch den Tunnel, Emma Großer Hund."

Ich sah sie im Licht, und am Ende des Tunnels saß ein Deutscher Schäferhund und wartete auf sie. Ich schaute nicht genau hin, wer es war. Ich nahm an, es sei ein Hund aus meiner Kindheit. Später erfuhr ich, dass Wendys Schäferhund Katerina am selben Tag um acht Uhr morgens gestorben war, um dieselbe Zeit also, in der der Tierarzt eigentlich wegen Emma hätte zu uns kommen sollen.

„Diesen Tag haben wir jetzt für immer gemeinsam", sagte Wendy.

„So ist es."

In jener Nacht konnte ich nicht schlafen. Ich ging hinaus in die Dunkelheit und saß mit einem Glas Rotwein auf der vorderen Treppe. Ich nippte daran und schaute in den Nachthimmel. Es fühlte sich an, als säße jemand neben mir. Ich hatte keinerlei Angst, nur das Gefühl, nicht allein zu sein. Als ich mich umdrehte, um nachzusehen, erhaschte ich mit meinem Dritten Auge einen kurzen Blick auf jemanden, einen Mann mit langem, glänzendem schwarzen Haar. Es war nur ein kurzer Moment, aber ich spürte, dass ich diese Seele kannte.

14

Der Sommer des Plattfuß-Soldaten

Am nächsten Morgen brachte ich mein Mädchen unter die Erde und rief dann ihre Züchterin an, die Frau, die sie an Alice verkauft hatte. Wir waren kurz ins Gespräch gekommen, nachdem ich Emma gekauft hatte, und dann in Kontakt geblieben, bis Emma etwa anderthalb Jahre alt war. Bis jetzt war ich nicht auf den Gedanken gekommen, sie wieder anzurufen. Ich stand auf der Veranda, schaute über das Wildblumenfeld und erzählte ihr von Emmas schwerer Leberfunktionsstörung und davon, wie ich Wendy Volhard gefunden und der Zustand der Hunde sich durch eine natürliche Ernährung und Homöopathie verbessert hatte. Ich berichtete ihr von unserem Umzug nach Vermont und Emmas Verwandlung zu einem liebevollen Hund, nachdem sie zuvor so aggressiv gewesen war. Ich erzählte ihr, dass sie nach der Impfung Knochenkrebs bekommen hatte, am Vorabend eingeschläfert und an jenem Morgen beerdigt worden war.

Die Züchterin hörte mir zu und erzählte dann, dass der Welpe aus Emmas Wurf, den sie behalten hatte, wegen Aggressionen hatte eingeschläfert werden müssen. Ja, der ganze Wurf musste, einer nach dem anderen, wegen Aggressivität eingeschläfert werden, bevor die Hunde zwei Jahre alt waren.

„Ist das Ihr Ernst? Und Emma hat ihre Aggressionen überwunden."

„Ach, jetzt weiß ich, wer Sie sind. Sie sind diejenige, die sich wider alle Vernunft in diesen ganzen Hokuspokus gestürzt hat."

„Wenn Sie damit ganzheitliche Medizin meinen, dann ja, das

habe ich. Und schauen Sie, was es mir gebracht hat. Immerhin ist Emma acht Jahre alt geworden. Eigentlich war ich darüber ganz unglücklich, bis ich mit Ihnen gesprochen habe. Aber jetzt wird mir klar, dass ich bei ihr viel erreicht habe, und vielleicht kann ich bei Cubby noch mehr erreichen, und beim Nächsten noch mehr und immer so weiter."

Ich wusste, dass ich sie damit in Verlegenheit brachte, denn immerhin hatte sie Mitgefühl mit meinem Verlust. Aber ich konnte einfach nicht anders. Die steinerne Fassade, die ich mir über viele Jahre mühsam aufgebaut hatte, fiel langsam in sich zusammen. Es gab für mich keinen Grund mehr, mir x-Mal zu überlegen, was ich wem wie sagte. Wir verabschiedeten uns, und ich legte auf.

„Weißt du, Sophie", sagte ich mit einem halben Lächeln, „vielleicht habe ich das ja alles ganz falsch verstanden. Vielleicht hätte ich mir gar keine Vorwürfe machen sollen, weil du gestorben bist und dass es so weit kommen konnte. Vielleicht sollte ich es vielmehr mit Ehrfurcht betrachten und erkennen, wohin es mich gebracht hat. Womöglich ist das der Weg, den ich gehen muss. Und vielleicht muss ich dabei sogar die Machete zücken und mir den Pfad erst bahnen."

Draußen, an der Grundstücksgrenze, bei dem Ahorn mit den kurzen Ästen, landete der Rotschwanzbussard. Obwohl recht weit außerhalb seines Blickfelds, schmunzelte ich und lächelte ihn an.

„Hallo, Roter. Kommst du heute zum Mausen? Du bist immer willkommen, jederzeit. Würde dich gerne mal aus der Nähe sehen. Ich wette, du bist eine echte Augenweide."

Ich spürte eine intensive Ruhe aus seiner Richtung und schloss die Augen.

„Sophie und Emma, ich verspreche euch, ich werde euch immer in Ehren halten, solange ich lebe. Ich verspreche, aus allem zu lernen, was wir miteinander durchgemacht haben, und im Einklang damit zu leben. Ich verspreche, immer mehr zu lernen und weiterzugeben, was weitergegeben werden soll. Ich verspreche, die beste Bethanne zu werden, die ich sein kann. Jeden Tag werde ich in jeder Hinsicht ein bisschen mehr die echte Bethanne."

Ich öffnete die Augen. Ich wusste, dass ich jetzt an dem Punkt angekommen war, an dem ich akzeptieren und im Einklang damit leben musste, wer ich war und was ich konnte.

Den ganzen Tag lang flüsterte ich mir immer wieder zu: „Jeden Tag werde ich in jeder Hinsicht ein bisschen mehr die echte Bethanne. Jeden Tag werde ich in jeder Hinsicht ein bisschen mehr die echte Bethanne."

Als ich am Nachmittag an Emmas Grab saß, fiel es mir zum ersten Mal wie Schuppen von den Augen: Es war nicht in Ordnung, wenn ich mir die Schuld an Sophies Tod oder Emmas Leiden gab, denn damit war nichts gewonnen. Stattdessen gelobte ich, beiden zu zeigen, was mir ihr Leben bedeutete, indem ich gut lebte und die Freude wiederentdeckte. Ich wollte Wendys Mantra in meinem Leben umsetzen: „Sage mir nicht, was ich nicht kann, sondern zeige mir, was ich kann.". Der Gedanke grub sich tief in mein Herz, und plötzlich roch ich einen vertrauten Duft. Ich brauchte einen Moment, bis ich erkannte, dass es der Pfeifentabak meines Vaters war. Von Zeit zu Zeit spürte ich seine Energie in meiner Nähe, besonders wenn ich mich innerlich leer fühlte. Mein Vater war ein Mann, der jede Spinne, die er im Haus entdeckte, nach draußen trug und ihr alles Gute wünschte.

Um 16 Uhr war ich einer Ohnmacht nahe. Ich schlief mehrere Stunden lang und ging dann mit Cubby raus. Er war sehr still und wollte nicht essen. In ein paar Tagen hatten wir unseren Termin für den Gipsandruck von seinem Bein. Ich wusste, dass es uns beiden gut tun würde, wenn wir aus dem Haus kommen und Hannah in Woodstock besuchen könnten. Allerdings wäre es ein seltsames Gefühl, allein mit Cubby im Auto zu fahren, ohne dass Emma sich zwischen die Sitze klemmte.

Auf der Fahrt den Berg hinauf nach Woodstock ging immer wieder das Warnsignal im Auto an und wies mich darauf hin, dass die Seitentür offen war. Ich stieg aus, öffnete die Schiebetür und warf sie mit Schwung wieder zu. Ein paar Minuten später ging das Signal wieder los, blieb dann aber etwa eine halbe Stunde lang still. Dann passierte es erneut. Ich ließ es bimmeln und hatte ein Auge auf Cubby, denn ich fürchtete mich davor, dass die Tür plötzlich aufgehen und er ins Universum hinausgesaugt werden könnte.

Als wir in der Tierarztpraxis ankamen, mussten wir nicht warten, bis wir dran waren, sondern wurden gleich ins richtige Untersuchungszimmer geführt. Ich holte den 90 x 150 cm großen Orientteppich herein, auf dem Cubby liegen sollte. Es war mir egal, ob er Flecken von dem Abdruckmaterial bekommen würde; wichtiger war, dass mein Landseer es einigermaßen bequem hatte, wenn an seinem Bein herumgerissen wurde. Cubby legte sich auf den Teppich, während Hannah und ihre Helferin alles vorbereiteten.

Bis es geschafft war, hatten wir drei alle Hände voll zu tun. Ich blieb bei Cubbys Kopf, redete mit ihm und hielt ihn so ruhig wie möglich. Zuerst schnitt Hannah das Fell an seinen Beinen, das an manchen Stellen gute 20 cm lang war. Sie meinte, es ginge vielleicht, wenn nur die längsten Stellen gekürzt würden, aber ich fand, es wäre bestimmt einfacher, wenn es rund herum abgeschnitten würde. Dann hielt die Tierarzthelferin Cubbys Bein in der gewünschten Position fest, und Hannah begann mit dem Abdruck. Sie legte eine Stockinette, einen Schlauch aus Baumwolltrikot, an, darüber zog sie einen Gummischlauch und umwickelte ihn mit einem Fiberglasverband. Es wurde ein Abdruck von der gesamten Länge des Beins gemacht, von der Pfotenspitze bis hinauf zur Schulter. Die Helferin musste in ihrer Haltung verharren, bis das Abdruckmaterial ausgehärtet war. Als es fest war, konnte sie ihre Arme ein paar Minuten lang entspannen, bis Hannah den Abdruck aufsägte und ihn in zwei Hälften abnahm. Die beiden Hälften wurden dann mit Isolierband wieder zusammengefügt, verpackt und per Express an den Orthopädie-Techniker geschickt. Er würde eine leichte Polyäthylen-Schiene aus Schaumstoff und Gelenken aus Leichtmetall anfertigen. Anfang Juni sollte die bewegliche Schiene fertig sein.

Auf der Rückfahrt schien sich die Tür zunächst benehmen zu wollen und löste keinen Alarm aus, bis wir fast zu Hause waren. Doch etwa dreißig Kilometer davor musste ich aussteigen, nach weiteren fünfzehn Kilometern wieder und noch einmal auf der Straße zu unserem Haus.

Trotz meines Schwurs an Sophie, Emma und mich selbst fühlte ich mich, als fiele ich in ein tiefes Loch und wollte nie wieder daraus hervorkriechen. Jeden Morgen stand ich auf, ging mit Cubby kurz vor die Tür und in den Garten, blieb dabei aber dicht beim Haus, kehrte wieder zurück, machte uns etwas zu essen, legte mich aufs Sofa, weinte und schlief ein. Die Bestellungen für Barking Bear blieben unerledigt liegen. Schließlich schleppte ich mich ins Atelier, schlechten Gewissens, weil ich Cubby im Wohnzimmer und Eddy und Lucy irgendwo anders im Haus ebenfalls schlafend allein ließ. Wir schliefen jeden Morgen bis nach 10 Uhr und machten auch am Nachmittag ein mehrstündiges Nickerchen. Ich verspürte keinerlei Verlangen, aufzustehen und aktiv zu sein. Schlafen hatte oberste Priorität.

Die Schiene kam mit der Post. Ich öffnete das Paket und schaute sie stundenlang an – so kam es mir zumindest vor. Dann setzte ich mich hin und legte die Schiene auf meinen Schoß. Ich zögerte, sie Cubby anzulegen. Was, wenn sie nicht funktionierte? Nein. Mit diesem Denken musste Schluss sein! Ich ging zu Cubby, der an seinen Platz lag. Er setzte sich auf, stupfte seine Nase gegen die Schiene und schlug zwei Mal mit dem Schwanz auf.

„Wuu-wuu." *Für mich*, stellte er fest.

„Ja, für dich, mein Kleiner. Schauen wir mal, wie das geht." Ich löste die beiden Klettverschlüsse und klappte das obere Stück nach hinten. Dann nahm ich die Schiene und steckte Cubbys Bein hinein, während er noch lag, hielt dann aber inne.

„Weißt du … vielleicht solltest du sitzen?" Ich schaute wieder die Schiene an. „Nein, machen wir weiter und schauen, ob das so klappt."

Ich zurrte sie fest und schloss erst ein Klettband, dann das zweite. Sie schien sicher zu sitzen.

„Okay, Cubby, auf!"

Zunächst etwas unsicher, aber wie immer mit großem Eifer, jeden meiner Wünsche zu erfüllen und meine Kommandos zu befolgen, stand Cubby auf. Das geschiente Bein setzte er so vorsichtig er nur konnte ab. Er kam sich damit wohl noch etwas unbeholfen vor. Wir gingen im Flur auf und ab. Der untere Schienenrand klackte laut auf dem Boden. Cubby versuchte, sich gleichmäßig zu bewegen und an den neuen Zusatz an seinem Bein zu gewöhnen. Zunächst ging ich neben ihm, dann ließ ich ihn alleine auf und ab gehen. Auch wenn es nicht ganz richtig schien, wie die Schiene auf dem Boden aufstieß, gingen wir durch den Windfang in den Vorgarten, von dort zum Holzapfelbaum und wieder zurück. Wieder im Haus, löste ich die Schiene, wobei Cubby mir aufmerksam zusah. Als ich schließlich die Schiene in der Hand hatte, beugte er sich vor und schleckte mir übers Gesicht, ein großer herzhafter Schleck von der Kinnspitze bis zum Haaransatz. Er brachte mich zum Lachen, setzte mit Karacho sein Vorderbein auf und gab ein lautes Wuuu-Wuuu von sich.

„Ich bin so stolz auf dich!" Ich schlang meine Arme um seinen langhaarigen Hals und grub mein Gesicht in sein Fell. Am liebsten hätte ich nie mehr daraus aufgeschaut und wäre einfach mit meinem Jungen in der Geborgenheit unseres Wohnzimmers geblieben.

Ich rief den Orthopädie-Techniker an, und er meinte, ich solle die Schiene an der Stelle markieren, wo sie meiner Meinung nach gekürzt werden sollte, damit sie nicht so hart auf dem Boden aufschlug. Er wies mich darauf hin, dass sie durchaus ein wenig aufstoßen sollte, aber wenn ich das Gefühl hätte, dass es zu viel sei, sollte ich mit einem roten Stift eine Markierung anbringen und ihm die Schiene zurücksenden. Er würde sie dann kürzen und so schnell als möglich zurückschicken. Noch am selben Nachmittag sandte ich ihm die Schiene zu.

Dieses Spiel wiederholten wir drei Mal. Jedes Mal hatte ich das Gefühl, dass die Schiene noch zu stark aufstieß, und schickte sie wieder zurück. Beim letzten Mal stieß sie überhaupt nicht mehr auf, verdrehte sich aber während des Tragens. Cubby und ich mussten stehen bleiben und sie abnehmen. Die Schiene war ein Fehlschlag. Wir gingen wieder zu der elastischen Bandage über, die ihn zwar nicht stützte, aber doch das das Beste war, was ich für ihn tun konnte, zumindest bis mir etwas anderes einfiele.

Nach Emmas Tod hatte Cubby seine unbeschwerte Fröhlichkeit verloren. Er ließ den Kopf hängen und seufzte jedes Mal, wenn er durch die Glasschiebetür schaute. Zweifellos dachte er daran, als er noch draußen im Garten sein und Emma dabei zusehen konnte, wenn sie mit erhobenem Kopf und der Witterung von Rehen in der Nase am Zaun auf und ab rannte.

Montagmorgen um sieben klingelte das Telefon. Mir war klar, dass das niemand sein konnte, der mich gut kannte. Meine Freunde wussten, dass sie mich am Morgen nicht plagen durften. Das Telefon stand nicht im Schlafzimmer, daher stolperte ich hinunter ins Wohnzimmer und nahm beim vierten Klingeln ab.

„Haben Sie ein Kätzchen verloren?", fragte eine Stimme.

„Hallo, wer ist denn da?"

„Ich bin ihre Nachbarin ein paar Häuser weiter. Meine Tochter hat ein junges Kätzchen gefunden, und ich frage jetzt herum, ob es jemandem gehört oder ausgesetzt worden ist."

„Nein, ich habe kein junges Kätzchen. Aber wenn Sie jemanden suchen, der sie aufnehmen kann, dann lassen Sie es mich wissen." Ich legte auf und ging wieder ins Bett.

Um zehn Uhr standen wir schließlich auf. Ich schaute auf den Kalender. Es war jetzt vier Wochen her, dass Emma gestorben war. Ich legte Cubby seine Bandage um und ging dann mit ihm in den Vorgarten. Stumm brachten wir das Frühstück hinter uns. Ich machte mir eine zweite Tasse Kaffee und war gerade dabei, einen Teelöffel Honig hineinzurühren, als es an der Tür klingelte.

Davor stand eine Frau, die ich nicht kannte.

„Ja, bitte?"

„Möchten Sie das Kätzchen immer noch?"

„Hm?"

„Sie haben doch gesagt, Sie würden das Kätzchen nehmen?"

Hatte ich das wirklich? Vage erinnerte ich mich an das Telefonat im Halbschlaf. „Okay."

Sie ging zu ihrem blauen Kleinlaster, und ein Mädchen reichte ihr einen fünfzehn Zentimeter hohen Blumentopf. Darin lag, zu einer Kugel zusammengerollt und in tiefem Schlaf, eine Blue-Point-Siamkatze.

„Sie ist vier Wochen alt, so weit wir das sagen können."

„Okay."

„Ich war mit den Vorbesitzern befreundet." Damit meinte sie das Paar, das mir das Haus verkauft hatte.

„Oh, dann fehlen sie Ihnen sicher." Meinte ich und wusste nicht so recht, was ich sagen sollte. Ich hob das schlafende Kätzchen aus dem Blumentopf. Sie war so winzig, und ihre Augen zeigten Anzeichen einer Bindehautentzündung. Ich entdeckte einen Floh in ihrem Fell und dachte mir, es sei wohl das Beste, ich brächte sie nach oben ins Mansardenzimmer, weg von allen anderen, säuberte sie mit dem Flohkamm und untersuchte sie gründlich, bevor ich Eddy und Lucy in ihre Nähe ließe.

Das Kätzchen hieß Ming. Sie war diejenige, die am selben Tag geboren wurde, an dem Emma gestorben war. Ich stellte eine Katzenkiste im Mansardenzimmer auf und gab ihr Pulsatilla C30, kämmte sie mit dem Flohkamm und richtete ihr die Kiste mit ein paar alten Flanellhemden ohne Knöpfe ein. Sie versteckte sich unter einer Kommode, kam aber hervor, nachdem ich ein Weilchen auf dem Boden gesessen hatte. Ein paar Tage später stellte ich sie Eddy vor. Sie machte einen Buckel, sprang drei Mal in die Luft und spuckte ihn an. Er sah wütend aus, blieb aber einfach liegen und zuckte mit dem Schwanz. Jeden Tag verwandte ich etwas Zeit darauf, die beiden aneinander zu gewöhnen. Ich traute Eddy nicht und wollte ihn mit dem Kätzchen nicht alleine lassen, denn er konnte ziemlich grob sein. Manchmal wartete er im Flur darauf, dass Lucy vorbeispaziert kam, sprang sie an, packte sie am Nacken und verpasste ihr einen kräftigen Tritt mit den Hinterläufen. Sie kreischte dann so laut sie konnte, damit ich nur ja schleunigst angesegelt kam, um sie zu retten. Wenn ich weg war und wieder nach Hause kam, fand ich manchmal Büschel ihres Fells im Flur. Das konnte nur Eddys Werk gewesen sein. Er bekam oft Ärger mit mir.

Etwa zehn Tage später gingen Cubby und ich schon frühmorgens raus. Es sollte ein recht warmer Tag werden, und ich wollte die Morgenkühle nutzen, solange wir konnten. Als wir durch den Windfang wieder zurück ins Haus kamen, fiel mir im Fenster zur Veranda etwas ins Auge. Ich sah, wie die grauweiße Katze vom

Geländer sprang. Cubby und ich gingen zum Fenster – und da, auf der Veranda, waren die grauweiße-Katze und zwei Kätzchen. Das eine war schwarzweiß mit einem umgekehrten schwarzen Herz auf der Nase. Sie war das Kleinste. Neben ihr lag ein weiß-silbernes Tigerchen. Cubby konnte sie von seinem Standpunkt aus nicht sehen. Leicht schockiert blieb ich stehen und beobachtete sie. Das also hat die graue Katze hier gemacht. Unter meiner Veranda hat sie Babys bekommen.

Ich versorgte Cubby drinnen, kam dann wieder nach draußen und öffnete vorsichtig die Verandatür. Im selben Moment stoben die Kätzchen und ihre Mutter in alle Richtungen davon und flüchteten unter die Veranda. Später hielt ich mich draußen beim Ahornbaum auf. Als ich ums Haus herumkam, spielten die Kätzchen auf der Veranda. Ich ging nahe genug heran, dass ich sie sehen konnte, blieb dabei aber weit genug weg, um sie nicht zu erschrecken. Jeden Morgen nach dem Frühstück, wenn Cubby es sich drinnen hinter der Glasschiebetür gemütlich gemacht hatte, schlich ich mich hinters Haus, setzte mich auf die Veranda und wartete, ob die Kätzchen kämen. Die kleine Schwarzweiße streckte das Näschen unter der Veranda hervor. Sie sah mich, aber auf den Stufen spielte die leichte Sommerbrise auch mit einem Fetzchen Papier. Das war einfach viel zu verlockend, als dass man ihm nicht hätte nachjagen müssen. Sie sprang danach, hüpfte dann erneut kerzengerade in die Luft, als habe sie sich erschrocken, und schoss zurück unter die Veranda. Abwechselnd starteten die beiden Kätzchen ihre Angriffe auf das Papier.

Wenn ich so dasaß und sie beobachtete, mich köstlich unterhalten fühlte und völlig in ihren Spielereien versinken konnte, dann vergaß ich jegliche Arbeit. Ich überlegte mir Namen für die Neuankömmlinge. Da die kleine Schwarzweiße zierlicher war, nahm ich an, es sei ein Mädchen, um aber für den Fall der Fälle, dass ich mich irrte, nichts falsch zu machen, nannte ich sie Sammy. Die größere der beiden wirkte sehr weiblich, aber stattlich, deshalb nannte ich ihn Sidney, als Kurzform von Siddhartha. Ein paar Wochen später kamen die Landschaftsgärtner und mähten mein

Feld. Die Mutterkatze und ihre beiden Kleinen rannten davon in den baumbestandenen Bereich zwischen meinem Land und dem hundert Jahre alten Nachbarhaus. Von da an kamen sie nicht mehr auf die Veranda, sondern schienen ein Plätzchen unter den Bäumen gefunden zu haben. Ich sah sie ein, zwei Mal, wenn ich mit Cubby am Gemüsegarten entlangging, wo er gerne stehen blieb und etwas pflückte, was wir miteinander essen konnten. Cubby mochte Radieschen und Kopfsalat.

Judy Lake rief immer wieder an, lud mich zum Mittag- oder Abendessen oder ins Kino ein. Schließlich sagte ich für einen Mädels-Abend zu. Wir wollten zuerst im Dorset Inn zu Abend essen und dann ein Schauspiel im Theater ansehen. Ich traf mich mit Judy und zwei Freundinnen von ihr im Restaurant. Eigentlich war mir so kurz nach Emmas Tod noch gar nicht danach zumute, unter Menschen zu gehen.

Ich konnte mich überhaupt nicht auf das Stück konzentrieren. Es war eine Komödie. Wir saßen im Parkett, etwa in der Mitte. Judy zeigte mir einen Bekannten in der Reihe vor uns.

„In der Pause mache ich euch miteinander bekannt."

Mürrisch verzog ich im Dunkeln das Gesicht, tröstete mich aber damit, dass ich ja bald nach Hause gehen konnte.

Er hieß Gregory. Er war groß und schlank und hatte die Augen eines Mannes, der zu oft und zu lange in der Sonne war; der zu viel Kaffee und nicht annähernd genug Wasser trank. Er wirkte, als müsse er vor lauter Dehydrierung gleich umkippen, aber seine Hand war ganz ruhig, als er ein Bild seiner Neufundländer-Hündin Lily aus seiner Brieftasche zog. Ich setzte mich und sprach mit ihm die ganze restliche Pause lang über Cubby und sein Bein und darüber, dass Emma gerade gestorben war. Im schummrigen Licht des Theaters sah ich, wie ihm Tränen in die Augen stiegen, als ich von Emmas Tod erzählte. Erst kürzlich hatte er selbst einen seiner Hunde verloren, Salty. Als das Licht wieder heruntergedimmt wurde, überreichte ich ihm meine Visitenkarte und kehrte an meinen Platz zurück. Ich sah, dass er noch vor Ende des Stücks aufstand und ging.

Am nächsten Morgen klingelte um sieben Uhr das Telefon. Ich stolperte aus dem Bett und den Flur entlang zu dem Apparat, in der Hoffnung, dass es nicht schon wieder um Kätzchen gehen würde. Es war Gregory. Er lud Cubby und mich zu einem Sommerspaziergang auf den Berg ein. Ich erklärte ihm, dass Cubby das nicht schaffen konnte. Schließlich traf ich mich mit Gregory, seinem alten Hund Pepper und seiner zierlichen Neufundländerin Lily am Fuß des Berges. Von dort fuhren wir mit seinem Wagen bis zu einem mit einer Kette versperrten Fußweg. Wir parkten und gingen auf dem steilen Pfad bis zum Gipfel.

Den Sommer über rief ich an den meisten Tagen gleich nach dem Aufstehen Gregory an, oder er meldete sich bei mit. Wir trafen uns am Fluss hinter Judy Lakes Laden. Gregory kannte eine besondere Stelle auf einem Privatgrundstück, wo der Besitzer ihm gestattet hatte, seine Hunde spazieren zu führen und zu malen. Gregory erwirkte für mich die Erlaubnis, Cubbys wegen mit dem Auto so nahe wie möglich an den Fluss heranzufahren. Den Rest des Weges, nur etwa dreißig Meter, gingen wir zu Fuß über Baumwurzeln, zwischen hohen Gräsern und unter niedrigen Ästen hindurch zu einem weiten, flachen Flussufer, an dem Felsbrocken im Sand lagen. Neben dem Wasser standen Pappeln mit offenliegenden Wurzeln, die die Strömung des Flusses freigespült hatte. Zwischen alten Eschen und Ahornbäumen sprossen jungen Farntriebe. Am anderen Flussufer standen Eisenholz- und Kirschbäume, und etwas weiter oben grasten auf einem Hügel zwischen Apfelbäumen Kühe in der Sonne.

Manchmal schwamm ein Nerz vorbei und neckte Lily, die nur zu gerne versuchte, ihn zu jagen. Im Wasser gab es Bachforellen, aber der Fluss war lange so intensiv befischt worden, dass es anscheinend keine größeren Fische mehr gab. Über unseren Köpfen flogen Baltimore-Trupiale ihre Hängenester in den Pappeln an. Am Ufer zeigten sich uns gelegentlich Eisvögel.

Ein Vogel mit gelben Augen, weiten, starrenden schwarzen Pupillen, braunen Flügeln und weißer Unterseite flog am Fluss auf und ab und fischte. Er war größer als der Rotschwanzbussard, der an Emmas Todestag das Vögelchen geschnappt hatte.

In dem lehmigen Sandboden, in dem das Flussgestein zu runden Gruppen zusammengeschoben wurde, hielten sich Fußspuren länger als in Sand ohne Lehmgehalt. Am Wasser war es schattig und kühl, und obwohl dieser Sommer sich zum heißesten entwickelte, den ich in Vermont je erlebt hatte, wurde diese verzauberte, verborgene Oase zu unserem herrlich kühlen Geheimversteck.

Gregory und ich sahen Pepper und Lily beim Schwimmen zu und ließen Cubby ins Wasser waten. Dann suchten wir uns ein gemütliches Plätzchen am Ufer, wo mir der Künstler eine Jacke oder ein T-Shirt lieh, auf dem ich sitzen konnte, und mir Geschichten aus seiner Kindheit oder über Komponisten und Schriftsteller erzählte oder Gedichte auswendig rezitierte.

Ein paar Wochen nachdem ich Gregory kennengelernt hatte, tauchten die Kätzchen wieder auf der Veranda auf. Sammy sah aus wie ein Kopf auf Streichholzbeinchen. Sie war abgemagert. Um Sidney stand es nicht viel besser, aber er wirkte gesünder als Sammy. Ich ging sofort in die Küche, bereitete zwei Schälchen mit Futter für sie zu und brachte sie nach draußen. Ich stellte die Schälchen ab, rief die Katzen und begab mich in sicherer Entfernung ans andere Ende der Veranda. Langsam kamen sie näher und aßen schließlich alles auf, was in den Schälchen war. Sie blieben auf der Veranda, putzten Gesichter und Pfötchen, ließen mich dabei aber nicht aus den Augen.

So verlief mein Sommer: Die Katzen füttern, ihnen beim Essen zusehen, mit ihnen sprechen, wenn sie auf der Veranda waren, und dabei von Zeit zu Zeit ein winziges Bisschen näher an sie heranrücken. Die Nachmittage verbrachte ich mit Gregory, Cubby und Lily am Fluss. Manchmal saßen die Kätzchen hoch oben im Baum, doch recht bald schon hörten sie auf ihre Namen und kamen, wenn ich sie rief, selbst wenn sie am anderen Ende des Gartens beim Feld waren.

Nachts, wenn Ming durchs ganze Haus raste und Eddy jagte, wenn sie an Vorhängen hochkletterte und die Wolldecke angriff, die über den Bettrand hing, fragte ich mich, wie es Sidney und

Sammy draußen wohl erging. Ich machte mir Sorgen wegen des Rotschwanzbussards, besonders weil Sammy so klein war. Ich fragte mich, ob sie wohl in Sicherheit waren und was aus ihnen werden würde. Sammy nahm anscheinend kaum zu, trotz des Futters, das ich ihnen rausstellte. Ganz bestimmt hatten sie viele verschiedene Parasiten.

Ich saß am Ufer auf Gregorys Regenmantel und besah mir sein Profil, während er malte, was am anderen Flussufer und den Hügel hinauf zu sehen war. Lily ging immer wieder ins Wasser, schwamm ein wenig oder watete ein Weilchen darin umher. Pepper, die seit neuestem ihr Alter erkennen ließ, lag ganz in der Nähe am Ufer und sah Lily zu. Cubby lag neben mir und döste träge im Schatten der Bäume und der Kühle, die vom Fluss her kam. Wir wussten alle, sobald wir diese Oase verließen, ging es zurück in die Sommerhitze, auf eine offene Straße, wo es vor der Sonne über unseren Köpfen kein Entrinnen gab.

Gregorys Hund Salty war kurz vor Emma gestorben. Während ich so dasaß und dem Künstler zusah, bemerkte ich, wie in seiner Nähe vor meinem Dritten Auge das Bild eines Mannes entstand, der einen Hund auf dem Schoß hatte. Als ich es ihm beschrieb, stellte Gregory seine raschen Pinselstriche ein und hörte zu.

„Das sind Salty und Peppers ehemaliger Besitzer."

Wir schwiegen eine Zeit lang. Unmerklich begann ich, ihm von Pepper zu erzählen. Sie sei jetzt älter und wolle nicht mehr so viel laufen wie Gregory – vielleicht lieber jeden zweiten Tag und nicht ganz so weit. Diese Spaziergänge waren ermüdend. Ich wusste, dass es für Pepper an der Zeit war, zu Salty und ihrem früheren Besitzer zu gehen, sagte das aber nicht. Die beiden hatten sich mir gezeigt, weil Peppers Zeit beinahe gekommen war.

Gregory machte eine Pause und setzte sich neben mich. Ich lag auf dem Boden, und er zog seine knöchelhohen Stiefel aus.

„Ich habe Plattfüße. Ich wollte freiwillig zur Army, aber die haben mich nicht genommen."

„In der Hinsicht hast du dein Pensum erfüllt. Du wolltest es in diesem Leben wieder versuchen, aber das hast du hinter dir, Gregory." Ich schloss die Augen. „Vor vielen Jahren, in Griechenland, waren wir gute Freunde. Meist verbrachten wir die Tage zusammen am Wasser. Es war eine schöne Zeit. Dann kam Krieg. Du hast eine Uniform getragen und dich von mir verabschiedet. Du hast versprochen wiederzukommen; ich würde nicht trauern müssen, dass ich dich verloren hätte. Aber du bist nie wiedergekommen, und ich habe lange um dich getrauert. Deshalb wurdest du in diesem Leben mit Plattfüßen gesegnet, damit das nicht wieder passiert. Dieses Mal hast du mich nicht alleine trauern lassen. Du bist da geblieben. Du bist diesen Weg auf deinen Plattfüßen mit mir gegangen." Ich öffnete die Augen. „Deine Plattfüße sind ein Geschenk, und ich für mein Teil weiß nicht, was ich ohne die Tage hier mit dir und Cubbby und Lily und Pepper getan hätte."

Im August starb Pepper. Kurz danach kaufte Gregorys Schwester ein paar Dörfer weiter ein Haus, und Gregory zog mit ihr zusammen dort ein. Es war weit weg vom Fluss und Judy Lake. Von nun an sahen wir uns nicht mehr täglich, aber hin und wieder kam er zum Abendessen oder um gemeinsam einen Film anzuschauen und die Katzen draußen auf der Veranda oder auf dem Baum spielen zu sehen.

Ich wusste, dass ich Sidney und Sammy ins Haus holen wollte. Bald würde der Winter kommen, und angesichts der Parasiten, welche die beide Kätzchen hatten, befürchtete ich, dass sie keine Widerstandskraft mehr hätten und sterben könnten, sobald es draußen kalt würde. Jeden Tag arbeitete ich daran, dass sie näher zu mir herankamen. An einem kühlen Sonntagmorgen im Oktober stellte ich die Futterschälchen hin und setzte mich direkt daneben. Beide Katzen kamen angeschlendert und setzten sich erst einmal hin, um die Lage zu peilen. Sidney fing als Erster an, so dicht neben mir zu essen. Ich rührte mich nicht und sprach kein Wort. Dann kam Sammy heran und aß ihr Schälchen leer. Ich wartete, bis sie gegangen waren, hob dann die Schälchen auf, ging in den Windfang und ließ die Tür offen. Sidney folgte mir durch die Tür, aber Sammy blieb draußen. Ich setzte mich auf den Boden und hoffte, Sammy würde ihrem Bruder folgen.

Sidney marschierte wieder zur Tür heraus, dann kam Sammy herein. Anscheinend wechselten sie sich ab; immer ging nur einer hinein und wieder heraus. An jenem Nachmittag räumte ich den Windfang fast vollständig leer und stellte eine große Hundebox aus Plastik hinein. Ich schraubte den oberen Teil ab und stellte den unteren verkehrt herum auf den Boden, so dass die Öffnung eine Tür zu einem Bereich bildete, in dem es keinerlei Fenster gab, durch die jemand hätte hereinschauen können. In dieses Wohnzimmer aus der umgekehrten halben Hundebox stellte ich ein mit Fleece ausgekleidetes Katzenbett. Ich legte weitere Decken auf das Katzenbett und darum herum und schließlich auch noch über die Box, damit es darin warm bliebe. Anschließen stellte ich ein Katzenklo auf und ging in den Garten an die Stelle, die Sidney und Sammy gern als Toilette benutzten. Mit der Schaufel nahm ich ein paar Würstchen auf und gab sie ins Katzenklo.

Ich beschloss, sie jetzt noch nicht hinein zu lassen, sondern setzte mich auf der Veranda auf den beiden Stufen, die vom größeren zum kleineren Bereich führten, in die Sonne. Ich schloss die Augen und nahm Licht und Wärme in mich auf. Als ich die Augen wieder öffnete, sah ich, dass beide Kätzchen mich beobachteten.

„Hallo Sidney und Sammy. Wollt ihr nicht näher kommen und Guten Tag sagen?“

Sidney kam zögerlich näher, schoss dann wie ein Pfeil zu mir herüber und strich mir ums Bein. Ich wagte es nicht, mich zu bewegen. Den ganzen Sommer hatte ich darauf gewartet, sie berühren zu dürfen. Ich saß einfach da, ließ ihn um mein Bein streichen und rührte mich nicht. Sammy sah zu, kam aber nicht so dicht heran.

Später, als es dunkel wurde, öffnete ich die Tür zum Windfang wieder und setzte mich auf den Boden. Sie zeigten wieder dasselbe Verhalten wie zuvor: Erst kam eine Katze herein, dann die andere, immer abwechselnd, aber nie zusammen. Ich versuchte es mit Futterschälchen im Raum, aber sie kamen nie gemeinsam herein, um zu essen.

Der Wetterbericht kündigte den ersten Frost an. An jenem Morgen lag ich im Bett, dachte an die beiden und machte mir Sorgen um ihr Leben. Sammy sah so zerbrechlich aus.

„Bitte, bitte, gebt, dass ich sie rechtzeitig hereinbekomme. Bitte lasst mich ihnen helfen."

An jenem Morgen öffnete ich die Tür zum Windfang und stellte die Schälchen auf die Veranda. Ich rief die Kätzchen, ging dann wieder hinein und setzte mich auf die Stufe vor der Tür zum Inneren des Hauses. Wenn die Windfangtür offen stand, lag diese Stufe so dahinter, dass die Kätzchen, die auf der Veranda saßen und aßen, mich nicht sehen konnten. Ich hatte mehrere mit Katzenminze gefüllte Spielsachen im Windfang verteilt. Die beiden aßen auf, dann schlich sich Sidney in den Windfang. Als er die Katzenminze-Maus sah, machte er einen Buckel. Durch den Türspalt konnte ich sehen, wie Sammy überlegte, ob sie nicht auch hereinkommen wollte.

Komm schon, Sammy. Komm auch herein, wünschte ich mir in Gedanken.

Sie kam näher an die Tür heran. Neugierig, was Sidney da wohl gefunden hatte, schlich sie ihm nach. Sammy stand unter der Tür. Dann machte sie zwei Schritte in den Raum hinein. Sidney warf die Maus hoch in die Luft und jagte sie im Windfang herum. Er war jetzt völlig drin und noch hinter dem Refugium aus der halben Hundebox. Sammy ging noch ein paar Schritte weiter. Plötzlich wurde sie ganz mutig und schritt an mir vorbei in den Raum hinein. Ohne weiter darüber nachzudenken, schloss ich langsam die Tür hinter ihr. Als sie erkannte, dass die Tür sie nun von der Außenwelt abschnitt, war es zu spät. Die beiden waren im Windfang gefangen. Ich war glücklich und kam mir zugleich grausam vor. Ich hatte unser Vertrauen gebrochen, aber ich hatte es in der Absicht getan, ihnen das Leben zu retten.

Als die beiden merkten, dass sie in der Falle saßen, rannten sie zur Tür und warfen sich dagegen. Unaufhörlich knallten sie gegen die Tür, kletterten auf den Tisch vor den Fenstern, schrien wild und schrill und warfen sich gegen das Glas.

„Bitte, ihr beiden – bitte hört auf", sagte ich so ruhig wie nur irgend möglich. Ihr Verhalten machte mir Angst. Das Glas könnte splittern, sie könnten sich schneiden und verbluten. Es dauerte mindestens fünfzehn Minuten, bis die beiden in einen stillen Schockzustand verfielen. Sidney zog sich als Erster in das Refugium aus der halben Hundebox zurück, dann folgte ihm seine Schwester. Das Schlimmste war vorbei. Jetzt würde ich sie vom Windfang in das Mansardenzimmer bringen müssen, wo es warm war. In jener Nacht fielen die Temperaturen deutlich unter den Gefrierpunkt, aber Sidney und Sammy lagen aneinander gekuschelt in dem Fleecebett unter der Hundebox, zugedeckt mit mehreren Decken.

Zwei Tage später schaffte ich es, dass jede Katze einzeln in das Fleecebett ging. Dort wickelte ich sie ein und trug sie nach oben. Innerhalb weniger Tage ließen beide es zu, dass ich sie streichelte, wenn sie sich abwechselnd auf meinen Schoß setzten. Kurz danach sah ich die Mamakatze: Sie saß auf dem Balkongeländer und suchte ihre Kinder.

Es ist okay, Mamakatze. Ich verspreche, ihr ganzes Leben lang nach bestem Wissen und Gewissen für sie zu sorgen. Ich wusste, dass sie in jenem Winter sterben würde. Sie war zu wild, um sich fangen oder gar zähmen zu lassen. Ich konnte ihr nur alles Gute wünschen.

15

Das Badewannen-Medium

Ming wollte ins Mansardenzimmer, um nachzusehen, wer diese beiden Eindringlinge waren. Nachdem ich die beiden wilden Katzen zum Tierarzt gebracht hatte, wo sie entwurmt und entfloht worden waren, öffnete ich die Tür, um alle miteinander bekannt zu machen. Nachts blieben Sidney und Sammy bei geschlossener Tür oben. Sie rasten durchs Zimmer, als sei es eine Rennbahn, auf die Fenstersimse und wieder herunter, auf Kisten, um Katzen- und Hundeboxen herum und unter Decken. Dabei warfen sie Bücher und Vorratsdosen um. Die beiden winzigen Katzen klangen eher wie eine ganze Herde Büffel. Als das Fauchen unter den dreien eher nach Neugier und Spiel klang, schloss ich auch Ming bei ihnen ein, und das Toben dauerte von Sonnenuntergang bis zum Morgengrauen. Schon früh kam der erste Schnee, und ich konnte immer nur daran denken, wie dankbar ich war, dass die drei Neulinge in den geheizten Räumen ihres neuen Zuhauses sicher und wohlbehalten leben konnten.

Tagsüber, wenn ich ein Auge auf Eddy haben konnte, ließ ich die Kätzchen im ganzen Haus herumlaufen. Ming machte gerne Jagd auf Cubbys Schwanz. Sie versteckte sich unter der Schubladenkommode im Wohnzimmer neben seinem Platz vor der Glasschiebetür. Wenn er mich sah, schlug er mit dem Schwanz auf. Dann raste Ming unter der Kommode hervor, sprang zwei, drei Mal hoch in die Luft und packte ihn sich. Cubby fand das ziemlich witzig und wedelte weiter mit dem Schwanz, während Ming sich daran festhielt, als säße sie in der Achterbahn.

Eines Nachts – ich schlief im Wohnzimmer – hörte ich Mings leises, maschinengewehrartiges Schnattern. Ich war sofort hellwach, denn das war ein untrügliches Zeichen, dass sie auf eine gute Idee gekommen war. Dieses Mal hing sie von dem nur etwas mehr als einen Zentimeter breiten Kranz über den Küchenschränken. Ich sprang auf die Arbeitsfläche, um sie von ihrem nur krallenbreiten Halt herunter zu holen. In anderen Nächten rannte Ming – um drei Uhr morgens – die Dekoschals im Schlafzimmer hinauf. Es waren die alten Vorhänge aus meiner Wohnung in Corte Madera, wo ich mit Sophie gelebt hatte. Diese Rennen um drei Uhr morgens wurden zu einem allnächtlichen Ritual. Nachdem ich mehrfach so rüde geweckt worden war, hatte ich genug. In der darauffolgenden Nacht kroch ich aus dem Bett und ging ins Badezimmer, wo ich eine scharfe Schere verwahrte. Ich kehrte wieder ins Schlafzimmer zurück und kürzte die Vorhänge auf Fensterlänge. Jetzt konnte sie nicht mehr daran hochrennen.

Am Nachmittag sah ich oft ein kleines cremefarbenes Knäuel, das sich vor Cubbys Bauch gekuschelt hatte. Manchmal drapierte sich Ming auch quer über seine Körpermitte, ließ die Beine auf der anderen Seite herunterbaumeln und setzte ihr frechstes Grinsekatzengesicht auf. Dann wieder kletterte sie auf eines von Cubbys Hinterbeinen und schritt, mit absoluter Präzision, von einer exakt feststehenden Stelle zur anderen, als verabreichte sie ihm eine Akupunkturbehandlung. Wenn Cubby nach einer solchen Sitzung mit Ming aufstand, schien er tatsächlich in dem Bein, das Ming bearbeitet hatte, mehr Kraft zu haben.

Sammy nahm in nur drei Wochen von drei auf fünf Pfund zu. Eines Abends sah ich, dass sie in die Küche ging, aber nicht wieder heraus kam. Neugierig, was sie wohl vorhatte, folgte ich ihr, konnte sie aber nirgends entdecken. Ich wusste, dass sie irgendwo sein musste, und hörte sie quieken. Das Geräusch kam hinter der Sockelleiste unter der Küchenzeile hervor. Unter dem Seitenschränkchen klaffte eine kleine Lücke zwischen Leiste und Schränkchen.

Ich konnte sie dahinter hören, aber nicht sehen. Als ich auf alle Viere ging und näher herankam, um sie zu suchen, kam eine Pfote mit ausgefahrenen Krallen daraus hervor.

„Hey!" Sie hatte mein Auge nur um Haaresbreite verfehlt. „Komm da raus, du kleines Monster!"

Sie tatzelte noch einmal nach mir, berührte mich dieses Mal aber kaum, da ich etwas zurückgewichen war. Sie fing an zu schreien – und meine Meinung änderte sich schlagartig. Was, wenn sie feststeckte, nicht mehr herauskam und deshalb schrie? Vielleicht war sie da unten gewesen, als sie noch kleiner war, hatte nicht geahnt, wie eng es geworden war und konnte sich jetzt nicht mehr herausquetschen? Ich holte ein wenig Essen aus dem Kühlschrank, gab es in ein Schälchen, um sie zu locken.

„Sammy, hier gibt's Hühnchen!"

Keine Chance. Ich legte mich auf den Boden neben das Schälchen. Mittlerweile miaute sie unaufhörlich. Okay, das war's. Ich machte mir Sorgen um sie da drin und wusste, dass ich sie herausholen musste. Ich rannte in den Keller hinunter und suchte meinen Hammer. Nun gut, wenn ich ein größeres Loch schlagen musste, dann sollte es in Gottes Namen so sein. Wichtig war nur, sie da herauszubekommen. Ich stolperte die letzten drei Stufen hinunter, fiel aufs Knie und schrammte es mir auf dem Betonboden auf. Einen Moment lang blieb ich sitzen, zog das Knie an meine Brust und spürte, wie mir die Tränen in die Augen stiegen. Ich konnte einfach nichts dagegen tun. Es war, als habe das Knie den Wasserhahn in meinem Gesicht aufgedreht. Als ich aufstand, merkte ich, dass auch mein Knöchel schmerzte. Ich humpelte zu dem kleinen Verschlag neben dem Heizkessel, wo ich mein Werkzeug aufbewahrte, holte den Hammer und humpelte die Treppe wieder hinauf. Dabei stützte ich mich aufs Geländer. Ich öffnete die Kellertür, schloss sie hinter mir wieder, bog um die Ecke Richtung Küche und sah, wie Sammy auf mich zu schlenderte, als sei ihr sterbenslangweilig und als brauche sie dringend neue Beschäftigung.

Is was?, sagte ihr Blick, als sie an mir vorbeistolzierte.

Im Haus standen normalerweise alle Türen offen. Im Kellergeschoss, wo mein Mal-Atelier den größten Raum einnahm, lagen oft bemalte feuchte Leinen auf einem niederen Tisch zum Trocknen aus, und an Regalen vor der Wand trockneten Halsbänder. Bis zu diesem Zeitpunkt hatten alle meine Katzen diesen Bereich stets respektiert und sich nie etwas aus den trocknenden Werken gemacht. Am anderen Ende des Kellers standen die Katzentoiletten, und ich fand es wunderbar, dass ich sie so weit vom größten Teil meines Wohnraums entfernt aufstellen konnte.

Auf dem Weg hinunter ins Barking-Bear-Atelier entdeckte ich eines Morgens zuerst kleine blaue, dann kunterbunte Katzenpfotenabdrücke, die die Treppe hinauf- und hinunterführten. In dem Raum selber lagen Leinen halb auf dem Boden, halb auf dem Tisch, und überall war Farbe. Ich schaute auf und sah gerade noch, wie sich an der abgehängten Decke eine Platte bewegte.

„Oh mein Gott! Mäuse!"

Ich folgte dem Tapsen durchs Zimmer, auch wenn ich noch nicht wusste, was ich tun würde, sobald ich die richtige Platte fände, hinter der das Tier steckte. Plötzlich rutschte eine Platte halb aus ihrer Fassung, und zwei schwarzweiße Beine fielen heraus. Eine Katze kreischte auf, und die Beine verschwanden wieder in der Decke.

„Sammy! Komm verdammt nochmal da raus, du kleines ..."

Ich sah, wie sich die Platten verschoben; dann hörte ich ein Rumoren. Auf dem obersten Brett des Schrankes, dessen Türen offenstanden, tauchte Sidney auf. Er sprang von dem Brett, rannte aus dem Raum die Treppe hinauf und zog eine Spur Textilfarbe hinter sich her. Als er an mir vorbeischoss, konnte ich erkennen, dass er nun hübsche blaue und rote Farbstreifen an seiner Seite trug.

„Sammy!" Ich rief sie so, als ob ich ihr Essen hinstellte. Aus einem offenen Eckchen neben einer verschobenen Deckenplatte ragten zwei Büschel Schnurrhaare heraus.

„Komm schon. Du kostest mich hier ganz schön Geld. Diese Bestellung muss übermorgen nach Hawaii!"

Eine weitere Platte löste sich aus ihrer Fassung, und eine weiße Staubwolke ging auf die übrigen Leinen nieder, die zum Trocknen auslagen. Drei weitere gelockerte Platten später fiel eine komplett heraus, mitten auf einen frisch geordneten Aktenstapel auf meinem Schreibtisch. Eine Stunde später, mittlerweile hatte ich aufgegeben und saß im Chaos auf dem Boden des Ateliers, sah ich Sammy. Sie sprang auf das oberste Schrankbrett herab und zirkelte dann einen Sprung auf das zweitoberste und von da aus auf das unterste Brett ab, wo sie einen Augenblick Platz nahm, um ihre Schnurrhaare zu säubern. Sie schaute zu mir auf und zwinkerte genüsslich mit einem Auge.

Is was? Sie konnte den Abscheu auf meinem Gesicht einfach nicht verstehen. Sie schlenderte an mir vorbei und strich mir mit der Schwanzspitze über den Arm.

Fortan schloss ich die Tür zum Keller sowie auch die zu einigen anderen Räumen im Haus. Eddy war darüber gar nicht glücklich. Er hatte immer überall herumstromern und sich jederzeit in jedem beliebigen Raum aufhalten dürfen. Wenn ich jetzt zum Malen ins Barking-Bear-Atelier ging, saß er auf der anderen Seite der Kellertür und jaulte, ich solle ihn hereinlassen. Die Katzenkörbchen mussten leider ins Mansardenzimmer wandern.

Eddy lernte, wie er mit beiden Pfoten an den Türknauf kommen und versuchen konnte, ihn zu drehen. Einmal gelang es ihm sogar. Wenn er die Tür nicht öffnen konnte, fand er andere Möglichkeiten, mir auf den Nerv zu gehen. Er streckte dann zum Beispiel sein Bein unter der Tür hindurch und rüttelte mit seiner Pfote daran.

Mir war daran gelegen, die Mädels sterilisieren zu lassen, bevor sie rollig wurden. Sidney wurde Ende November ohne Zwischenfall kastriert. Aber als ich Sammy und Ming dem Tierarzt vorstellte, fand er, dass sie beide für die Operation nicht in einer ausreichend guten Verfassung waren. Sammys Lungen rasselten immer noch, und Ming hatte Probleme mit ihren Nebenhöhlen und der Atmung. Wir beschlossen, die Sterilisation zu verschieben.

Zwei Wochen später wurde Ming rollig; Sammy folgte eine Woche danach. Ich wollte mich gerade aufs Sofa setzen, als ich einen feuchten Fleck entdeckte. Jemand hatte „markiert“. Das war das erste Mal, dass so etwas im Haus passiert war, und es beunruhigte mich. Ich lag auf dem Boden neben Cubby und versuchte herauszufinden, wie ich damit umgehen konnte, ohne verrückt zu werden und ohne dass es in meinem Haus roch wie in einem Hinterhof. Während ich noch überlegte, ging Sammy vorbei. Sie blieb einen Moment stehen, und dann tropfte etwas aus meinem Haar. Sie hatte meinen Kopf markiert. Ich ließ die Katzen ins Mansardenzimmer umziehen, bis sie nicht mehr liebeshungrig waren.

Ming schlich sich gern an Sammy heran, wenn sie schlief; denn wenn sie im Bett lag, gab sie ein perfektes Ziel ab. Ming wartete geduldig auf dem Boden am Fuß der Matratze, sprang dann plötzlich kerzengerade in die Luft und landete neben der schlafenden Sammy. Da das kleine schwarz-weiße Mädchen darauf immer mit Fauchen, Buckeln und Wegrennen reagierte, war Ming sehr zufrieden und konnte in Ruhe ihren nächsten Angriff planen. Sie versuchte das auch bei allen anderen, aber Sammy war die Einzige, der sie darauf eine Reaktion entlocken konnte, deshalb blieb sie auch das einzige Ziel dieser Übung.

Der Zustand des Karpalgelenks in Cubbys rechtem Vorderlauf verschlechterte sich weiter. Zwar hatte ich nicht das Gefühl, dass der Tierarzt neue Ideen zu bieten hätte, aber ich ging trotzdem mit ihm hin. Er wollte, dass wir dreieinhalb Stunden zu einem orthopädischen Chirurgen fuhren, was wir auch taten. Aber auch der hatte nichts zu bieten. Ich rief den Orthopädie-Techniker an und schlug ihm vor, es vielleicht noch einmal mit einer Schiene zu versuchen. Aber dieses Mal wollte ich mit Cubby zu ihm hinfahren, damit er die Schiene selbst anlegen konnte, es keine Spekulationen hinsichtlich der Passform gäbe und wir sie richtig hinbekämen – hoffte ich. Wir vereinbarten einen neuen Termin für das Anfertigen des Abdrucks, denn das Gelenk war weiter in sich zusammengesackt. Genauigkeit war jetzt das A und O. Der früheste Termin, den wir bei Hannah bekommen konnten, war Mitte Dezember.

Alle Beteiligten begaben sich wieder in ihre jeweils erforderlichen Positionen, um Cubbys Beinabdruck abzunehmen. Hannah schlug vor, ich solle das Fell an Cubbys Bein kurz schneiden. Ich begann, und plötzlich warf Cubby den Kopf zurück.

„Oh mein Gott, ich habe ihn in die Haut geschnitten." Ich war starr vor Schreck und fragte mich, wie ich hatte so dumm sein können. Ich nahm doch sonst immer das Haar zwischen die Finger, um ausreichend Abstand zwischen der Schere und der Haut zu schaffen. Warum hatte ich das jetzt nicht getan?

Hannah blieb gelassen.

„Nun, wenn es denn schon sein musste", sagte sie, während sie das Nähmaterial bereitlegte, „dann hätten Sie sich dazu keine bessere Stelle aussuchen können." Wenige Augenblicke später hatte sie Cubby bereits wieder zusammengenäht. Ich kam mir wie ein Trottel vor und ließ reumütig den Kopf hängen, während wir mit der Abdruckprozedur für meinen Jungen anfingen.

Als wir an jenem Abend nach Hause kamen, ging es Sammy schrecklich schlecht. Sie kam mir im Flur entgegen, stolperte und fiel immer wieder. Ihr Kopf war stark nach links geneigt. Es war ein schrecklicher Anblick. Wenn sie fiel, schüttelte sie den Kopf, als wäre darin etwas verrutscht. Ich brachte sie zum Tierarzt. Der stellte fest, dass ihre Innenohren in Ordnung waren, sich am linken Ohr aber Geschwulstgewebe gebildet hatte. Er schickte uns mit einer LM-Potenz (die tiefer wirkt als C-Potenzen) des homöopathischen Mittels *Sulfur* nach Hause. Ich stellte mehrere Kisten neben mein Bett, damit Sammy über lange, tiefe Stufen in zwei Schritten darauf klettern konnte, statt mit einem Satz hochzuspringen. Neben mein Bett legte ich ein Katzenbettchen mit Sammys Lieblingsüberwurf. Außerdem stellte ich ein Katzenklo und eine Wasserschüssel auf und schloss Sammy dann im Schlafzimmer bei mir ein.

In der Nacht saß Eddy vor der Schlafzimmertür und jaulte, rüttelte an der Tür und versuchte sich dann am Knopf. Ich ließ ihn zu uns herein, aber kaum dass ich eingeschlafen war, ging dasselbe Spiel wieder los, nur dass er dieses Mal raus auf den Flur wollte. Ich versuchte, ihn für die Nacht im Mansardenzimmer einzusperren, aber als ich wieder im Bett lag, konnte ich seine Schreie hören. Sammy lag still in ihrem Bettchen und stand nur auf, um das

Katzenklo zu benutzen, ein wenig Wasser zu trinken oder einen Happen zu essen. Es war, als verstünde sie, dass ihre Heilung Zeit brauchte.

Meine Freundin Kris aus den Catskill Mountains kam uns besuchen, um mit uns in die Region um den Finger Lake zu fahren, wo Cubbys Schiene angepasst werden sollte. Sie war stets abenteuerlustig und wollte den größten Teil der Fahrt übernehmen. Wir warteten auf einen klaren Januartag und begaben uns dann auf die insgesamt 12-stündige Reise. Dort angekommen, mussten wir Cubby zu dritt die steilen Stufen zur Werkstatt des Orthopädie-Technikers hinauf helfen.

Der hatte zwar Tierärzte im korrekten Anlegen von Schienen geschult, dennoch war es unvergleichlich viel besser, dass er Cubby jetzt selbst in Augenschein nehmen konnte. Er passte die Stütze Cubbys verfallendem Gelenk an. Doch statt überstehende Ecken, die in Cubbys Bein schnitten, abzutrennen, erhitzte er das Plastik und brannte es aus. Weil er das Bein sehen und feststellen konnte, wie die Klettbänder aufeinander zu liegen kamen, erkannte er, dass zwischen Klettband und Bein eine besondere Polsterung eingepasst werden musste. Sie musste weiter zu den Zehen hinunter verlaufen, um ihn noch besser zu stützen. Dieses Mal war die Schiene länger, reichte also weiter am Bein hinauf. Er zeigte mir, dass die Schiene hinter dem Bein ein wenig auf dem Boden aufstoßen musste, damit sie sicher an Ort und Stelle sitzen bliebe und sich nicht um das Bein herumdrehte, wie es bei der letzten passiert war, weil am unteren Ende zu viel abgeschnitten wurde.

Nach etlichen Anpassungen ließen wir Cubby mit angelegter neuer Stütze im Zimmer umhergehen. Sie klackte, wenn sie auf dem Boden aufstieß. Cubby fand das lustig, senkte den Kopf, warf ihn dann mit einem plötzlichem Schwung zurück und stieß ein fröhliches, herzliches „Wuu-wuu“ aus. Wir lächelten alle über seine Mätzchen und wussten, dass die Schiene dieses Mal ein voller Erfolg würde. Ich legte ihm wieder den elastischen Verband an, damit er die Treppe hinunter käme, denn die Schiene war er ja noch nicht gewohnt. Unten angekommen, legte ich ihm zur Übung die Schiene wieder an, und wir machten einen kleinen Spaziergang, damit wir ein Gefühl dafür entwickeln konnten, wie es sich damit wohl gehen ließe.

Auf der Heimfahrt hörte ich, dass mein kleiner Kerl hinten im Auto seufzte. Ich wusste, was das hieß. Jetzt konnte er noch ein wenig länger an meiner Seite bleiben. Als wir uns Vermont näherten, sagte er mir immer wieder: *Weniger Angst, mehr Freude.*

„Ja, mein Süßer, jetzt wollen wir zusehen, dass wir uns wieder freuen können."

Am Wochenende nach unserer Fahrt besuchte ich eine Freundin in ihrer Galerie in Manchester. Sie packte gerade ein neues großes gerahmtes Foto aus. Es zeigte einen Grizzlybären, der am Rande eines Gewässers im hohen Gras stand. Bei dem Anblick stockte mir der Atem. Einen Augenblick lang war mir, als befände ich mich an einem Flussufer und schrie. In der Ferne hörte ich schwach Geräusche von Kindern.

„Ich muss das unbedingt haben. Sag mir besser gar nicht erst, was es kostet." Ich gab ihr meine Kreditkarte und nahm das gute Stück auf seinem doppelt matt gestrichenen Papier mit nach Hause, wo ich es über Cubbys Bio-Futon im Schlafzimmer hängte. Nachts schaute ich es an und hörte immer noch den Lärm von Kindern, die irgendwo in der Ferne spielten, und einen Bären, der am Rand des Wassers auf mich zukam. Manchmal ging ich ins Zimmer, setzte mich einfach nur aufs Bett und schaute den Bären an. Dann fragte ich mich, ob er wohl noch lebte und wie nahe der Fotograf ihm gekommen sein mochte.

In einem dieser Augenblicke, als ich versunken den Bär betrachtete, klingelte das Telefon. Es war der Handwerker, der meine Küche umgebaut hatte. Ich hatte ihn gebeten, mich anzurufen, sobald er einen Termin frei hätte, um mein zerfallendes gelb geblümtes Badezimmer zu entkernen. Er sagte mir, er könne in zwei Wochen anfangen, vorausgesetzt ich wisse, was ich wolle, und es könne bis dahin alles bestellt werden. Ich war einverstanden, legte auf und fuhr in ein großes Sanitärfachgeschäft. Ich wollte sehen, ob sie die

Badewanne hätten, die ich mir wünschte, und außerdem nach einem Waschtisch, einer Toilette und der übrigen passenden Badausstattung schauen.

Das Badezimmer war lang und schmal, und auf der alten gelben Badewanne klebten Fliesendekore mit Gänseblümchenmotiv. Gegenüber der Wanne stand ein Waschtisch mit breitem Umbau in passendem Gelb, der mit einem deckenhohen Schrank für Handtücher und andere Utensilien abschloss. Die Vorhänge am Fenster hatten das gleiche Muster wie die Tapete. Das Medizinschränkchen stank nach Old Spice, und das Waschbecken war in demselben scheußlichen Hellgelb gehalten wie die Wanne.

Ich hatte immer von einem eigenen Whirlpool geträumt, aber in dem Geschäft entdeckte ich Wannen mit Jet-System, also mit Düsen, durch die die Luft direkt in die Wanne geblasen wird, statt hinter ihr zu zirkulieren. Damit konnte ich nach Belieben Öle und Salze ins Badewasser geben, was in einem Whirlpool nicht möglich wäre. Ich bestellte die Wanne und griff zu einem Waschtisch mit antikisierter Oberfläche und einer Umbauplatte aus gelbgoldenem Granit, einem Einbauwaschbecken und antikisierten Bronze-Garnituren für Wanne und Waschtisch.

In einem sehr versteckten Lädchen entdeckte ich einen Spiegel aus Indonesien mit einem geschnitzten Holzrahmen sowie einen weiteren Spiegel in schwarz, der mit asiatischen Motiven, Vögeln und Baumzweigen, bemalt war. Es war mein letztes Geld aus dem Erbe, mehr als ich eigentlich hatte ausgeben wollen, aber etwas in mir sehnte sich schmerzlich nach einem Rückzugsraum nur für mich allein, wo ich vor mich hinträumen und dem Rest der Welt ein Weilchen entfliehen konnte.

Im März ging es Sammy besser. Sie schwankte immer noch leicht beim Gehen, aber nicht annähernd so stark wie zu Anfang. Ich nahm sie zu einer chiropraktischen Behandlung mit zu Hannah nach Woodstock. Als wir Mitte des Monats zur Nachuntersuchung zum Tierarzt gingen, war das Schwanken weg, doch das leichte Rasseln in den Lungen hatte sie immer noch. Jetzt konnte ich sie wieder frei im Haus herumlaufen lassen. Eddy durfte ganz nach

Lust und Laune kommen und gehen, und ich fand nachts tatsächlich Schlaf.

Am ersten Abend, nachdem das Badezimmer fertig war, richtete ich mir ein kleines Schälchen mit Olivenöl und den ätherischen Ölen Kardamom und Rose sowie einem Tropfen Pfeffer (in der Wanne wollte ich nun wirklich nicht allzu viel davon haben). Während das Wasser in die Wanne lief, schloss ich die Tür, zündete Kerzen an und goss den Inhalt des geriffelten Glasschälchens in die Wanne. Mit umgewickeltem Handtuch stand ich vor dem Wasser, schloss die Augen und atmete den Duft ein. Ich stieg ins Wasser, ließ die Wanne vollllaufen, stellte dann die Düsen an, schloss die Augen und genoss das blubbernde Nass um mich herum.

Zuerst spürte ich, wie das Pulsieren der Düsen sich meiner Gedanken bemächtigte, bis die vielen Stimmen, die mir zuflüsterten, was in jener Woche noch zu tun war, welche Rechnungen bezahlt werden mussten und wer auf einen Rückruf wartete, verstummt waren. Ich driftete ab, als triebe ich auf einem Fluss dahin. Ich spürte, wie ich aus dem Wasser an ein Ufer stieg. In der Ferne hörte ich Kinderlachen. Zu meiner Linken lag ein großer Felsbrocken teilweise im Wasser. Darauf kauerte der Mann mit dem langen glänzend schwarzen Haar. Er trug einen Lendenschurz. In der Hand hielt er einen Löwenzahn. Er streckte den Arm aus und bot mir die Blume an.

Als ich am nächsten Tag beim Chiropraktiker bäuchlings auf dem Tisch lag, sah ich ihn vor meinem Dritten Auge erneut. Aber dieses Mal trug er zu seinem Lendenschurz noch eine Motorradjacke. Er stand neben einer Bar, trank ein Bier und winkte mir zu.

Sag mir, wie du heißt, bat ich ihn.

Szenenwechsel. Jetzt tanzte er wie Rumpelstilzchen um ein Lagerfeuer, lachte und flog immer schneller um die Flammen.

Nun gut, wenn du so drauf bist …

Am darauffolgenden Tag hatte Cubby einen Termin beim Chiropraktiker. Wir fuhren über Woodstock zu der Tierklinik in Kedron, in der Hannah arbeitete. Sie war beeindruckt, wie gut er sich an die Schiene gewöhnt hatte. Er wirkte glücklicher und eher wieder so, wie er vor Emmas Tod gewesen war. Das Bewegungsspektrum seines geschienten Beines hatte sich enorm erweitert. Offensichtlich war die Entzündung stark zurückgegangen. Weil das Bein stabilisiert worden war, hatte sie abklingen können. Wir waren sicher, dass er deshalb so viel glücklicher war.

Ich hatte mit ihm gearbeitet, war wieder ums Grundstück herum und den kleinen Hügel im seitlichen Garten hinauf und hinunter gegangen, um seinen Kreislauf in Schwung zu bringen und vielleicht ein paar Muskeln aufzubauen. Am 25. März war er acht Jahre alt geworden, drei Jahre älter, als ihm unser Tierarzt in Kalifornien zugetraut hatte.

Hannah legte mir den Arm um die Schultern und gratulierte mir zu der guten Arbeit. „Lassen Sie in seiner Nähe einfach nur die Finger von allen Scheren“ zog sie mich auf.

Das versetzte mir einen Stich, aber ich ließ es mir nicht anmerken. Ich wusste, ich sollte den schönen Moment genießen, solange es noch möglich wäre. Inzwischen waren mir diese Siege lieb und teuer geworden. Keiner war zu klein, als dass ich ihn nicht im stillen Herzenskämmerlein hätte feiern können.

Auf der Rückfahrt den Berg hinunter und durch Killington erschien mein Freund aus der Welt des Dritten Auges wieder. Er lief neben dem Wagen her. Zunächst wirkte er freundlich. Dann merkte ich plötzlich, dass er Kriegsbemalung im Gesicht und einen Speer in der Hand trug. Er blieb auf gleicher Höhe mit der hinteren Wagentür. Als ich erkannte, an welcher Stelle des Wagens er sich befand, ging das Warnsignal der Tür an. Von das an musste ich noch mehrere Male anhalten, um sie zu schließen.

„Oh komm schon, du altes Ding!“

Als ich am nächsten Tag in Manchester Besorgungen machte, blieb der Wagen mehrmals einfach stehen. Das Getriebe war hinüber. Es war Zeit, sich von dem Wagen zu verabschieden, der uns quer durch das ganze Land gebracht hatte.

Als der Honda-Händler mit meinem neuen Auto in die Einfahrt fuhr, sah ich neben ihm wieder den amerikanischen Ureinwohner, dieses Mal ohne Kriegsbemalung und mit einem Lächeln auf dem Gesicht.

„Grauer Wolf", flüsterte ich.

Er verneigte sich, zwinkerte mir zu und verschwand.

Ich stellte fest, dass ich mich jeden Morgen und jeden Abend nach meiner Wanne sehnte. Immer, wenn ich in die Wanne stieg, war es, als beträte ich eine andere Welt. Ich merkte, dass ich mich in diesem Leben als Bethanne zeitlich zurückversetzen und nachsehen konnte, wo ich gewesen und was mit den Menschen geschehen war, die ich gekannt hatte.

An einem regnerischen Morgen glitt ich aus der Wanne in diese andere Welt hinüber und ließ mich zu dem Spielplatz aus der dritten Klasse treiben. Ich sah zu, wie das Mädchen in dem blauweißen Kleid die Rutsche heruntersauste. Von meinem jetzigen Standpunkt aus hatte ich keine Angst vor dem schwarzen Nebel, den ich um ihren Slip herum sah, vielmehr beobachtete ich ihn, transportierte mich durch ihr Leben und sah, dass sie jetzt Vergewaltigungsopfer und sexuell missbrauchte Kinder psychologisch betreute. Sie hatte eine verwandte Seele geheiratet, einen gutherzigen Mann im Polizeidienst. Sie hatten Kinder, die zu sozial verantwortlichen, glücklichen Menschen heranwuchsen.

Ich kehrte wieder in meinen Körper zurück und empfand Freude. Es tat so gut zu sehen, dass etwas, was mich als Kind so sehr erschreckt hatte, sich in positive Energie verwandelt hatte. Diese Frau hatte die schlimmen Ereignisse aus ihrer Vergangenheit dazu genutzt, aus ihrem Leben etwas Besseres zu machen, und half nun wiederum anderen. Sie war eine Inspiration für mich.

An einem anderen Tag aalte ich mich in der Wanne, und mein Seelenkörper ging auf einem Feld spazieren. Dort stand der Palomino, der mich als Jugendliche abgeworfen hatte. Ich lief zu ihm hin und sagte ihm dabei immer und immer wieder, wie leid es mir tat, dass ich nicht auf ihn gehört und wider besseres Wissen nicht das Richtige getan hatte.

Jetzt kannst du das, was du hörst, besser annehmen, denn nun hast du ja ein gutes Beispiel dafür, was passiert, wenn du nicht zuhörst. Du verstehst die Folgen deines Handelns, sagte mir Walker.

Das Baden wurde zur Obsession. Mir gefiel zu gut, wie ich mich im Wasser fühlte. Alle meine Ängste fielen von mir ab. Ich hätte den ganzen Tag vor den Jet-Düsen liegen können, denn dabei kam ich innerlich zur Ruhe. Wenn ich endlich aus meinem Refugium herauskam, fühlte ich mich spirituell gestärkt. Ich gelobte, in jedem Augenblick des Tages die Frau zu werden, die ich in der Wanne war. Ich setzte mir zum Ziel, im Inneren stets meine Wasser-Ruhe zu bewahren.

Je öfter und länger ich in der Wanne lag, desto häufiger klingelte das Telefon, und am anderen Ende der Leitung baten mich Menschen um Hilfe. Mitglieder der Mailingliste zur Volhard-Ernährung oder Freunde und Bekannte gaben meine Telefonnummer und E-Mail-Adresse an Menschen weiter, die Hilfe für ihre Haustiere oder sich selbst brauchten. Mediale Sitzungen wurden normaler Bestandteil meines Alltags.

16

Die Dolmetscherin

Valerie rief an. Der schwarze Labrador ihrer Nachbarn wurde vermisst. Max‘ Besitzer und mehrere Freunde hatten die ganze Gegend abgesucht, den Hund aber nicht gefunden. Verzweifelt rief das Paar daraufhin alle an, die sie im Umkreis von dreißig Kilometern kannten. Sie fragten, ob sie den Familienhund gesehen hatten bzw. ein Auge darauf haben könnten, ob er irgendwo auftauchte.

„Dann will ich mal in die Wanne steigen."

„Wozu denn das?", fragte Valerie.

„Besserer Empfang. In meinem Dritten Auge erhasche ich dann nicht nur einen kurzen Eindruck von irgendwelchen Dingen oder sehe einzelne Bilder, sondern richtige Filme. Der Trick dabei ist, ganz ruhig im Wasser zu liegen."

„Du brauchst nicht in die Wanne zu steigen! Sag mir einfach, was du siehst."

„Zwanzig Minuten. Länger brauche ich nicht. Ich rufe dich an, wenn ich in der Wanne war."

Ich ließ ein Bad ein und goss Olivenöl mit ätherischem Lavendel- und Rosenöl in therapeutischer Qualität ein. Ich schaltete die Klingeltöne an den Telefonen aus, stieg ins heiße Wasser und stellte die Düsen an. Kaum hatte ich die Augen geschlossen, sah ich mich unter einer Art Landmaschine kauern. Unter meinen Füßen war ein Schotterweg. Aus meinem sicheren Versteck sah ich ein Haus, das von innen hell erleuchtet war.

Durch eine Glasschiebetür entdeckte ich ein Paar in einem Raum mit grünen Teppichen und Blumenmustertapete. Familienfotos und

Trockenblumen waren dekorativ im ganzen Wohnraum verteilt. Der Fernseher war an, und es lief eine beliebte Reality-Show. Die schlanke Frau hatte langes, glattes Haar, das mitschwang, wenn sie im Raum umherging. Der Mann war untersetzt, trug einen langen Bart und hatte sein Haar zu einem Pferdeschwanz gebunden.

Ich wusste, ich sah das alles aus dem Blickwinkel des Hundes. Das Tier schien große Angst zu haben, was mir sehr seltsam vorkam. Warum sollte er Angst haben, wenn er seine Besitzer beobachtete? Ich hörte ständig, dass irgendwo Französisch gesprochen wurde, aber das Paar im Haus sprach Englisch. Das verwirrte mich.

Ich stieg aus, trocknete mich ab, streifte mir einen Jeans-Overall und einen warmen Pulli über und rief Valerie zurück. Aus meinem schulterlangen Haar tropfte Wasser auf die Wolle. Ich beschrieb meiner Freundin detailliert das Innere des Hauses, und sie bestätigte, dass dies das Zuhause des verschwundenen Hundes Max war.

Als Valerie die Hundebesitzer Joan und Phil anrief, bedankten die sich, berichteten aber auch, dass ihr Hund bereits wieder da sei. Er war im selben Moment zurückgekommen, als ich aus der Wanne gestiegen war. Das verblüffte mich, denn ich war mir sicher, dass der schwarze Hund immer noch unter der Landmaschine saß und alles, was ich gesehen hatte, den Tatsachen entsprach. Valerie bestätigte noch einmal, dass alle Einzelheiten, die ich an dem Haus gesehen hatte, zutrafen. Auch meine Beschreibung der Hundebesitzer war korrekt. Ich wusste, dass der verschwundene Hund unter der Maschine in der Einfahrt saß. Ich war mir absolut sicher, dass er immer noch da war.

Am nächsten Morgen rief Valerie noch einmal an und sagte mir, Phil habe, als er vor dem Frühstück draußen gewesen sei, unter dem Traktor in der Einfahrt einen schwarzen Labrador gefunden, der aber nicht ihnen gehörte. Von dieser Stelle aus hatte man genau die Perspektive, aus der ich das Haus und meine Beobachtungen durch die Glasschiebetür beschrieben hatte. Während Valerie mir das erzählte, wurde mir klar, dass ich nicht gefragt hatte, wer der Hund war. Ich hätte ja das Universum nach dem Hund fragen können, aber auf diese Idee war ich gar nicht gekommen. Wie sich herausstellte, war es ein anderer verschwundener schwarzer Labrador, der über die kanadische Grenze gekommen war und nur Französisch verstand.

Ich war sprachlos. Wer hätte gedacht, dass zwei verschwundene schwarze Labrador-Rüden zur selben Zeit auf demselben Grundstück wären? Ich hatte im Hinblick auf den Hund in der Einfahrt einfach etwas Bestimmtes vermutet. Es schien zwar der richtige verschwundene Hund zu sein, aber er war es nicht.

„Okay. Dieser Hund gehört einer älteren Französin, die ihn wiederhaben möchte."

Dieses Erlebnis war mir eine Mahnung, stets alles zu überprüfen, auch wenn es noch so offensichtlich schien. Ich brauchte doch nur zu fragen! Die nachträglichen Informationen hatte ich nicht ohne Grund erhalten.

Ich erhielt eine E-Mail von einer Frau namens Connie. Sie war Geistliche der interreligiösen Vereinigung *Spiritual Science*, und es ging um ihre verschwundene Katze. Eine gemeinsame Freundin hatte ihr meine Kontaktdaten gegeben und gemeint, ich könne ihr vielleicht helfen, Crystal zu finden. Die Freundin hatte ihr von Bob, dem Beagle, erzählt, was die Frau prompt dazu veranlasste, sich mit mir in Verbindung zu setzen. Die Katze war bereits vor sieben Monaten verschwunden. Connie glaubte, dass sie irgendwo in der Gegend sein müsse. Sie vermisste sie schrecklich, hatte aber nicht das Gefühl, dass ihre geliebte Katze verstorben sei. Ihr Bordercollie Sweetie und ihre jüngere Katze Rosemary hatten nie getrauert.

Connie litt unter einer Lyme-Borreliose, verteilte aber trotz der damit verbundenen Einschränkungen Flyer und ging von Tür zu Tür, um gemeinsam mit Sweetie nach der Katze zu suchen. Auf einer zweiwöchigen Irland-Reise hatte Connie einen lebhaften Traum, in dem Crystal nach Hause kam. Trotz ihrer eigenen intuitiven Begabung hatte Connie das Gefühl, dass es an der Zeit sei, sich Hilfe bei jemand anderem zu holen, da sie selbst an der Situation emotional zu stark beteiligt war.

Nachdem ich Connies E-Mail gelesen hatte, fragte ich: „Crystal, möchtest du mit mir sprechen und mir zeigen, was mit dir geschehen ist? Und darf ich diese Informationen an Connie weitergeben?“ Für mich ist es wichtig, das Tier um Erlaubnis zu bitten. Es erscheint mir als ein Gebot der Höflichkeit.

Crystal war einverstanden, und so schrieb ich Connie eine E-Mail, es sei mir eine Ehre, ihr zu helfen, und wir vereinbarten einen Termin für ein Telefonat.

An jenem Abend bereitete ich mir ein Bad mit Rosen- und Strohblumenöl, Olivenöl und Himalaya-Badesalz. Am Vorabend hatte Valerie mich wegen meiner Badewannen-Obsession aufgezogen. Tatsache war aber, dass ich mich so offensichtlich viel besser mit dem Universum verbinden und ganze, unredigierte Szenen aus Vergangenheit oder Gegenwart sehen konnte. Wenn mir vor meinem Dritten Auge eine komplette Abfolge von Ereignissen gezeigt wurde, dann war die Gefahr von Fehldeutungen des Gesehenen und Gehörten einfach geringer. Valerie lachte und nannte mich *tubby psychic*. Weil das sowohl Wannen-Medium als auch kugelrundes Medium heißen kann, lachte ich und erwiderte: „Badewannen-Medium ist mir lieber!“

Schon bevor ich die Augen schloss, sah ich Connies Katze. Eine beherzte dreifarbige Glückskatze spielte mit einer braun-weißen Feldmaus. Connies Tier hatte eine gewisse männliche Energie an sich. Sie und ihr voraussichtliches Opfer befanden sich in einem Stall. Das Tor war unverwechselbar mit seiner großen Öffnung aus dunklem Holz. Irgendwann war es einmal gestrichen worden, doch inzwischen war von der Farbe keine Spur mehr zu sehen. In dem Gebäude umgab die Tiere ein Geruch nach altem Heu, etwas Schimmel und Pferdemist.

Als Nächstes sah ich einen Pferdehuf von unten. Er war fachmännisch beschlagen. Als der Pferdefuß angehoben wurde und nach der Katze trat, lösten sich die Bilder in weißem Licht auf.

Ich glaube nicht, dass sie sofort tot war, sondern vielmehr wie betrunken auf eine Wiese wankte. Ich konnte damals nur schwer erkennen, ob es diese Wiese tatsächlich gab oder ob es die Wiese des Übergangs ins Jenseits war. Oft habe ich Tiere über eine Wiese mit sonnenbeschienenem Gras ins Jenseits gehen sehen. Ich hatte den Eindruck, dass sie nach der Verletzung nicht wieder mit Menschen in Berührung kam und vermutete, dass der Schock zu einer Unterkühlung geführt hatte und sie gestorben war.

Connies lebhafter Traum von Crystal war eine Erscheinung gewesen. Es war so ein Traum, bei dem man nach dem Erwachen einen Moment wie weggetreten ist und sich fragt, ob das, was man erlebt hat, tatsächlich geschehen ist oder nur ein verwirrend realer Traum war. In jenem Zwischenreich besteht die Realität nicht nur aus Bildern vor dem inneren Auge, sondern aus einem Zusammenspiel vieler Dimensionen. Es ist ein Treffpunkt für Seelen, die bereits hinübergegangen, und für solche, die noch hier sind. Was Connie für eine Vorankündigung von Crystals Rückkehr gehalten hatte, war in Wirklichkeit ein Besuch aus dem Jenseits gewesen.

Als wir ein paar Tage später miteinander sprachen, schilderte ich Connie den Stall in allen Einzelheiten. Ich beschrieb die Innenansicht, das unverwechselbare Tor sowie das Gesamtbild des Gebäudes von außen und seine Lage.

Meine Zeit in der Wanne schätzte ich sehr, um herauszufinden, was sich zeigen würde. Wenn ich dann aber zum vereinbarten Termin mit meinen Klientinnen und Klienten sprach, sah ich oft weitere Einzelheiten.

Connie erkannte aus meiner Beschreibung ein Grundstück in der Nachbarschaft. Es lag nicht einmal vierhundert Meter von ihrem Haus entfernt an derselben Straße. Von Crystals Schicksal zu erfahren, war ein Schock für sie, und bei dem Gedanken, dass ihr geliebtes Tier Schmerzen erlitten hatte, brach sie in Tränen aus.

„Nein, sie hatte überhaupt keine Schmerzen. Das Pferd traf sie am Kopf, und sie war sofort ganz benommen. Ich bin jetzt in ihr und gehe auf die Wiese hinaus. Ich kann zwar spüren, wo sie mit voller Wucht rechts am Kopf getroffen wurde, aber der Schockzustand ist viel stärker als jeder Schmerz, den sie empfinden könnte. Neben einem Stein von etwa zwanzig Zentimetern Umfang brach sie zusammen. Dort verlor sie ein paar Mal das Bewusstsein, bis sie endgültig hinüberging.

Im Hinblick darauf, dass ihre anderen Tiere nie getrauert haben, sagte mir Sweetie, dass er Rücksicht auf Sie nimmt, und zwar wegen Ihrer gesundheitlichen Probleme durch die Borreliose und weil es Sie überfordert hätte. Er hat sich sehr lange ausschließlich auf Sie konzentriert."

Ich kann mich nicht mehr daran erinnern, was im Einzelnen noch gesprochen wurde. Wenn mir jemand sagt: „Sie haben doch damals gesagt, dass ..." – dann ist mir das meist völlig neu. Normalerweise lächele ich dann und sage, dass ich nur der Kanal bin, die Übersetzerin von Informationen, die aus dem Universum kommen, nicht viel anders als die Dolmetscher bei den Vereinten Nationen, die Kopfhörer tragen, wenn sie jemandem zuhören, der Französisch spricht und das dann auf Englisch wiedergeben. Ich bin Energie-Übersetzerin. Aber währenddessen ist es, als ob ich wegginge oder mich zurückzöge, um ein Sandwich zu essen, mir die Zähne zu putzen oder ein Nickerchen zu halten. Die Information gelangt zu demjenigen, der sie braucht, und hinterher habe ich oft keinen blassen Schimmer mehr, es sei denn, ich schreibe währenddessen mit.

Kurz nach meinem Beratungsgespräch mit Connie stellte ich fest, dass etwas mit Cubbys Schiene nicht stimmte. Das innere Polster war flachgedrückt. Ich rief den Orthopädie-Techniker an, und wir besprachen, was zu tun sei. Eine zweite Schiene erschien uns als die beste Lösung, denn das Polster müsste ausgetauscht werden, und zwar nicht nur jetzt, sondern regelmäßig. Wir wollten für die neue Schiene den Abdruck verwenden, den er bereits da hatte. Sobald sie fertig wäre, würde ich ihm die alte schicken, damit er die neue Schiene in allen Details exakt angleichen konnte. Cubby würde kurz ohne Schiene auskommen müssen.

Da es Sammy besser ging, war es an der Zeit, für ihre Sterilisation zu sorgen. Der Stress mit zwei nicht sterilisierten Katzen zerrte an meinen Nerven. Im Juni brachte ich Sammy nach Bennington, wo sie ihre Operation mit Bravour überstand. Die schlechte Nachricht war, dass an ihren Eierstöcken unglaublich viele Zysten saßen. Einen so schlimmen Befund hatte der Tierarzt bei einer einjährigen Katze noch nie gesehen.

Mings Rolligkeiten gingen anscheinend ununterbrochen ineinander über. Im Juli brachte ich sie frühmorgens nach Bennington in der Hoffnung auf eine erfolgreiche Sterilisation. Doch als ich nach Hause kam, hatte ich eine Nachricht auf dem Anrufbeantworter, ich solle den Tierarzt anrufen. Seine Helferin ging ans Telefon und bat mich, auf den Arzt zu warten. Die Stille machte mir Angst, aber ich hatte nicht das Gefühl, dass sie gestorben sei. Der Tierarzt hatte eine leichtere Anästhesie verabreicht, da natürlich ernährte Tiere anscheinend empfindlicher darauf reagieren. Er benutzte eine niedrige Normaldosis. Aber als er Ming aufschnitt, blutete sie stark, und ihr Zahnfleisch verfärbte sich weiß. Er brach die Operation ab und nähte den Schnitt, ohne die Sterilisation beendet zu haben. Ich stieg wieder ins Auto, um sie und mit ihr ein Fläschchen des homöopathischen Mittels *Staphisagria C30* abzuholen, das sie alle paar Stunden gegen die Schmerzen bekommen sollte.

Eine Woche später jaulte und pinkelte Ming wieder munter weiter. Ich musste sie in einen Hundekäfig sperren, der für Neufundländer geeignet gewesen wäre, und ihr eine kleine Toilette hineinstellen. Darin schrie sie stundenlang und kletterte am Türgitter herum. Cubby und ich setzten uns nach draußen, um ein wenig Ruhe zu haben. Ich wusste nicht mehr, was ich mit ihr tun sollte. Wie könnte ich tagein tagaus mit so etwas leben?

Im August empfahl der Tierarzt für Ming das homöopathische Mittel *Calcarea carbonica* (Calcium carbonicum) gegen die häufigen Rolligkeiten. Ich konnte allerdings nach der Gabe keine Veränderung feststellen. Es mag eine gegeben haben, aber ich war von dem Schreien und Einsperren einfach zu erschöpft, als dass ich sie wahrgenommen hätte.

Noch im selben Monat sprach ich mit einem jungen Mann über seine vermisste Freundin. Sie war nicht am Arbeitsplatz erschienen, und er machte sich Sorgen. Ich wusste, dass sie wieder auftauchen würde, aber in anderer Hinsicht in Schwierigkeiten steckte. Kurz nach ihrem Freund rief eine Familienangehörige an.

„Sie taucht wieder auf“, versicherte ich ihr. „Aber bitte tun Sie dann nicht so, als sei nie etwas vorgefallen. Sie hat Probleme – sie feiert zu viel mit ihren Freunden, trinkt und macht wahrscheinlich noch Schlimmeres. Bitte passen Sie auf, sonst werden Sie mich wieder anrufen müssen, dann aber mit deutlich weniger erfreulichem Ergebnis. Bleiben Sie an der Sache dran, und ich werde nichts mehr von Ihnen hören. Mir wäre ein glückliches Ende am liebsten. Bitte!"

Die Familienangehörige rief später noch einmal an. Die junge Frau war gefunden worden, tief schlafend in ihrem Wagen, der auf dem Parkplatz bei einem Donut-Laden stand. Alles war wieder gut.

„Sie haben meine Warnung bereits vergessen", sagte ich. „Passen Sie auf!"

Ich legte auf und hoffte, dass sie mich auf irgendeiner Ebene verstanden hatte, ob bewusst oder unbewusst. Vielleicht würde sie meine Warnung befolgen, sobald die erste Erleichterung über die unversehrte Rückkehr der College-Studentin verflogen war, und ihr helfen, wieder auf den rechten Weg zu finden.

Connie schrieb mir eine sehr schöne Briefkarte, die ich eines Spätnachmittags öffnete. Sie dankte mir für eine, wie sie es nannte, „produktive, wenngleich äußerst schwierige Sitzung". Es verginge kein Tag, an dem ihr Crystal nicht zutiefst fehle, aber sie könne nun nach vorne blicken und ihren Tod akzeptieren.

Ich schaute gerade noch rechtzeitig aus dem Fenster meines Arbeitszimmers, um den Rotschwanzbussard im Ahorn an der südlichen Grundstücksgrenze landen zu sehen.

Schönen guten Tag, Herr Bussard. Ich schickte die Energie des Grußes hinaus in den Himmel. *Weil ich auf eine bestimmte Weise sehe, habe ich jemandem geholfen. Stelle dir das mal vor!*

Draußen herrschte ländliche Stille, unterbrochen vom Gesang der Vögel, Grillen und Frösche. Durch mein Leben im ländlichen Vermont hatte ich mich an ihre Musik gewöhnt. Diese Stille summte hinter jedem Gedanken und jeder Bewegung, Tag und Nacht. Sobald die Herbstkälte einsetzt, gehen diese Klänge über in das Sausen des Windes, das Rascheln fallenden Laubes, die schrillen Schreie der Bussarde im Sonnenlicht und die Rufe der Eulen in der Dunkelheit.

Ich wusste, es würde ein ereignisloser Abend werden. Ich spürte niemanden, der mich wegen seiner Katzen, Hunde oder Pferde anrufen wollte und beschloss daher, mir ein Glas Rotwein einzuschenken und es mir unter dem Ahorn im umzäunten Garten gemütlich zu machen. Im Schatten seiner Zweige stand meine Sandstein-Bank, und daneben lag ein weiterer Sandsteinblock, auf dem ich oft ein Glas Wein oder einen Becher Kaffee abstellte.

Ich war so erschöpft, dass ich einschlief, bevor ich auch nur einen Schluck getrunken hatte. In meinen Träumen sah ich mich wieder in dem Fluss. Ich ging aufs Ufer zu. Rechts von mir lag der Felsbrocken, auf dem ich Grauer Wolf mit dem Löwenzahn hatte sitzen sehen. Jetzt war er nicht da. Ich hatte das Gefühl, dass er zwar irgendwo anders, aber bereits auf dem Weg zu mir war. Ich war schon fast ans Ufer gelangt, da tauchte rechts neben mir ein Bär auf. Ich spürte, wie die Angst mich lähmte, als der Bär auf mich losging. Mit einem Schlag war ich wach, fuhr zusammen und stieß dabei das Glas um. Grauer Wolf stand vor mir. Als ich zu ihm aufsah, verspürte ich das Gefühl eines ungeheuren Verlusts. Es war nicht meiner, sondern seiner.

„Du hast mich verloren“, sagte ich.

Ja.

„Vor langer Zeit.“

Er nickte, wandte sich dann um und verschwand zwischen den Wildblumen auf dem Feld. Ich schaute zu den Blumen hinüber. Immer noch gegen den Schlaf ankämpfend, spürte ich den Bär, der hinter mir her war.

17

Verloren und wiedergefunden

Eine Frau rief an. Sie sprach so schnell, dass ich sie kaum verstehen konnte.

„Sprechen Sie bitte langsamer. Wer hat Ihnen empfohlen, mich anzurufen?"

„Die Zoohandlung in Rutland, gegenüber vom Baumarkt. Die Dame, der der Laden gehört, sagte, sie seien Tierkommunikatorin. Ich habe mal so jemanden im Fernsehen gesehen. Können Sie meine Hunde finden?"

„Ich kann mein Bestes versuchen, aber ich kann nichts versprechen. Ich bin Medium, keine Detektivin. Das ist keine exakte Wissenschaft."

Sie erklärte mir, sie und ihr Mann seien zum Skiurlaub in Vermont. Ihre beiden Hunde hatten sie mitgenommen – die Deutsch Kurzhaar-Dame Daisy und die zweiundzwanzig Monate alte Deutsche Schäferhündin Dallas. Sie luden ihre Koffer und die Ausrüstung aus ihrem Wagen in das Motel-Zimmer. Die Heckklappe stand offen. Dallas sah ein Reh auf der Wiese auf der anderen Straßenseite und jagte ihm nach, dicht gefolgt von Daisy. Die Hunde verschwanden im Wald, und seither hatte sie niemand mehr gesehen.

Ich seufzte und fand mich innerlich zwischen den Bäumen in der Kälte wieder. Mir grauste vor Anrufen wegen verschwundener Tiere. Manchmal hatte ich Glück und fand die Vermissten. Aber meistens war es genau wie in diesem Fall, dass die Tiere eben nicht neben einem gut zu entziffernden Straßenschild saßen und ich den Besitzern sagen konnte, sie brauchten nur zu dieser oder jener Straßenkreuzung zu fahren. Oft waren die Ausreißer unterwegs, oder es hatte sie jemand gefunden, unternahm aber nichts, um den eigentlichen Besitzer ausfindig zu machen. Dann konnte ich zwar das Tier in dem Haus sehen, aber weder einen Straßennamen noch eine Telefonnummer entdecken. Vor einer Woche hatte jemand wegen einer vermissten Siamkatze angerufen. Ich sah sie in einer Küche, die der Katzenbesitzerin aber völlig unbekannt war. Sie bat mich um die Telefonnummer.

Frustriert antwortete ich: „Ich bin ein Medium, nicht das FBI."

Sie beschimpfte mich, nannte mich eine Betrügerin und knallte den Hörer auf.

Ich machte mir Sorgen, wie die Sache mit den beiden verschwundenen Reh-Jägerinnen wohl ausgehen würde, denn ich wurde das Gefühl nicht los, dass ich in diesem Fall nicht eingreifen sollte. Mein Eindruck war vielmehr, dass die Besitzer eine kurze Zeit lang von ihren Hunden getrennt sein sollten, damit sie danach wirksamere Sicherheitsvorkehrungen für alle ihre Tiere träfen. Das war noch nicht die Katastrophe, die unweigerlich eintreten würde, wenn sie mit ihren künftigen Haustieren nicht anders umgingen.

Meine Seele wanderte bereits einen Waldweg entlang, als mir einfiel, die Hunde zu fragen, ob sie überhaupt mit mir über ihre Lage sprechen wollten. Sie waren einverstanden. Zwar waren bereits Tage vergangen, aber es ging ihnen großartig, und sie wollten zum damaligen Zeitpunkt nicht gefunden werden.

„Es tut mir leid. Ich weiß lediglich, dass Daisy und Dallas sich trennen werden oder in diesem Moment sogar bereits getrennt sind. Bitte verteilen Sie keine Bilder, die die beiden zusammen zeigen. Die Leute müssen sie als einzelne vermisste Hunde wahrnehmen. Bilder, die sie zusammen zeigen, helfen Ihnen nicht weiter."

Die Besitzer hingen in der ganzen Stadt Zettel auf und fragten bei allen Tierärzten nach. Eine der beiden Hündinnen tauchte wieder beim Motel auf, bevor sie nach New Jersey zurück mussten, die andere wurde eine Woche später von einem Einheimischen gefunden. Der Hund war hungrig und müde, würde aber wieder auf die Beine kommen. Die Besitzer riefen mich an, um mir von ihrem

Glück zu berichten, und verkündeten, in Zukunft mehr auf Sicherheit achten zu wollen. Nach dem Telefonat war ich enorm erleichtert, dass es den Hunden gut ging und am Ende für alle Beteiligten das Beste herausgekommen war. Einen Augenblick lang schmerzte es mein Ego ein wenig, dass ich selbst nichts zu der wohlbehaltenen Rückkehr beigetragen hatte, aber am nächsten Morgen war ich darüber hinweg. Ich war dankbar, dass ich alles beachtet hatte, was sich gezeigt hatte. Es führte mir wieder einmal vor Augen, dass ich auf das Gehörte und Gesehene vertrauen kann.

Catherines Haus quillt über vor Katzen, Hunden und Kindern, die sie alle zutiefst liebt und bewundert. Das freundliche Herz der Frau konnte kein Tier in Not abweisen. Jedes Mitglied ihrer Tierfamilie war mit einer Belastung zu ihr gekommen, und es war eine echte Herausforderung, den Bedürfnissen aller Beteiligten gerecht zu werden. Misha war eine fünfzehn Jahre alte graue kugelrunde Katze, die schon fast ihr ganzes Leben bei Catherine und ihrem Mann Henry verbracht hatte. Sie distanzierte sich etwas von den anderen Tieren und war sauer, dass ihr nicht von allen Familienmitgliedern mehr Aufmerksamkeit geschenkt wurde.

Einen Monat bevor Catherine mich anrief, war Misha verschwunden. Catherine, eine intuitiv begabte Frau, die die Wahrheit in ihrem Inneren ehrt, sagte mir, dass Misha höchstwahrscheinlich verschwunden war, weil sie nicht genug Aufmerksamkeit bekam und sich in dem ganzen Trubel in Catherines und Henrys Zuhause verlassen vorkam. Die fürsorgliche Besitzerin wollte wissen, was aus Misha geworden war. Sie war bereit, alles zu akzeptieren, und fühlte sich dafür verantwortlich, dass Misha gegangen war.

Ich machte mich auf in die feinstofflichen Welten und stieß auf eine steinerne Böschungsmauer vor einem Haus. Unter der Last ihres Alters und der Elemente war die Mauer krumm und schief geworden. Sie war etwa einen Meter hoch, und auf der zum Haus gelegenen Seite wuchsen gelbe Blumen. Auf dieser Mauer saß Misha. Sie mochte diese Stelle wegen der Sonne, der Mäuse und der Aufmerksamkeit der Passanten.

Ich konnte ein Straßenschild erkennen, das mir besonders durch seine grüne Farbe auffiel. „S. Lane“ stand darauf, und immer wieder wurde mir die Zahl 4 gezeigt. Grün ist mit dem vierten Chakra, dem Herzen, verbunden. Dieses Chakra beeinflusst unsere Beziehungen zu anderen. Das Straßenschild war symbolisch, aber weil „S. Lane“ darauf stand, sollte es eigentlich auch eine wörtliche Bedeutung haben. Welche das war, war mir in dem Moment, als ich davor stand und das Schild und die Katze anschaute, allerdings nicht klar.

Dicht neben dem Haus stand ein weiteres separates Gebäude. Beide waren weiß, das zweite Gebäude war jedoch eine Werkstatt für den Ehemann. Er war handwerklich sehr begabt und reparierte alles. In jenem Gebäude arbeitete er auch. Die Ehefrau kam mir wie das Klischee einer 50er-Jahre-Hausfrau vor. Damit sollte symbolisch ausgedrückt werden, dass sie ein sehr häusliches Leben führte. Sie zeigte mir eine wunderbare, komplett selbst gemachte Schokoladencremetorte. Sie war saftig und sehr aromatisch. Einen Moment lang konnte ich in meinem Dritten Auge den Geschmack genießen. Ich schmunzelte in mich hinein und dachte, das sei ja wohl das Größte, zu essen, ohne dabei Speck auf den Hüften anzusetzen. So konnte ich mit Fug und Recht sagen, dass sie eine großartige Bäckerin war.

Der Garten und das Haus waren makellos. Alles war bestens in Schuss. Die geteerte Einfahrt führte hinters Haus, wo sich eine freistehende Garage befand, die früher einmal ein Stall gewesen war. Sie hatte zwei Tore. Neben der Garage stand ein Mann in Militäruniform. Es war keine amerikanische Uniform, sondern die der kanadischen Mounties oder der französischen Fremdenlegion – ich war mir nicht sicher, welche es war, und wollte diesem Wesen nicht näherkommen. Sein Hut war rund und wurde durch einen Gurt unter seinem Kinn gehalten. Ich wusste, dass er reiten konnte. Es bestand eine Beziehung zwischen ihm und dem Mann in der Werkstatt, aber ich war mir nicht sicher, welcher Art.

Misha war eingezogen und hatte in der Werkstatt ihr eigenes Plätzchen. Bei der Arbeit unterhielt sich der Mann mit ihr.

„Was hältst du davon, Katze?“, fragte er sie im Laufe des Tages immer mal wieder.

Im Haus wurde Misha ganz wie die königliche Hoheit behandelt, als die sie sich fühlte. Das hatte sie sich sehnlichst gewünscht. Die Frau nahm sich Zeit für sie. Ich sah Misha, wie sie auf einem Fenstersims entlang stolzierte und lächelte. Sie war gern in der Küche bei der Frau. Sie hatte einen besonderen Stuhl mit Stablehne und blau gemustertem Kissen ganz für sich alleine, auf dem sie oft schlief.

Auch wenn Misha Catherine und Henry aufrichtig liebte, brauchte sie doch eine etwas ausschließlichere Beziehung. Sie kannte Catherines Herz und wusste, wie empfindsam und liebevoll es war, und sie liebte sie, aber ihre Zeit mit ihr war um. Die Chancen standen sehr schlecht, dass Misha je zu Catherine zurückkehren oder Catherine sie in diesem Leben noch einmal zu Gesicht bekommen würde.

Catherine war hin und hergerissen. Einerseits wollte sie mehr über das Straßenschild wissen, das ich gesehen hatte. Ich erinnerte sie daran, dass ich ein Medium und nicht das FBI war, und nicht alles, was wie ein Straßenschild aussieht, auch tatsächlich als solches zu verstehen ist. Normalerweise spüre ich den Unterschied zwischen dem, was wörtlich, und dem, was symbolisch gemeint ist. In diesem Fall war es beides. Andererseits war Catherine sehr dankbar, dass Misha gefunden hatte, was sie sich wünschte. Sie fand, dass die Katze dieses Glück verdient hatte, und tief in ihrem Herzen wusste sie, dass sie angesichts der vielen Tiere, um die sie sich kümmerte, und der vielen Kinder in ihrer Familie der Katze nicht ebenso viel Zeit würde widmen können. In dieser Hinsicht war sie bereit loszulassen. Dennoch machte sie sich auf die Suche nach dem Straßenschild und dem Haus mit der schiefen Böschungsmauer und den gelben Blumen. Ich weiß, ich hätte dasselbe getan.

Misha wollte nicht gefunden werden. Sie war zu Hause.

Mike und Minnie waren weggelaufen, drei Wochen bevor ich den Anruf erhielt. Lydia, ihr Mann Jack und ihr 14-jähriger Sohn hatten nur drei Kilometer vom Haus entfernt gezeltet. Jeden Tag kam einer der drei nach Hause, um die Hunde zu versorgen. Als Jack eines Abends kam, um den Beagles das Futter zu richten, waren beide verschwunden. Minnie war an einer langen Leine im Hof festgemacht gewesen. Mike musste nicht angekettet werden, denn er blieb immer bei seiner Mutter Minnie.

„Ich verstehe das nicht“, sagte mir Lydia. „Auch ihre Halsbänder waren weg. Also wissen wir, dass Minnie nicht einfach ihr Halsband abgestreift hat und weggelaufen ist.“

Nach einer ausgiebigen Suche, bei der auch Freunde und Nachbarn mitgeholfen hatten, war Lydia bereit, es mit einem Medium zu versuchen. Sie wollte schauen, ob sich so vielleicht des Rätsels Lösung und hoffentlich auch Mike und Minnie fänden. Sie wusste nicht mehr, was sie sonst noch tun sollte.

Ich konnte ihr nichts versprechen, aber noch während ich mit ihr am Telefon sprach, sah ich bereits Bilder von einem Haus und einem Mann mit Flanellhemd und Mütze. Ich wusste, dass die Hunde absichtlich mitgenommen worden waren. Ich erklärte Lydia, ich würde lieber eine Badewannensitzung abhalten. Das Ritual, ins Wasser zu steigen und dort zur Ruhe zu kommen, half mir, mich gezielt auf die vermissten Tiere zu konzentrieren.

„Ich würde gern so viel wie möglich von der Geschichte erfahren. Erlauben Sie mir deshalb bitte ein langes Bad, dann sehe ich, was ich für Sie tun kann. Je besser ich mich konzentrieren kann, desto geringer wird die Wahrscheinlichkeit, dass ich Bilder, die mir gezeigt werden, falsch interpretiere.“

Ich konnte ihre skeptische Anspannung spüren, aber nachdem alles andere fehlgeschlagen war, wusste sie sich einfach nicht mehr anders zu helfen.

Ich salzte das einlaufende Badewasser und gab eine Mischung aus Olivenöl und ätherischem Kamillenöl in Arzneimittelqualität hinzu. Ich stellte die Jet-Düsen auf zwanzig Minuten, aber in meinem Dritten Auge wanderte mein Seelenkörper bereits eine Straße entlang, bevor ich noch richtig in der Wanne war und zum Rauschen der im Wasser der cremefarbenen Badewanne umherwirbelnden Luft die Augen schloss.

Vor mir sah ich einen dünnen älteren Mann mit blaukariertem Flanellhemd und rotkarierter Flanellmütze. Seine Kleidung verdeckte eine Wunde von einem Bärenangriff an seiner Schulter. Das Tier hatte auch seinen rechten Arm geschädigt, wahrscheinlich war es ein bleibender Nervenschaden.

Er fuhr in einem alten Ford Pickup. Der dunkelblaue Lack hatte allen Glanz verloren. Die Radkappen erinnerten mich an Madonnas Brustplatten. Sie bestanden aus schwerem, gewölbtem, silberfarbenem Metall. Das Fahrzeug hatte ein Schaltgetriebe und roch schwach nach Tierblut und frisch gereinigten Gewehren.

Der Bärenarm-Mann hatte Lydias Haus schon eine ganze Weile beobachtet, und als die Familie nicht weit weg zum Zelten aufbrach und die Hunde im Garten zurückließ, sah der Dieb seine Chance gekommen. Er holte Minnie aus dem Zwinger und trug sie unter seinem gesunden linken Arm. Mike folgte dem Hunde-Entführer und seiner Mutter zu dem Pickup.

Der Mann war Jäger. Er besaß Schrotflinten, Gewehre sowie Pfeil und Bogen. Er schoss nicht zum Vergnügen, sondern um des Fleisches willen. Er wohnte in einem Nachbarort von Lydia und ihrer Familie. Sein Haus war von der Straße aus nicht zu sehen; es lag am Fuß eines ziemlich steilen Abhangs. Selbst Menschen, die schon ein Leben lang in dem Ort wohnten, wussten nicht unbedingt, dass dort ein Haus stand. Es war ein langes hüttenähnliches Gebäude. Davor hing ein frisch gewildertes Reh an einem Baum. Als ich näher an das Haus herankam, sah ich eine Tierhaut, die auf einen Holzrahmen gespannt trocknete.

Im Inneren des Gebäudes war es dunkel. Es wurde nur von Öllampen erleuchtet; denn es gab keinen Strom. Bei dem Bärenarm-Mann lebte noch jemand, sein Stiefsohn. Neben ihm stand eine Frau, mit deren Vorderzähnen etwas nicht stimmte. Sie waren groß und stellenweise schwarz oder braun. Die Frau war sehr häuslich; sie kochte, putzte und kümmerte sich um ein etwa 12- bis 15-jähriges Mädchen, das wahrscheinlich etwas zurückgeblieben war. Das Haar des Mädchens war dunkel und kurz.

In dem Haus hatten Mike und Minnie jeweils ihr eigenes Hundebett. Zu diesem Zeitpunkt gewöhnten sie sich gerade an ihr neues Leben in der Hütte. Minnie vermisste Lydia, aber Mike, jung wie er war, sprang munter auf und ab und war sehr beschäftigt. Mike spürte meine Gegenwart und sprang an meinem Seelenkörper hoch. Er freute sich, mich zu sehen. Er ließ mich wissen, dass es ihnen beiden gut ging, aber dass er nachts traurig war, weil Minnie dann unglücklich war. Beide Hunde entwickelten jedoch eine sehr enge Bindung zu dem jungen Mädchen.

Ich sah die Familie beim Essen an einem Tisch voller getrocknetem und eingemachtem Obst sowie eingelegtem und selbstgezogenem Gemüse. Jedes Gericht war mit großer Sorgfalt angerichtet worden. Es wurde mir gezeigt, dass der Mann die Hunde mit zur Jagd nehmen wollte. Er schulte ihre Apportierfähigkeiten. In seinen Augen war mit den Hunden nicht so umgegangen worden, wie es hätte sein sollen. Er hatte keinerlei Schuldgefühle und empfand es auch nicht als unehrenhaft, dass er sie aus Lydias Garten geholt hatte. Seinem Verständnis nach ermöglichte er ihnen ein besseres Leben.

Bei meinem Telefongespräch mit Lydia wurde mir übermittelt, dass nur ein schmales Chancen-Fenster offenstand, die Hunde zurückzubekommen. Immer wenn Lydia mir sagte, Mike und Minnie seien bloß Jagdhunde, erwiderte Minnie mir gegenüber, dass sie mehr sein wollte. Lydia liebte die Hunde zwar, aber das war nicht genug. Die Chance bestand darin, Minnies Bedürfnisse zu sehen und anzuerkennen. Ich konnte nichts sagen, um einzugreifen. Es war eine Lektion, die sie entweder jetzt oder später auf andere Weise lernen konnten, die sich dann zeigen würde. Als sich das Fenster schloss, sah ich die Familie und die Beagles, wie sie – ohne den Entführer der Hunde – einen Kombi beluden und Vermont verließen. Lydias Hunde würden ihr nicht zurückgegeben werden.

Nach meinem letzten Telefonat mit Lydia saß ich auf der vorderen Treppe, Cubby neben mir. Mein Arm lag auf seinem Nacken, und wir schauten über die mondbeschienenen Felder.

Ich seufzte und dachte an Sophie. Sie war zwar nie weggegangen, kam aber dennoch nicht nach Hause, und ich wusste, wie sich das anfühlte – der Verlust, die Angst, die Hilflosigkeit. Ich konnte die Zusammenhänge erkennen. Aber dieses Verständnis machte es mir nicht unbedingt einfacher.

Als ich die Augen schloss, spürte ich noch einmal Minnies Energie. Ihre Seelenessenz schleckte mein Gesicht ab und wedelte mit dem Schwanz. Ich konnte spüren, dass sie ihre Situation akzeptierte. Sie war glücklich bei ihrer neuen Familie. Mir wurde klar, dass sie die Ereignisse angezogen hatte, weil sie mehr sein wollte als nur ein Jagdhund. Sie wollte Anerkennung, und das Universum erfüllte ihren Wunsch. Die Beagle-Dame dankte mir und verschwand in der Dunkelheit.

Jahre später erhielt ich die Bestätigung dessen, was ich über den neuen Wohnort der Beagles gesehen hatte. Ein junges Paar war aus Florida angereist; sie besuchten über Weihnachten ihre Familie in Dorset. Bei einem Spaziergang mit ihren beiden Hunden krachten plötzlich Gewehrschüsse, und die neun Monate alte australische Zwergschäferhündin, die gerade nicht angeleint war, raste mit hohem Tempo in den Wald. Den ganzen Tag rief und suchte die Familie nach ihr, jedoch vergeblich. Nachts sanken die Temperaturen bis weit unter den Gefrierpunkt. Wenn die Mini-Aussie ohne Obdach draußen bliebe, wäre sie in Lebensgefahr.

Ich hatte Grippe, als Nancy, die Besitzerin der Aussie-Hündin, mich anrief und um Hilfe bat. Sie hatte von mir in dem Haushaltswarenladen gehört, in dem die Mama von Bob, dem Beagle, arbeitete. Mehrere Angestellte hatten ihr von meinen Fähigkeiten erzählt. Sie erklärte mir alles am Telefon: Die Hündin trug Marken mit der Telefonnummer der Besitzer in Florida. Dort war jemand im Haus, für den Fall, dass der Finder die Nummer auf der Marke anrufen würde. Nancy verständigte alle Tierärzte in der Gegend und hängte Zettel in Dorset und den Städten der Umgebung auf. Jeder Tierschutzbeamte im Umkreis von 150 Kilometern wusste von dem Fall.

Es ging mir zu schlecht, als dass ich Nancy nach besten Kräften hätte helfen können. Ich sagte ihr das deutlich, aber sie wollte dennoch, dass ich ihr half, so gut ich konnte. Ich sah einen dünnen älteren Mann in übergroßer Kleidung. Er fuhr einen hellblauen gut gepflegten Wagen, der aussah wie ein Buick.

Der Hund lag am Straßenrand der Route 30 in Dorset. Womöglich hatte ein Auto sie in der Nähe eines stallähnlichen Gebäudes angefahren. Der Herr war ein Samariter, las die Hündin auf, wickelte sie auf dem Vordersitz in seine Jacke und brachte sie zu einem Tierarzt. Ich hatte keinerlei Anhaltspunkte, wo dieser Tierarzt war und ob er sich überhaupt in Vermont befand.

Egal bei welcher Tierklinik Nancy anrief, nirgendwo hatte ein Mann mit einem Buick einen Hund vorbeigebracht. Nancy behalf sich wieder mit ihrer Tür-zu-Tür-Propaganda, um ihren vermissten Welpen zu finden. Ich sagte ihr, auf welche Gegend sie sich konzentrieren sollte, wo ich das Gefühl hatte, dass jemand etwas wissen konnte. Nachdem sie die Hündin in keiner Tierklinik hatte finden können, beschloss sie, meinem grippeumnebelten Rat nicht weiter zu folgen und suchte in der entgegengesetzten Richtung in einer anderen Stadt.

Als sie mich an jenem Abend anrief, erzählte sie mir, wo sie gewesen war.

„Sie sind in dieser Stadt zu Fuß einen Feldweg entlang gegangen?“

„Ja.“

„Und dann haben Sie gesehen, dass hinter einem Abhang Rauch aufstieg und gemerkt, dass dort ein Haus steht?“

Am anderen Ende der Leitung herrschte Stille, als ich ihr das Haus in allen Einzelheiten beschrieb und wiedergab, was sie beim Näherkommen dachte. Ich konnte spüren, wie Nancys Herz bei meinen Worten schneller schlug.

„Sie gingen zur Tür, und ein älterer Mann öffnete. Er war sehr verärgert, dass Sie zu dem Haus gekommen waren, und knallte Ihnen praktisch die Tür vor der Nase zu. Sie fanden das recht verschroben.“

„Hat er meinen Hund?“

„Nein, Nancy. Sie haben ihn nur erschreckt, weil er vor längerer

Zeit einmal zwei Beagles gestohlen hat, wobei er selbst das allerdings anders sah. Die Hunde sind mit seiner Familie fortgezogen und leben nun in einem anderen Bundesstaat. Er hat Ihren Hund nicht, dachte aber, Sie wüssten wegen der Beagles Bescheid."

Nancy bekam ihren Hund nicht wieder. Sie kehrte mit ihrem kleinen Sohn, dem anderen Hund und ihrem Mann nach Florida zurück – aber ohne die australische Zwergschäferhündin. Ich sagte ihr, bevor sie fuhr, dass es ihr wohl nicht bestimmt gewesen sei, diese Hündin zu besitzen. Wenn nicht hier, dann wäre die Hündin bestimmt auf dem Rückweg oder in Florida verschwunden. Es hing bereits zu viel an ihr, mit ihrem neu gegründeten Geschäft und dem Kleinkind. Der Stress und ihr Drang zum Perfektionismus überforderten die junge Mutter. Sie hatte es zwar bestimmt nicht so empfunden, aber das Universum hatte ihr damit auf seine ureigene Weise einen Segen zuteil werden lassen. Der Aufenthaltsort des Hundes wurde mir nie mitgeteilt, und das sollte auch gar nicht so sein. Doch trotz dieser Lektion wünschte ich, Nancy hätte ihren Hund wieder. Ich entschuldigte mich bei ihr und wartete geduldig, als sie weinte. Sie fragte mich, ob ich überhaupt schon einmal einen vermissten Hund gefunden hätte. Ich erzählte ihr von dem französischen Labrador und dem Beagle namens Bob, der sich für sein Leben gern mindestens einmal pro Woche selbstständig machte.

„Hunde werden gefunden, wenn es so sein soll. Ich weiß, dass Sie das nicht trösten kann. Ich kann Ihnen leider auch keinen aus dem Hut zaubern. Ich wünschte, ich könnte es. Als intuitiv begabter Mensch kann ich die Gründe nachvollziehen, warum Sie Ihren Hund nicht wiederbekommen. Ich achte sie und erkenne sie an; aber als mitfühlendes Wesen würde ich Ihnen nur zu gerne Ihren Hund wiedergeben können."

18

Grauer Wolf und Weiße Feder

Die Luft war frisch und trug den Duft sich verfärbenden Herbstlaubs. Ich legte Cubby seine Schiene an, und wir spazierten durchs Wohnzimmer zu der Tür, die zum Windfang führt. Die zwei Stufen, die dahinter hinabführten, nahmen wir stets langsam und vorsichtig. Ich hatte einen rutschhemmenden Belag angebracht, damit Cubbys Schiene nicht unter ihm wegrutschen konnte, besonders wenn es draußen nass war, sei es vom Regen oder vom morgendlichen Tau.

Er setzte zum Hinuntergehen an, aber als er mit den Hinterläufen auf den Stufen stand, brachen sie unter ihm weg. Er purzelte hinunter und saß im Windfang auf dem Boden.

„Was ist passiert?“ Verwirrt schaute ich ihn an. Ich strich mit der Hand an seiner Wirbelsäule entlang bis zu den Hüften. Er stand auf, und dabei spürte ich eine Schwäche, die bisher nicht so ausgeprägt gewesen war. Als ich sein rechtes Hinterbein anhob und bewegte, fiel es schlaff herunter. Es war nie besonders kräftig gewesen, aber in diesem schlimmen Zustand hatte ich es noch nie gesehen. Ich nahm mir fest vor, genau darauf zu achten, wie oft wir seinen Hügel bei der Fichte hinauf und hinunter gingen. Er musste mit diesen Muskeln arbeiten, denn sie atrophierten rasch. Ich kniete vor seinem schwarz-weißen Gesicht und umfasste es mit beiden Händen.

„Komm, wir machen dich stärker, mein Liebster. Komm, wir bringen dich in Bewegung.“

Cubby sah mir in die Augen und imitierte dann Emma, indem er den Kopf nur ganz leicht anhob und ein leises Bellen ausstieß. Das verblüffte mich zunächst, aber im Gehen wurde mir klar, dass er mir damit die Verbundenheit zwischen uns zeigen wollte.

Wir gingen an der Nordseite meines Grundstücks entlang, zogen uns dann in den umzäunten Garten zurück und setzten uns auf den Hügel bei Emmas Grab. Dort genossen wir den Sonnenuntergang, der unsere Gedanken mit sich nahm und uns vor Augen führte, wie einzigartig jeder Tag war.

Die Katze Sammy, deren Verdauung immer noch empfindlich war, hielt den Kopf wieder schief. Ich brachte sie erneut zur Untersuchung zum Tierarzt. Sie erhielt eine Zeit lang das homöopathische Mittel *Natrium muriaticum* in einer LM-Potenz. Es dauerte zwei Monate, bis die schiefe Kopfhaltung verschwunden war. Im November war Sammys Schiefhals beseitigt, und sie hatte auch keinerlei Schwierigkeiten mehr, Nahrung bei sich zu behalten.

Das Weihnachtsgeschäft war für Barking Bear wunderbar gelaufen, deshalb beschloss ich, meiner Verschwendungssucht nachzugeben und mir den Herd zu gönnen, den ich mir schon so lange wünschte. Ein Standgerät mit einem Umluft-Backofen. Ich wollte ein Modell, das nicht selbstreinigend wäre, wovon es nur wenige gab. Ich bestellte das Gerät im Internet bei einer großen Handelskette. Was geliefert wurde, sah überhaupt nicht aus wie das Bild auf der Website und war außerdem selbstreinigend, was mich verärgerte. Die Modellnummer stimmte allerdings überein, und ich ließ mich überreden, den Herd wider besseres Wissen zu behalten – ein riesiger Fehler.

Statt an der erhöhten Rückseite, befanden sich die Schaltflächen auf derselben Ebene wie das Kochfeld, wo jedes Kind an sie herankam. In der ersten Nacht, in der das Gerät installiert war, stolzierte Sammy über die Küchenarbeitsplatte – was sie nicht durfte – und über das neue Kochfeld zur anderen Seite. Dabei trat sie auf eine der Schaltflächen und stellte den Backofen an. Mir war, als röche ich irgendetwas Chemisches aus der Küche, deshalb ging ich hin –

und fand den angeschalteten Backofen sowie eine Katze, in deren beredtem Gesichtsausdruck „Ich war‘s nicht“ zu lesen war.

Was mir Sorgen bereitete, war der chemische Geruch. Ich scheuchte Sammy von der Arbeitsplatte und notierte auf einem Zettel, dass ich gleich am Morgen den Händler anrufen wollte, damit er den Herd wieder abholte.

Wir kamen überein, dass ich am folgenden Tag in den Laden kommen und mir ein anderes Modell aussuchen könnte. Einstweilen sollte ich mir mit dem behelfen, den ich hatte. Nach dem Telefonat musste ich schnellstens zum Chiropraktiker, denn mein Nacken fühlte sich so verspannt an, dass mir davon schlecht wurde.

Als ich wieder nach Hause kam, zog Rauch durchs Haus, und es roch überall nach Chemikalien. Im Wohnzimmer war es wärmer als normal, und Cubby sah krank aus. Er ließ den Kopf hängen und kam mir nicht entgegen, um mich zu begrüßen. Der Backofen war wieder angeschaltet. Trotz der Minustemperaturen, die im Februar in Vermont herrschen, öffnete ich alle Türen und Fenster. Ich schaute nach sämtlichen Katzen, und alle sahen krank aus. In der Bedienungsanleitung las ich den lakonischen Hinweis, beim ersten Einschalten des neuen Gerätes solle man Vögel aus dem Zimmer entfernen. Anscheinend wurden dabei Chemikalien an die Luft abgegeben, die für Vögel tödlich sein konnten. Ganz offensichtlich konnten sie sogar noch mehr.

Ich verabreichte allen das homöopathische Mittel *Arsenicum album C30.* Cubby bekam es vier, die Katzen zwei Mal. Am darauffolgenden Tag hatte ich Gedächtnisstörungen und nahm ebenfalls *Arsenicum album*, aber in der C200. Als es schließlich allen wieder besser ging, forschte ich nach und stellte fest, dass ein selbstreinigender Backofen eine zweifelhafte Errungenschaft ist. Nach Herstellerangaben war alles in Ordnung, wenn der Ofen bei normalen Temperaturen betrieben wurde. Andere Studien hingegen zeigten, dass die Beschichtung des selbstreinigenden Backofens grippeähnliche Symptome auslösen konnte, wenn er über eine bestimmte Temperatur erhitzt würde. Alle Berichte widersprachen sich. Um ganz sicher zu gehen, gab ich die Vorstellung von einem Umluftherd auf und kaufte einen Elektroherd allereinfachster Ausstattung, mit Platten herkömmlicher Art und großen hervorstehenden Schaltknöpfen am hinteren erhöhten Teil des Geräts. Als der neue Herd geliefert wurde, entfernte ich alle Tiere aus dem Hauptteil des Hauses, öffnete sämtliche Türen und Fenster und heizte den Backofen eine Stunde lang bei maximaler Temperatur, damit ich sicher sein konnte, dass jegliche Oberflächenbeschichtung (das sogenannte Transportwachs) ausgebrannt war.

Bei der Rückgabe des unerwünschten Herdes wies ich den Verkäufer darauf hin, dass es unsinnig sei, die Schaltflächen vorne anzubringen, gerade im Hinblick auf Kinderhände – und machte mich damit zum Gespött. Denn anscheinend kann man, wenn man, wie ich, einen Meter vierundfünfzig groß ist und sich über solche Schaltflächen lehnt, den Backofen mit den Brüsten anschalten. In meinem Freundeskreis macht seither das geflügelt Wort vom „freihändigen Backofenanschalten" die Runde.

Zwar brachte der Winter nicht viel Schnee und ich konnte mit Cubby jeden Tag hinausgehen, aber sein Bewegungsradius wurde immer kleiner. Seine Hinterläufe wurden zusehends schmaler, und er verlor den Muskeltonus, bis schließlich am Valentinstag der Handwerker, der auch mein Badezimmer renoviert hatte, wieder ins Haus kam, um für Cubby eine Rampe zum Windfang zu bauen, da er mittlerweile die beiden Stufen aus dem Haus und wieder hinein nicht mehr sicher bewältigen konnte. Ich legte ihm die Gehhilfe aus der Zeit nach seiner Operation um, damit ich ihn, falls er stolperte, auffangen und einen Sturz verhindern konnte. Inzwischen gingen wir überall nur noch mit um den Bauch gelegter Gehhilfe hin, als Versicherung sozusagen.

Als die Rampe fertig war, legte ich gummibeschichtete Badematten darauf, damit sie auf keinen Fall rutschig werden konnte. Das erste Mal ließ ich Cubby ohne Gehhilfe hinuntergehen. Als er glücklich unten angekommen war, strich er mit der Pfote seines geschienten Beines über den Boden und stieß ein herzhaftes „Wuu-Wuu!" aus.

„Ja, ich bin auch stolz auf dich!“

Doch später brachte mich die Vorstellung, dass mir nun die große Verantwortung abgenommen war, ihn sicher die Stufen hinauf und herunter zu bringen, zum Weinen. Ich ging ganz allein unter den Sternen spazieren, pflegte mein Selbstmitleid und wünschte mir, jemand hielte mich genauso aufrecht wie ich Cubby.

„Wenn mir doch nur einmal jemand morgens eine Tasse Kaffee kochen würde – nur ein einziges Mal …“

Cubbys Körperbau würde irgendwann sein Untergang werden. Ich würde mich damit abfinden und das tun müssen, was für jeden Haustierbesitzer das Allerschlimmste ist – meinen geliebten Hund einschläfern lassen.

Noch war es nicht so weit, allerdings verlor er eine Fähigkeit nach der anderen. Zuerst konnte er die Treppen zum Mansardenzimmer und in den Keller hinunter nicht mehr bewältigen. Dann wurden die Spaziergänge kürzer, und wir mussten die Gehhilfe anlegen. Danach musste die Rampe gebaut werden. Allmählich verlor er seine Mobilität. Mit der Schiene an seinem Vorderlauf hatte ich ihm noch etwas Zeit verschafft. Aber nun setzten seine Hinterbeine aufgrund der schweren Hüftdysplasie dieser geborgten Zeit ein Ende. Vor Jahren hatte ich ihm versprochen, dass ich ihm niemals einen Gehwagen antun würde. Und er wollte auch nie einen. Ich versprach, wenn es so weit wäre, würde ich ihn loslassen.

Seit Emma von uns gegangen war, nagte sich Cubby nie selbst einen Knochen zurecht. Ich versuchte, einen weich zu hämmern und aufzuklopfen, um ihn für Cubby verlockender zu machen, aber nichts konnte ihn reizen. Einmal bat ich Gregory, Lily mitzubringen, damit sie einen Knochen für ihn weichnagen konnte, doch Cubby zeigte keinerlei Interesse. Hunde mit schwachem Nierenmeridian haben normalerweise weichere Zähne und weniger Lust, einen Knochen selber weich zu kauen. Am Abend des Tages, an dem die neue Rampe eingebaut worden war, verspürte ich aus irgendeinem Grund den Drang, einen Knochen aus der Gefriertruhe zu holen. Als er am nächsten Morgen aufgetaut war, legte ich ihn auf den Boden. Cubby stand von seinem Platz vor der Glasschiebetür auf, ließ sich neben dem Knochen auf den Boden plumpsen und fing an, daran herumzukauen.

Ich hörte mit dem Geschirrwaschen auf, stand neben der Arbeitsfläche in der Küche und beobachtete ihn. Es war dasselbe Gefühl wie an dem Tag, an dem Sidney zum ersten Mal an mir vorbeigestrichen war. Es machte mir solche Freude, ihm zuzusehen, und das wusste er. Hin und wieder sah er mit einem sehr verschmitzten Gesichtsausdruck zu mir herauf. Damit erinnerte er mich daran, die Angst loszulassen und die Freude zu entdecken, ganz gleich, was um uns herum geschieht.

Grauer Wolf schien überall da zu sein, wo ich war. Wenn ich in einer Arztpraxis anrief, um einen Termin zu vereinbaren, dann sah ich ihn dort an der Empfangstheke stehen, und er nannte mir noch vor der Sprechstundenhilfe Tag und Uhrzeit unseres Termins. Zum Spaß wiederholte ich die Angaben dann, bevor sie etwas sagen konnte. Manchmal brachte sie das völlig aus dem Konzept. Andere Male hingegen dachte mein Gegenüber, ich fragte, ob um diese bestimmte Zeit noch etwas frei sei – und, welch ein Zufall, gerade hatte sie mir diesen Termin vorschlagen wollen. Wenn ich mit Cubby spazierenging, dann war Grauer Wolf neben mir oder er ging vor uns her. Er machte sich einen Spaß daraus, an heißen Tagen in seiner Motorradjacke und an kalten Tagen nur in seinem Lendenschurz zu erscheinen.

„Du bist nicht zufällig ein kleiner Macho?“, zog ich ihn auf.

Er verzog dann den Mund zu einem halben Lächeln und reichte mir einen Löwenzahn oder verschwand und tauchte irgendwo wieder auf.

Wenn ich mir ein Bad gönnte, um den Kopf frei zu bekommen, saß er oft mit abwesendem Blick auf dem Wannenrand, sobald ich wieder aufwachte. Dann wieder hatte er eine Gitarre auf dem Schoß und spielte mir Lieder vor, die ich mochte. Dazu sang er mit der Stimme des eigentlichen Sängers des jeweiligen Liedes, nicht mit seiner eigenen.

Draußen lief er neben den Rehen her, wenn sie den Hügel hinaufrannten, weil sie Cubbys und meinen Geruch mit dem Wind aufgenommen hatten. Grauer Wolf konnte mit ihnen mithalten, bis sie außer Sichtweite waren und dann sofort auf unserem Spaziergang wieder neben uns erscheinen.

Nach einem der ersten warmen Frühlingstage bereitete ich mir ein Bad ganz für mich allein zu – ich musste keine Beratungen geben oder medialen Botschaften übermitteln und spürte auch nicht, dass mich gleich jemand anrufen würde. Ich ließ das Wasser einlaufen und gab eine meiner Lieblingsduftkompositionen hinein: Rosenessenz und Strohblumen in Olivenöl. Ich schloss die Tür, damit die Katzen mich nicht störten, zündete eine Kerze an und glitt in die Wanne. Ich schaltete die Jet-Düsen ein und schloss die Augen.

Mein Seelenkörper stand auf einer Wiese mit hohen Gräsern. Ich spürte den Wind in meinem Gesicht und mein langes, gerades schwarzes Haar, das mich umwehte. Das Band hatte ich bereits daraus gelöst, denn ich mochte es lieber, wenn mir mein Haar lose über den Rücken fiel. Mein Kleid aus Hirschleder war alt und mit Holzperlen in bunten Mustern bestickt. Grauer Wolf kam mir entgegen. Ich spürte, wie sehr ich ihn liebte, und als ich an mir heruntersah, bemerkte ich, dass ich hochschwanger war. Ich schaute wieder auf, und er war nur noch wenige Zentimeter von mir entfernt. In einer fremden Sprache, die ich verstand, nannte er mich Weiße Feder.

Im nächsten Augenblick saßen wir zusammen auf dem großen Felsblock am Fluss und sahen einem kleinen Jungen und einem etwas älteren Mädchen beim Spielen im Sand zu. Grauer Wolf lachte und steckte mir Blumen ins Haar. Die Kinder liefen fort, auf die Wiese zu. Ich wusste, sie gingen nach Hause. Grauer Wolf half mir von dem Felsblock herunter. Ich wollte den Kindern nachgehen, damit ich sicher sein konnte, dass ihnen nichts passierte. Grauer Wolf hielt mich mit einem Kuss davon ab. In inniger Umarmung standen wir gegen den Fels gelehnt und hörten dem Lachen und Spielen unserer Kinder auf der Wiese zu.

Dann war ich im Wasser und ging auf das Ufer zu, wie ich es schon einmal gesehen hatte. Ich verspürte Angst und Sorge. Waren die Kinder nicht in Gefahr? Mit raschen Bewegungen versuchte ich, zum Ufer zu gelangen. Ich wusste nicht, warum ich im Fluss war. Als ich näher ans Ufer herankam, tauchte der Bär auf. Ich sah ihn und war wie gelähmt. Das war der Moment, dessen Heran-nahen ich schon lange gespürt hatte, bevor der Bär am Wasser erschienen war.

Das Tier ging auf mich los. Ich verspürte einen unerträglichen Schmerz in meiner Schulter; dann ließ er nach. Ich schwebte über meinem Körper und sah zu, wie der Bär mich zerriss. Blut strömte in den Fluss. Ich schwebte höher und war anscheinend mit einem Mal auf einem Pfad, viele Meilen weiter südlich. Grauer Wolf ritt nach einem blutigen Kampf nach Hause. Sein Arm war verwundet, aber er schaffte es noch zu reiten. Als ich ihn sah, hob er seinen Kopf in meine Richtung. Anscheinend konnte er meinen Geist sehen. Seine Klageschreie waren meilenweit zu hören. Ich glitt davon, auf ein Licht zu.

Die Jahre vergingen, und Grauer Wolf wurde ein mächtiger Medizinmann. Ich blieb bei ihm, wenn er Liebe um sich spüren musste. Wenn er schlief, dann schlang ich manchmal meine Seelenarme um ihn und beschützte ihn vor den Elementen. Mit der Zeit konnte er mich sehen, und wir gingen zusammen über die Wiesen und sammelten Heilpflanzen. Ich blieb bei ihm, wenn die Winter kamen und gingen. Er hatte ein langes Leben.

Als ich meine Augen wieder öffnete, fühlte ich mich benommen und erwartete, ihn neben mir sitzen zu sehen. Doch er war nicht da. Als ich aus der Wanne stieg, war mir ganz schwindelig, weil ich zu lange im heißen Wasser gelegen und seit dem Frühstück nichts mehr gegessen hatte. Ich legte mich in gekrümmter Haltung wie ein Baby auf den Boden.

Jetzt verstand ich, warum er da war. Es war wie damals, nur dass ich jetzt auf der Erde und er der Geist war, der mich begleitete. Was meinem Herzen zu schaffen machte, war die große Liebe, die ich damals für ihn empfunden hatte und die mich jetzt wieder durchströmte, als sei es damals. Es war schon schwierig genug, mit den Gefühlen in diesem Leben fertig zu werden, aber nun auch noch von denen aus einem anderen Leben überflutet zu werden, war mehr, als ich ertragen konnte. Ich war vollkommen überwältigt.

19

Der Tanz der Hüttensänger

Trotz unserer Spaziergänge wurden Cubbys Hinterbeine immer schwächer. Mir graute vor dem Frühjahr, wenn die Körperenergie in der Leber sitzt. Die Leber beeinflusst die Muskeln und Bänder, und da wir bereits aufgrund des Winters an Boden verloren, wagte ich nicht daran zu denken, was die Leber-Jahreszeit mit sich bringen würde.

Wir versuchten uns an einem Spaziergang ums ganze Haus herum, dann hinunter, am blühenden Apfelbaum vorbei, durchs Tor in den hinteren Garten und durch diesen wieder zur Vorderseite des Hauses. Aber als wir durchs Tor waren, wusste ich, dass ich mich verschätzt hatte. Es war zu viel für Cubby.

Ich hatte die Gehhilfe fest in der Hand und hob ihn leicht an, um Gewicht von seinen Hinterbeinen zu nehmen. So musste er nur so tun, als ginge er, ohne aber dabei sein Gewicht zu tragen. Wieder einmal war ich dankbar dafür, dass ich früher Bodybuilderin gewesen war; denn meine Muskeln schienen sich zu erinnern und hatten sich im Laufe der vergangenen Monate, als ich die Kraft benötigte, rasch wieder aufgebaut.

Wir schafften es quer durch den Garten zu dem Ahorn mit der kleinen Sitzgruppe. Dort ruhten wir uns eine Stunde lang aus. Ich überlegte, ob ich nicht hineingehen und Cubby Wasser bringen sollte, befürchtete aber, dass er versuchen könnte, selbstständig zu gehen. Das konnte ich nicht riskieren. So saßen wir einfach nur da und nahmen den Frühlingstag in uns auf, verweilten im Augenblick und dachten nicht daran, was kommen würde.

Der Rest des Spaziergangs ging langsam vonstatten; denn ich hielt die Gehhilfe stramm und hob Cubby beim Gehen an. Die Schwierigkeit dabei war, sie gleichmäßig festzuhalten und weder zu schwanken noch daran zu ziehen, um Cubbys eigenen Gehrhythmus nicht durcheinanderzubringen. Als wir es wieder bis zu seinem Plätzchen vor der Glasschiebetür geschafft hatten, stieß er einen Seufzer aus und ließ sich zu Boden fallen. In seinem Gesicht standen Trauer und Schmerz. Ich verabreichte ihm eine Massage und die homöopathischen Mittel *Arnica C30* und *Hypericum C30.* Als ich das Zimmer verließ, stieg Ming auf seine Hüften und verpasste ihm eine ihrer Akupunktur-Behandlungen. Cubby schloss die Augen und ließ zu, dass sie seine nachlassenden Gelenke bearbeitete.

Für jeden Gang aus dem Haus und wieder hinein bandagierte ich beide Hinterläufe mit einem elastischen Verband. Aus einer Klopapierrolle bastelte ich eine improvisierte Schiene. Wenn es mir gelang, seine Beine zu bandagieren, während er saß – was recht kompliziert war – dann konnte er relativ einfach vom Sitzen zum Stehen kommen. Bandagierte ich sie aber, wenn er lag, fiel ihm das Aufstehen deutlich schwerer. Ich musste sehr darauf achten, seine Beine nicht zu hoch zu bandagieren. Dabei war mir klar, dass dies nur eine vorübergehende Lösung war. Ich musste mir etwas anderes einfallen lassen. Insgeheim ignorierte ich bereits das Versprechen, das ich ihm gegeben hatte, und sah mich nach einem Gehwagen um.

Nach meinen Erfahrungen mit Cubbys Beinschiene war ich sehr skeptisch, einen Gehwagen im Versand zu bestellen. Der Wagen, der für ihn der richtige schien, wurde im Mittelwesten hergestellt. Der nächstgelegene Hersteller konnte den Wagen nicht so anfertigen, dass er Cubby im Stehen angelegt werden konnte. Stattdessen musste man ihn anheben und dann irgendwie in den Wagen hinein absenken. Obwohl meine Muskeln sich wieder aufgebaut hatten, konnte ich mir doch nicht recht vorstellen, wie ich Cubby in einen Gehwagen heben sollte. Dennoch entschied ich mich für den Hersteller am Ort.

Ein Gehwagen funktioniert nach dem Prinzip, den Hund so einzuspannen, dass die Räder die Funktion seiner Hinterbeine übernehmen, die Vorderbeine hingegen so wie üblich gebraucht werden. Der Hund kann dann mit den Hinterbeinen noch Gehbewegungen machen, aber die Beine können auch so angehoben werden, dass die Räder diese Aufgabe komplett übernehmen. Manche Hunde leben mit einem Gehwagen richtiggehend auf. Er schenkt ihnen wieder Bewegungsfreiheit.

Beim Gespräch mit dem Hersteller spürte ich im tiefsten Inneren bereits, dass dies keine gute Lösung wäre. Auch Cubby wusste das, dennoch wollte ich es aus irgendeinem Grund unbedingt versuchen. Der Hersteller kam zu uns und nahm Cubbys Maße ab. Aber als er mit dem fertigen Wagen wiederkam und in meiner Garage ein Hebesystem installierte – einen Flaschenzug, mit dem normalerweise totes Wild angehoben wird – womit ich Cubby hochziehen und in den Wagen absenken sollte, brachte ich es nicht über mich. Ich wusste, der Flaschenzug würde seine Wirbelsäule verschieben und ihm Schaden zufügen. Ich sah es vor mir, und Grauer Wolf stand unter der Garagentür mit Kriegsbemalung im Gesicht. Er sah mich streng an, ließ mich aber meine eigenen Entscheidungen treffen. Doch er konnte nicht danebenstehen und mitansehen, wie ich Cubby in den Flaschenzug schnallte, ohne mir zu zeigen, was er davon hielt.

Der Wagen blieb ungenutzt in der Garage stehen. Beim Umgang mit der Gehhilfe verrenkte ich mir das Handgelenk und musste fortan auch meinen Arm bandagieren, wenn ich mit Cubby nach draußen ging. Als der Sommer uns zwang, im klimatisierten Wohnzimmer zu bleiben, wusste ich, dass es so nicht weitergehen konnte. Gewitter zogen übers Land, eines nach dem anderen, und jedes Mal musste ich darauf achten, dass ich bei Cubby war, damit er nicht versuchte, selbstständig aufzustehen und sich vor dem Lärm zu verstecken. Allmählich graute mir vor jedem aufziehenden Gewitter. Wir waren ins Wohnzimmer gezogen, weil es von dort näher war bis zur Windfangtür, durch die Cubby aus dem Haus und wieder hinein konnte. Inzwischen konnte er nicht mehr selbstständig stehen, ohne dass die Gefahr einer Verletzung bestand.

Es war Zeit, über Cubbys Lebensqualität nachzudenken. An jenem Abend kam ich in der Badewanne zu dem Schluss, dass ich mich umsehen und Erkundigungen einziehen wollte. Ich wollte jemand ganz besonderen finden, der zu uns ins Haus käme und Cubby beim Übergang helfen würde. Am nächsten Tag erfuhr ich nach ein paar Telefonanrufen von einer Tierärztin in North Clarendon mit einer Zusatzausbildung in Akupunktur. Patricia war bereit, ins Haus zu kommen. Wir besprachen alles Notwendige, wozu auch gehörte, dass Cubby zuerst sediert werden sollte. So ging sie normalerweise immer vor. Ihre Stimme klang irgendwie vertraut. Als ich das Telefon wieder in die Station legte, ließ ich meine Hand darauf ruhen und driftete in Gedanken ab auf ein Schlachtfeld. Patricia und ich arbeiteten Seite an Seite und pflegten verwundete Soldaten wieder gesund. Auf den Schlachtfeldern verhalfen wir ihnen auch zu einem friedlichen Tod. Da wusste ich, dass ich eine alte Freundin wiedergefunden hatte, die mir mit Cubby helfen würde.

Ich drehte mich um und sah, dass er mich anschaute.

„Willst du pinkeln gehen, junger Mann?"

Er machte eine tapsende Bewegung mit seinem rechten Vorderlauf.

„Also gut. Machen wir uns an eine neue Bandagier-Sitzung!"

Ich machte ihn fertig und legte ihm die Gehhilfe um. Dann begaben wir uns langsam zur Windfangtür, die Rampe herunter, durch den Garten bis zur Einfahrt. Es war etwa 16 Uhr nachmittags. Auf unserem Weg von der Einfahrt bis zum nächstgelegenen Grasflecken flogen mehrere Hüttensänger vorbei und streiften uns dabei fast mit ihren Flügeln; mich berührten sie beinahe im Gesicht und an der Schulter, Cubby am Kopf. „Hey!" Die Anwesenheit dieser niedrig fliegenden Vögel überraschte mich.

Ich sah mich um und entdeckte etwa zwölf Vögel, die ganz in unserer Nähe ihre Kreise zogen. Ihre Deckfedern waren blau, aber ihre Flügel schillerten so ungewöhnlich, wie ich es noch nie gesehen hatte. Diese geflügelten Wesen sahen eher wie Rauchschwalben aus, allerdings wie welche, denen ich noch nie begegnet war. Das Schillern der Vögel war faszinierend. Wir blieben stehen und schauten ihnen zu. Unterdessen tauchten fast aus dem Nichts weitere auf. Sie bevölkerten das Dach und flogen in Gruppen knapp über dem Boden, zogen in raschem Schwung dicht an uns vorbei, berührten dabei aber mit ihren Federn nie unsere Kleidung oder Haut. Cubby sah ihnen zu, und ein Lächeln überzog sein Gesicht. Der Anblick erfüllte ihn mit einer Energie, wie ich es lange nicht gesehen hatte.

„Schau dir das an!“, lachte ich, als noch mehr Hüttensänger auftauchten. Ein Auto, das auf der Straße vorüberfuhr, drosselte das Tempo, um den Vögeln zuzusehen, die um uns herumtanzten und die Luft mit ihrem mystischen Glanz erfüllten. Langsam gingen wir zu dem Grasflecken, während sie weiter ihre Pirouetten um uns drehten. Ich war von der Schönheit ihres Tanzes so hingerissen, dass ich beinahe vergessen hätte, die Gehhilfe zu verschieben, damit Cubby pinkeln konnte.

Auf unserem Rückweg zur Garage verschwanden die Vögel so plötzlich wie sie gekommen waren. Viele blieben auf dem Dach sitzen. Als wir abends noch einmal hinausgingen, wiederholte sich dasselbe erneut.

In jener Nacht wich Cubby nicht von seinem Platz neben meinem Bett. Mir graute davor, ihn in der Nacht zum letzten Mal hinauszubringen. Ich befürchtete, er könnte zusammenbrechen und meine Stimme nicht laut genug sein, um einen Nachbarn um Hilfe zu rufen. Immer wenn wir nach draußen gingen, nahm ich das Mobilteil vom Telefon mit, in dem die Nummer meines Nachbarn als Kurzruf gespeichert war, nur für den Fall der Fälle.

Um 23.30 Uhr bandagierte ich Cubby und hatte schreckliche Mühe, ihn zum Stehen zu bringen. Ich hatte Sorge, ich könnte zu spät dran sein und ihn nicht mehr rechtzeitig hinausführen können. Ich wollte nicht, dass er seine Würde noch mehr verlor, als es ohnehin schon der Fall war. Ich schloss die Augen.

„Bitte gebt mir die Kraft dazu. Gebt ihm die Kraft. Wir müssen jetzt nochmals hinaus und dann noch einmal morgen früh und dann nie wieder. Nur noch zwei Mal, bitte. Vielen Dank. Ich weiß die Hilfe sehr zu schätzen."

Ich brauchte noch einmal etwa fünf Minuten. Dann konnte ich ihn so weit anheben, dass ich die Gehhilfe umlegen und halten konnte.

„Okay, mein Freund. Wir haben abgehoben!"

Sehr langsam gingen wir die Rampe hinunter. Dort blieben wir einen Moment stehen, um uns auszuruhen. Dabei öffnete ich die Seitentür zur Garage und drückte auf den Toröffner.

„Ich weiß, dass du das schaffst. Und zum Donner, ich weiß auch, dass ich das schaffe!"

Als das Tor offen war, standen wir noch einen Augenblick halb in der Garage drinnen, halb draußen, weil Cubby sich sammeln musste. Von der Straße hörte ich das Geräusch eines Wagens, konnte aber nichts sehen. Er fuhr nicht vorbei, sondern blieb vor meinem Grundstück stehen. Wir standen unter dem Garagentor, und am Ende meiner langen Einfahrt erkannte ich allmählich die Umrisse eines Autos. Das Fahrzeug hatte keine Scheinwerfer an.

Ich wusste nicht recht, was ich tun sollte, denn Cubby war ja überall fest bandagiert. Wenn ich jetzt wieder ins Haus ging, bedeutete das, dass ich ihn eine ganze Weile nicht mehr würde aufrichten können. Schon dass er so weit gekommen war, war ein Wunder. Ich hörte, dass Menschen auf der Straße waren, und beschloss, mit Cubby zu dem Rasenstück zu gehen. Wir gingen los, und im selben Moment sah ich, dass uns zwei schlaksige Gestalten entgegenkamen. Es war zwar fast Vollmond, aber da, wo ich etwas sehen musste, gab es nicht genug Licht.

Etwas in mir sagte, ich sollte ehrlich sein, obwohl ich immer noch sehr auf der Hut war.

„Kommen Sie nicht näher. Ich habe einen fast gelähmten Hund bei mir, und wenn Sie herkommen, richten Sie ein großes Chaos an."

Die Männer blieben stehen. Ein paar Augenblicke später rief einer uns zu: „Ist es in Ordnung, wenn wir das Auto erstmal hier stehen lassen?"

„Ja klar, kein Problem."

Ich war nervös, erkannte aber, dass sie jung waren. Es war gespenstisch – sie waren ohne Scheinwerferlicht gefahren und hatten dann in meiner Einfahrt gehalten. Später wurde das Auto an den Straßenrand geschoben, ein weiteres kam und gab ihm Starthilfe. Noch vor dem nächsten Morgen war es weg.

Monate später erfuhr ich, dass mein Nachbar ebenfalls gehört hatte, dass ein Auto in meine Einfahrt fuhr, und draußen im Dunkeln mit einem Gewehr wartete. Ich glaube, er hatte ein Auge und ein Ohr auf uns, weil er um Cubbys Zustand wusste. Er beschützte uns.

Am 25. Juli stand nach einem Gewitter eine kleine, schlanke, dunkelhaarige Frau mit einer Arzttasche in der Hand vor meiner Tür. Zwar waren wir uns noch nie zuvor begegnet, doch wir umarmten uns, während Cubby ihr zur Begrüßung von seinem Platz auf dem Boden aus ein Wuu-Wuu zuwarf. Wir ließen uns auf dem Teppich neben ihm nieder, Patricia auf der einen, ich auf der anderen Seite. Langsam kamen die Katzen ins Zimmer, eine nach der anderen. Patricia gab ihm zuerst das Sedativum. Ich glättete das Fell meines Landseers und berührte sein Gesicht, während er allmählich der Wirkung des Medikaments nachgab. Ich erzählte Patricia Geschichten über Emma und Cubby, bis wir wussten, dass er jetzt ganz ruhig und bereit war für das Anästhetikum.

Emma erschien und ging mit ihm in den Tunnel. Sie wandten sich um und schauten noch ein letztes Mal zurück. So einen schönen Übergang hatte ich noch nie erlebt. Sein Körper wurde noch am selben Tag neben Emmas beerdigt, ganz in der Nähe des Ahorns mit der kleinen Sitzgruppe. An jenem Abend stand ich auf der Veranda und sah der Sonne zu, die nach seinem Tod herausgekommen war. Als ich mich umwandte und einen Blick in den seitlichen Garten warf, konnte ich mit meinem Dritten Auge meinen Jungen sehen, wie er auf seinem Grab tanzte. Dann wandte er sich mir zu und flog über mich hinweg. Ich schaute auf und konnte sehen, wie die Kraft in seine Hüften und Beine zurückkehrte. Er war mit Absicht über mich hinweg geflogen, um mir zu zeigen, dass es ihm jetzt gut ging. Er konnte gehen, rennen und fliegen wie die Hüttensänger mit den schillernden Flügeln.

„Es waren neun denkwürdige Jahre, Cubby!" Ich erhob mein Weinglas auf ihn, als er vorüberflog. „Neun wunderschöne Jahre. Bravo, mein Freund, bravo."

Jeden Abend nach dem Abendessen, wenn wir es uns gemütlich machten, hatte Cubby Sidneys Ohren gesäubert. Es war ein richtiges Pflegeritual geworden, das unsere entspannten gemeinsamen Abende einläutete. Um 20 Uhr ging Sidney ganz verloren im Wohnzimmer umher. Er sah Eddy im Katzenbett, schlenderte zu ihm herüber und legte sich neben den älteren Maine-Coon-Kater. Während der nächsten halben Stunde putzte Eddy ihm hingebungsvoll die Ohren. Es war nicht ganz dasselbe wie mit Cubbys riesiger rosa Zunge, aber es beruhigte Sidney und schien Eddy Spaß zu machen.

Am nächsten Tag kam Ming, die sich in einem Schrank versteckt hatte, wieder daraus hervor und legte sich neben mich auf den Boden. Sie schwang ihren Schwanz herum, stand dann auf und positionierte sich auf meinen Hüften, wie sie es bei Cubby immer getan hatte. Ich musste zwar unbedingt aufstehen und auf die Toilette, wusste aber auch, wie traurig sie war, und wartete deshalb so lange ich konnte, bis ich schließlich doch gehen musste. Noch monatelang wusch Eddy jeden Abend Sidney die Ohren, und Ming weinte an der Windfangtür. Sie wusste, dass Cubby gestorben war, aber sie hatte gesehen, wie er durch diese Tür hinausgebracht worden war – vielleicht konnte er ja dann dort auch wieder hereinkommen.

An meinem Geburtstag schritt ich meinen Besitz ab. Jede einzelne Stelle barg Erinnerungen an Emma, Cubby und die mittlerweile zahmen Katzen. Ich fühlte mich alt und müde. Vor lauter Sorge um meine Hunde hatte ich anscheinend ganz vergessen, für mich selbst zu sorgen. Mein Haar war mit seinen gespaltenen Spitzen eine einzige Katastrophe. Ich hatte es eine Zeit lang gefärbt, das dann aber bleiben lassen, und nun zeigten sich mehrere Zentimeter lange graue Ansätze. Inzwischen füllte ich meine einst viel zu großen Overalls aus. Als ich in Vermont angekommen war, hatte ich Größe 36 getragen, mittlerweile war ich weit davon entfernt. Vielleicht war es an der Zeit, etwas mehr auf mich zu achten. Ich wusste nicht so recht, was ich mit mir anfangen sollte, ohne Hunde, die ich füttern oder Gassi führen musste. Sie fehlten mir, aber zugleich brauchte ich Abstand von meiner fürsorglichen Art.

Ich kam in den hinteren Garten und ging ganz unwillkürlich zum Ahorn mit der Sitzgruppe. Ich schloss die Augen und ließ mich in einen leeren Raum davontreiben. Wie aus dem Nichts hörte ich in jener Welt ein Bellen. Dann tauchte rechts von mir vor meinem Dritten Auge ein kleiner, schwarzer, struppeliger Neufundländerwelpe auf und lief an mir vorüber. Sie hatte ein weißes Kinn, eine möwenförmige Blesse auf der Brust und eine weiße Zehe an einer Hinterpfote.

Ich bin genau wie du. Juhu!

„Oh Mist. Schon wieder ein Neufi!"

Ich öffnete die Augen und seufzte; denn ich wusste, dass diese Hündin darauf wartete, zu mir zu kommen. Sie würde warten müssen. Erst einmal musste ich mindestens ein Jahr lang Pause machen. Ich wollte in eine Art Winterschlaf fallen und meine Zellen wieder aufladen.

Ich ging wieder ins Haus und ließ mir ein Bad ein. Ein langes, ruhiges Bad war jetzt bestimmt eine gute Idee. Meine Muskeln schmerzten so sehr, weil ich Cubby so häufig angehoben hatte. Ich gab Rosenessenz und Lavendel in ein Schälchen mit Olivenöl und träufelte die Mischung in die Wanne. Ich schloss die Augen und lag still im Wasser; die Jet-Düsen ließ ich ausgeschaltet.

Vor meinem Dritten Auge sah ich den riesigen Bär vom Fluss, aber jetzt erschreckte seine Größe mich nicht. Er sah mich an und sprach dann zu mir mit einer tiefen Stimme, die irgendwie vertraut klang: *Angst frisst dich bei lebendigem Leibe auf.* Der Braunbär verwandelte sich langsam in meinen geliebten Landseer Cubby. *Aber du lernst gerade, deine Angst abzulegen und auf die Freude in deinem Herzen zu achten.*

Cubby stellte sich auf seine Hinterläufe und verwandelte sich in einen uralten amerikanischen Ureinwohner. Sein Körper glättete sich, und er wurde immer jünger, bis er ein junger, starker, athletischer Typ war. Er ragte hoch auf und schien die ganze Umgebung mit seiner Energie auszufüllen. Der braune Flecken Gras unter seinen Füßen erstrahlte plötzlich in einem leuchtenden Grün. *Geh mit Weisheit in deinem Herzen, mein Kind, denn dein Herz geht aus der Mitte des Universums hervor. Komme immer vom Wissen her.*

„Du bist der Bär, der mich am Hudson getötet hat?"

Deine Angst hat dich bei lebendigem Leibe aufgefressen, erwiderte mein Geistführer Blauer Bär.

„Und Cubby? Du warst mein Cubby?"

Wissen ist schnell und fliegt mit Schwalben-Schwingen.

Ich dachte einen Augenblick nach. „Verballhornst du Shakespeare für mich? Es heißt 'Hoffnung'. ‚Hoffnung ist schnell und fliegt mit Schwalben-Schwingen.' "

Er lächelte mich an wie Eltern ein Kind anlächeln, das etwas Niedliches sagt, was es offensichtlich nicht völlig verstanden hat. Das brachte mich zum Nachdenken: Wissen oder Hoffen? Ist eines wahrer oder anders als das andere? Ist eines vollständig da, während das andere mit einem Fuß noch auf der anderen Seite steht? Ist es, wie wenn man sieht und „weiß", dass etwas geschieht, im Gegensatz zum Wünschen und Beten, bei dem man insgeheim leise Zweifel hegt? Ist es so oder nicht? Oder vielleicht ist Hoffnung der Weg, der zum Wissen führt. Ja!

„Hoffnung sitzt auf einem Zaun", wiederholte ich, was ich in meinem Kopf hörte. „*Wissen* bedeutet, seiner eigenen Wahrheit zu folgen? Hoffnung ist der Weg, der zum Wissen führt."

Blauer Bär beugte sich herunter, küsste mich aufs Dritte Auge und legte mir die Hand auf die Schulter. Bei seiner Berührung wusste ich, dass nichts zählte außer der Liebe. Zugleich schienen sich die Zellen in meinem Körper zu verändern, als würden ihre Batterien wieder aufgeladen.

Es wird Zeit, „Die mit den Bären geht". Mit diesen Worten erhob er die Arme, und sein Körper verwandelte sich in tausend schillernde blaue Schwalben, die sich vor die Sonne schoben und dann ins Universum hinein auflösten.

Mehrere Minuten lang blieb ich völlig verblüfft in jener Welt des Dritten Auges sitzen und brachte kein Wort heraus. Mein Herz raste von der extremen Energie, die von meinem Seelenführer Blauer Bär ausgegangen war.

„Zeit wofür?“ Ich war sauer. „Man muss das Universum lieben, kriegt aber auf nichts eine vernünftige Antwort. Übersinnliche Scharaden, versteckte Symbole, halbe Bilder, vage Erklärungen und aus dem Nichts auftauchende Hüttensänger, die Shakespeare falsch zitieren.“ Ich ließ den Blick über die Wiesen schweifen. „Hey!“, schrie ich. „Wie wäre es mal mit einer vernünftigen Antwort? Oder zwei oder drei?“

Alles wurde still. Die Vögel und die Insekten verstummten. Sogar die leichte Brise legte sich. Ich drehte mich um und erhaschte einen kurzen Blick auf eine Gottesanbeterin, die vollkommen reglos in gut einem Meter Höhe an einem Baumstamm saß.

Meine Tochter, jedes Tier, das in jemandes Leben tritt, spiegelt einen Aspekt von ihm. Du bist gelehrt worden, weil du zugehört hast. Schaue zurück, dann verstehst du. Das Universum zeigt dir immer, wo du bist. In der Spiegelung erkennst du die Wahrheit.

20

Spiegelungen

Sammy hatte wieder Probleme. Als es Cubby immer schlechter ging, hatte auch sie allmählich den Appetit verloren. Aber jetzt rührte sie keinen Bissen mehr an und hinkte plötzlich stark. Ihr rechtes Hinterbein war lahm. Das hing alles irgendwie zusammen. Ich brachte sie schnellstens zu Patricia Castle, der Tierärztin, die Cubby geholfen hatte. Sie stellte fest, dass zwei Zähne gezogen werden mussten, einer davon hing buchstäblich lose in Sammys Mund herum. Das umliegende Gewebe war entzündet.

Beide Zähne wurden gezogen und die übrigen gereinigt. Als Sammy an jenem Abend ruhig auf meinem Bett lag, schaute ich in meinen Tabellen über Zähne und Meridiane nach, welcher Zahn mit welchem Meridian verbunden ist. Ich wusste, dass das Mundgewebe mit den Knien verbunden ist. Ich rief Dr. Castle an, um die Angaben über die Zähne zu überprüfen, und ich hatte recht. Die fraglichen Zähne standen mit den Meridianen, die an den Rückseiten der Knie entlang liefen, in Verbindung. Am Morgen hinkte Sammy überhaupt nicht mehr. Sie bekam Antibiotika und aß bereits am Morgen nach der Zahnextraktion wieder selbstständig.

Ein paar Tage später war ich selber beim Zahnarzt und ließ einen Backenzahn untersuchen. Er bereitete mir schon seit Jahren Probleme. Ich hatte an diesem Zahn schon eine Wurzelbehandlung gehabt, als ich noch in Kalifornien in der Schule war. Die Krone hatte sich mehrfach gelöst. Einmal war sie gebrochen, das zweite Mal war sie einfach abgefallen, und ich hatte sie verschluckt. Was jetzt noch von dem Zahn übrig war, musste gezogen werden. Es war der gleiche wie bei Sammy. Die Operation war schmerzhaft. Der Zahnarzt erwischte meine Lippe und schnitt hinein, als er den Zahn zog, der dabei förmlich zu Staub zerfiel. Auf dem gesamten Nachhauseweg nahm ich immer wieder die homöopathischen Mittel *Arnica* und *Hypericum*.

Am nächsten Tag saß ich bei einer medialen Spontansitzung zwei Stunden am Telefon. Während die Klientin und ich miteinander sprachen, wurde die Heilenergie um mich herum immer stärker. Ich spürte, wie mein Gesicht ganz rot wurde und mein Herz wild pochte. Ich nahm das Mobilteil des Telefons mit unter den Ahorn mit der Sitzgruppe und sprach mit geschlossenen Augen. Dabei spürte ich, wie die Energie meinen Körper auflud. Ich muss wohl stundenlang draußen geblieben sein. Als ich mich wieder etwas geerdeter fühlte, steckte ich den Finger in den Mund und befühlte die Stelle, wo der Zahn entfernt worden war. Sie war nicht mehr wund.

In der folgenden Woche ging ich wieder zu meinem normalen Zahnarzt.

„Wann wurde das gemacht? Vor einem Monat?"

„Vor zehn Tagen", erwiderte ich.

„Nein. Wirklich?" Er lächelte überrascht. „Sie heilen sehr schnell."

„Ja, das stimmt!", sagte ich, weil ich wusste, dass das Potenzial für eine spontane oder beschleunigte Heilung stieg, je höher die Energie um einen Menschen herum war.

Mit der Gesundheit meiner Katze Lucy ging es bergab. Wir schliefen alle immer noch im Wohnzimmer, wohin ich das Bett gestellt hatte, um in seinen letzten Tagen bei Cubby sein zu können. Mir war noch nicht danach gewesen, es wieder zurück ins Schlafzimmer zu bringen. Dr. Castle kam, um alle Katzen zu untersuchen, weil Eddy nicht gerne reiste. Als sie Lucy sah, bestätigte sie, was ich von Anfang an gespürt hatte. Sie war ein betagtes Mädchen. Die Glückskatze aß nicht mehr richtig, und es fiel ihr immer schwerer, auf Arbeitsflächen oder Möbel zu springen. Die Tierärztin fand, dass ihr Brustkorb geröntgt werden sollte. Die Röntgenbilder bestätigten einen Flüssigkeitsstau. Meiner Katze fiel das Atmen schwer. Es war, als ertrinke sie innerlich.

Die entwässernden Medikamente halfen nicht. An dem Morgen, als Lucy nicht mehr aus ihrem Bett aufstehen konnte, brachte ich sie in Patricia Castles Praxis. Sie sedierte sie und schläferte sie dann ein. Ich wickelte Lucys Körper in ihre Lieblingsdecke und legte ihn dann in einen Weidenkorb, den ich neben Cubbys und Emmas Grab beerdigte. Ich fühlte mich benommen. Alles rund um ihren Tod vollzog ich, als wäre ich die ganze Zeit nicht in meinem Körper.

Um Mitternacht saß ich neben ihrem Grab, die Knie an die Brust gezogen und meinen Kopf darauf gelehnt. Ich wurde hin und her gerissen zwischen der Freude, dass Lucy bei mir gewesen war, und dem Schmerz der Gewissheit, dass ich sie nie mehr im Arm halten würde. Ich spürte, wie ihr Seelenkörper um mich herum schritt, und während sie umherschlenderte, schlug ihr Schwanz gegen mich.

Danke dir, ihre Worte schlichen sich leise in meine Gedanken.

„Du fehlst mir. Ich hab dich lieb“, sagte ich laut.

Als ich von meinem Einkauf in dem Genossenschaftsladen in Rutland wieder nach Hause kam, fand ich Sammy mit hängendem Kopf im Wohnzimmer vor. Sie konnte kaum atmen und schlucken. Zunächst geriet ich in Panik, aber dann fiel mir ein, was die Angst mit mir macht. Angst lähmt einen. Sie verhindert, dass man klar sieht und handelt. In diesem Zustand würde ich ihr nichts nützen.

Ich schloss die Augen und legte meinem Mädchen die Hand auf.

„Du Dummerle! Du hast eine gelbe Kapsel verschluckt, und sie ist dir im Hals stecken geblieben?“

Sie schaute zu mir auf, und ich spürte, wie erleichtert sie war, dass ich es herausgefunden hatte.

Ich gab das homöopathische Mittel *Apis mellifica C30* in destilliertes Wasser und schüttelte die Lösung. Ich träufelte ihr mehrere Tropfen in den Mund. Fast sofort zeigte sie Anzeichen einer leichteren Atmung. Die Lösung hatte den entzündeten Bereich berührt. Ich träufelte ihr weiter das Mittel in den Mund und überprüfte ihre Atmung, indem ich ihr die Hand an die Seite legte. So blieben wir stundenlang zusammen, denn ich wollte sie auf keinen Fall verlassen, ehe ich nicht wusste, dass alles zuverlässig wieder in Ordnung war. Es war Sonntagnachmittag, daher standen die Chancen schlecht, dass wir im Falle eines Falles sofort Hilfe fänden. Der nächstgelegene Tierarzt, der Notdienst hatte, war etwa vierzig Autominuten weit weg. Am darauffolgenden Tag aß Sammy wieder normal. Ich war dankbar, dass das *Apis* das richtige Mittel gewesen war.

Ming war anscheinend dauerrollig. Sie hatte ein paar Tage Ruhe und musste dann schon wieder in den Neufundländer-Käfig gesperrt werden. Als ich versuchte, mit der Arbeit an diesem Buch zu beginnen, fing sie an zu schreien und zu weinen, kletterte an der Drahttür ihres Gefängnisses herum und bettelte, herausgelassen zu werden. Wir mussten etwas ändern. So konnten wir alle nicht leben. Ich rief Patricia Castle an, um mit ihr zu besprechen, was mit Ming unter der Anästhesie wohl passiert war. Ich wusste, wir mussten es noch einmal versuchen, und beschloss, auf Dr. Castles Fähigkeiten als Tierärztin zu vertrauen. Während der Operation blieb ich im Wartezimmer der Klinik. Die Tür zum Operationszimmer blieb offen, und ich wurde durch Zuruf über den Verlauf informiert. Als Patricia mit einer schlaffen Ming im Arm ins Wartezimmer kam, jubelten die Angestellten und die anderen Tierbesitzer.

Wegen des weiterhin hohen Hormonspiegels hielt Mings Zärtlichkeitsbedürfnis noch an. Ihre Zitzen blieben geschwollen. Patricia meinte, es werde wohl noch gut vier bis sechs Wochen dauern, bis die Symptome ihrer Scheinschwangerschaft, die zum Zyklus von Mings Rolligkeiten gehörten, verschwunden wären. So lange würde es dauern, bis die Hormone ihren Körper verlassen hätten.

Immer, wenn ich am Computer saß, stieß Ming am anderen Ende des Zimmers zwitschernde Geräusche aus, schlich sich an mich heran, kletterte mir auf den Schoß, schob sich zwischen mich und den Bildschirm, manövrierte sich dann quer über meine Schultern und grub dabei ihre Krallen in meine Haut. Wenn ich versuchte, sie abzuschütteln, sprang sie davon und benutzte meine Schultern als Sprungbrett.

Andere Male schmiegte sie sich an mich, wollte im Am gehalten werden und dann geradezu besessen mein Gesicht abschlecken. Ich versuchte, meine Wange an ihre zu drücken, damit sie mich nicht abschlecken konnte, doch dann streckte sie die Zunge seitlich aus dem Mund, um doch noch an mein Gesicht heranzukommen. In der Nacht zog ich mir das Laken übers Gesicht, damit sie mich mit ihrer Sandpapierzunge nicht zu Tode schliff. Manchmal hielt sie mitten im Schlecken inne, ließ aber ihre Zungenspitze auf meinem Gesicht. Wenn sie es nicht schaffte, mich abzuschlecken, dann rannte sie ins Wohnzimmer und weinte vor der Tür zum Windfang.

„Er kommt da nicht wieder herein, Ming."

Mir fiel ein, dass es Ming vielleicht helfen könnte, wenn ich die Rampe aus dem Windfang entfernte. Einen ganzen Morgen verbrachte ich damit, sie abzuschrauben und die Einzelteile in der Garage zu verstauen. Es war seltsam, auf einmal wieder so viel Platz zu haben und über die Stufen und nicht über die Rampe ins Haus hinein und heraus zu gehen. Cubbys Bio-Futon warf ich weg. Alle seine Halsbänder, Leinen, Gehhilfen und Schienen wanderten in eine Kiste auf den Dachboden. An jenem Nachmittag ging ich weg und kaufte Katzenspielzeug. Ich hatte es im Haus wegen seines Größenverhältnisses zu Maul und Kehle eines Neufi nicht geduldet. Jetzt brauchte ich mir deshalb keine Gedanken mehr zu machen.

An jenem Abend lief Eddy im Flur auf und ab. Im Mund trug er ein Katzenspielzeug und gab ein gedämpftes, aber immer noch lautes Freudengeheul von sich. Wenn ich vor dem Zubettgehen nicht sämtliche Spielsachen wegräumte, egal wo sie versteckt waren, dann stolzierte er fortan die ganze Nacht im Flur damit auf und ab und heulte. Zuerst kam er ins Schlafzimmer und sah nach, ob ich noch wach war. Wenn ich nicht gerade am Einnicken war, wartete er ein Weilchen und kam dann erneut, um nachzusehen. Er stimmte seine Spaziergänge mit Spielzeuggeheul immer genau auf den Moment ab, wenn ich gerade am Einschlafen war.

Sammy schnappte sich gerne Klümpchen aus dem Katzenklo, ließ sie aus dem Mund auf den Boden fallen und kickte sie dann im Haus herum, wobei jedes Mal überall kleine Bröckchen verteilt wurden, wenn sie damit spielte. Ich fand Klümpchen unter den Sitzkissen, in meinen Schuhen und auf meinem Bett. Schließlich musste ich die Katzenklos zweimal täglich mit der Schaufel durchkämmen, damit sie die Klümpchen nicht als Spielzeug benutzte.

Um Ming davon abzuhalten, ihre Krallen immer an den Möbeln zu wetzen, entdeckte ich ein zweiseitiges Klebeband, das ich genau an den Stellen am Sofa anbrachte, wo sie den Stoff ruinierte. Ich klebte es komplett um den Zweisitzer herum. Als Ming sich an jenem Nachmittag zu einer gemütlichen Kratzrunde anschlich, begann sie ihr Ritual – und schaute dann wütend drein. Sie reckte die Nase zum Band, schnupperte, zog es dann sorgfältig Stück für Stück mit den Zähnen ab, bis es überall auf dem Boden verteilt war und sie ihre Krallen wieder ohne den klebrigen Störfaktor wetzen konnte.

An den Nachmittagen reihten sich die Katzen hinter Cubbys Glasschiebetür auf. Ein Streifenhörnchen hatte entdeckt, dass es vor der Schiebtür auf der Veranda auf und ab laufen konnte, ohne dass die Katzen es zu fassen kriegten. Chippy, so nannte ich es, rannte mit Absicht dicht an der Scheibe vorbei. Der kleine Frechdachs hätte ebenso gut stehenbleiben, die Pfoten hinter die Ohren legen, mit ihnen wackeln und die Zunge herausstrecken können. Ming zitterte von der Nase bis zur Schwanzspitze, weil sie sich vorstellte, was für ein grandioser Coup es wäre, wenn sie den gestreiften Clown zu fassen kriegte. Sidney schnatterte und Fast Eddy beobachtete einfach, wobei sein Schwanz seine Gedanken verriet. Die Katzen sahen aus wie Kinder, die in ihren Schlafanzügen vor dem Fernseher sitzen und darauf warten, dass die Trickfilme anfangen.

Es kamen immer mehr Telefonanrufe und E-Mails, in denen ich um mediale Sitzungen und Beratungen gebeten wurde. Eine Frau namens Maura rief mich wegen ihrer achtjährigen Akita-Hündin

Greta an. Sie hatte sie aus einem Tierheim geholt, als sie fast ein Jahr alt war. Maura wollte wissen, warum Greta immer alles daran setzte, aus dem eingezäunten Garten zu kommen, und wenn sie es geschafft hatte, mit einem Spielzeug im Maul ums Haus lief und weinte. Als Maura Greta zu sich genommen hatte, war ihr im Tierheim gesagt worden, Greta sei trächtig gewesen, aber sterilisiert worden. Dabei wurden die Welpen abgetrieben.

Was ihr allerdings nicht gesagt wurde, war, dass Greta bei der Sterilisation nur noch Tage vor der Geburt gestanden hatte und die Welpen auch außerhalb des Mutterleibs überlebensfähig gewesen wären. Die trauernde Mutter war immer noch auf der Suche nach ihren Babys. Das war ihre Mission, wenn sie immer wieder aus dem Garten ausbrach.

Ich hatte von anderen Hündinnen gehört, die Welpen verloren hatten und denen es sehr gut ging, wenn sie Kätzchen oder andere Welpen großziehen konnten, weil das die körperlichen und emotionalen Bedürfnisse stillte, die durch ihre Trächtigkeit entstanden waren. In Gretas Fall mussten aber ihre Genetik und ihr Beuteinstinkt respektiert werden, deshalb kamen lebende Tierbabys nicht in Frage. Ich hatte jedoch das Gefühl, dass Greta leichter über alles hinwegkommen könnte, wenn wir ihre Gesundheit durch eine bessere Ernährung stärkten, da Emotionen auch vom körperlichen Zustand beeinflusst werden und umgekehrt.

Maura sorgte bei Greta für eine ausgewogene Ernährung, ließ ihre Schilddrüsenfunktion untersuchen und ein großes Blutbild machen. Sie nahm die Tragödie ernst, die sie in dem Tierheim durchlitten hatte, und konnte Greta durch ihr Verständnis für ihr Verhalten ein glücklicheres und gesünderes Leben ermöglichen.

Ich erhielt eine E-Mail von einer Frau, die einen Bullmastiff zu sich genommen hatte. Zuvor hatte die Hündin zusammen mit einem weiteren Hund ihrer Rasse bei einer Familie gelebt, bis der andere Hund deren Kind gebissen hatte. Die Frau des Besitzers hatte beide Hunde ins Tierheim gebracht und dabei angegeben, sie habe die Tiere nie gemocht; dass nun ihr Sohn gebissen worden sei, sei der Tropfen gewesen, der das Fass zum Überlaufen gebracht habe. Maryann nahm Angie zu sich, wobei sie wusste, dass die Hündin im Tierheim zu Tode erschreckt worden war. Aber als die erfahrene Hundehalterin das riesige Hundemädchen nach Hause brachte, stellte sich heraus, dass sie vor Männern Angst hatte. Maryanns Partner war ein ruhiger Mensch, ein Mann der leisen Töne, aber der Hund ließ sich von ihm nicht einmal an der Leine spazieren führen.

An dem Abend bevor Maryann mir mailte, hatte Angie ihre Hand gepackt und geknurrt, als Maryann ihr gerade das Hinterteil abwischte. Wenn man sie in eine Hundebox setzte, wurde sie jedes Mal ganz wild, sobald man sie wieder heraus ließ. Maryann stellte stattdessen einen Hunde-Laufstall auf, den Angie akzeptierte.

Abgesehen von den Verhaltensstörungen hatte Angie schreckliche Ohrenentzündungen, Hüftdysplasie, Rolllider an beiden Augen (dabei ist das Lid – meist das Unterlid – einwärts gekehrt, so dass die Wimpern auf der Hornhaut schleifen, was zu Entzündungen und Schäden am Auge führen kann) und war stark übergewichtig. Maryann befürchtete, sie habe sich zu viel zugemutet, und der Hund müsse vielleicht eingeschläfert werden.

Als Angie erklärte, dass sie mit mir sprechen wolle und ich einen Blick auf ihre Vergangenheit werfen dürfe, ließ ich mir ein Bad mit dem ätherischen Öl der römischen Kamille und Himalaya-Salz ein. In der Wanne liegend, sah ich mich plötzlich vor einem Maschendrahtzaun. Ein wütender Mann trat ihn nieder. Er warf den Maschendraht auf eine völlig verschreckte Angie, die angebunden war und sich absolut schutzlos fühlte.

Derselbe Mann legte ihr einen schweren Strick um den Hals, an dem er sie mehr als einmal praktisch aufhängte und beinahe erwürgte. Für ihn war das ein Ritual. Die Hündin hatte von der Reibung bereits Brandwunden. Er folterte sie in der Absicht, einen gefährlichen Hund aus ihr zu machen.

Als sie ins Tierheim gebracht wurde, nahm Angie an, dass der Bullmastiff-Rüde, mit dem sie zusammen in der Familie gelebt hatte, eingeschläfert worden war. Sie trauerte um ihn. Außerdem hatte sie Angst, dass Maryanns Mann plötzlich so wüten könnte wie der Mann mit dem Strick und dem Zaun. Auch ihr körperlicher Schmerz beeinflusste ihr Verhalten.

Die Hüftdysplasie war einseitig und mit einer entsprechenden Ernährung, chiropraktischen Behandlungen und Homöopathie in den Griff zu kriegen, falls Maryann dazu bereit war.

Die Kenntnis der tragischen Ereignisse in Angies Leben gab der Übergangszeit, die die gerettete Hündin brauchte, in Maryanns Augen eine Perspektive und half ihr, Geduld mit Angie zu haben. Durch ein solch ruhiges, verständnisvolles Verhalten ihr gegenüber konnte Angie sich entspannen und sich in ihrer neuen Umgebung eingewöhnen.

Drei Monate später hörte ich per E-Mail wieder von Maryann. Angie war jetzt ein richtiges Familienmitglied, und es ging ihr prima. Sie brauchte einen Monat, um Maryanns Mann zu akzeptieren, doch inzwischen gibt sie ihm sogar gerne ganz sanfte Küsschen.

Am 20. Mai 2005 verlor Maryanns Mann bei einem Motorradunfall ein Bein. Als ich wieder von Maryann hörte, berichtete sie mir, dass Angie weiterhin wunderbare Fortschritte machte und ihren Mann sogar mit seiner Gehhilfe und seinem Rollstuhl akzeptierte.

21

Botschaften

Eine Frau namens Shirley nahm wegen ihres weißen Katers Snowflake Kontakt mit mir auf. Sie hatte ihn im Alter von etwa sechs Monaten aus einem Tierheim geholt. Sie ließ ihn sofort kastrieren und entkrallen. Die vorderen Krallen wurden gezogen, damit er ihre Kinder nicht kratzen konnte.

Shirley brachte den Kater jedes Jahr zur Staupe- und Tollwutimpfung zum Tierarzt. Hatte er bisher ihrer Beobachtung nach noch nie Anzeichen irgendwelcher Krankheiten gezeigt, so bemerkte sie jetzt doch, dass seine Hinterbeine unter ihm wegzurutschen schienen, als habe er ein Problem an der Hüfte. Treppen hinaufzusteigen war eine echte Herausforderung für ihn.

Sie wollte wissen, warum Snowflake ständig wütend war und warum er sie biss, selbst wenn sie lieb zu ihm war. Shirley glaubte, ihr Kater hasse sie womöglich. Sie verstand auch nicht, warum er nicht mit ihr kuscheln oder wie andere Katzen auf ihrem Schoß sitzen wollte. Er schien ständig um Futter zu betteln und trank permanent Wasser. Die aufgebrachte Tierhalterin vergaß fast zu erwähnen, dass bei ihm vor kurzem Diabetes festgestellt worden war.

Ich erklärte Shirley, dass man, wenn man bei einer Katze die Krallen ziehen lässt, von jedem Meridian des Körpers ein Stück abschneidet – Leber, Nieren, Magen, Herz, Dreifacher Erwärmer, Lungen. Solche Amputationen schwächen alle Körperteile. Wenn man zum Beispiel Hunden die Ohren kupiert, setzen sich Fliegen besonders gern auf die entsprechenden Punkte am Rücken des Tieres (also auf die Stellen, durch die dieselben Meridiane laufen, die mit dem Kupieren der Ohren abgeschnitten wurden), weil diese Stellen durch die Verstümmelung geschwächt sind.

Mit dem Entkrallen werden nicht nur die Meridiane geschwächt, sondern die Katze wird auch eines ihrer Instrumente beraubt, mit denen sie das Gleichgewicht hält. Werden die Krallen entfernt, setzen die Pfoten anders auf dem Boden auf, und das gesamte Körpergleichgewicht gerät durcheinander. Krallen sind nicht wie unsere Fingernägel, sondern eher eine Verlängerung der Finger. Stellen Sie sich einmal vor, wie es wäre, wenn das letzte Glied Ihrer Finger entfernt würde – das ist in etwa mit dem Krallenziehen vergleichbar.

Mit dem Entfernen der Krallen wird eine Katze außerdem eines ihrer wichtigsten Verteidigungsmittel beraubt. Zum Ausgleich beißt sie häufiger. Man könnte es mit einem Menschen vergleichen, der sein Augenlicht verliert; die anderen Sinne werden schärfer, um den fehlenden Sinn zu ersetzen. Das Gehör wird genauer und der Tastsinn empfindlicher, als seien dem Betroffenen zusätzliche Nervenenden gewachsen. Deshalb biss Snowflake öfter und zeigte insgesamt ein aggressiveres Verhalten.

Zum Thema Impfungen empfahl ich Shirley mehrere Bücher und Websites. Was die jährlichen Injektionen anbelangte, konnte ich ihr nicht sagen, was richtig und was falsch war. Dazu hat niemand das Recht. Sie musste die Entscheidungen selbst treffen. Meine Aufgabe war es, ihr zu helfen, dass sie sich gut informieren konnte. Ich erzählte ihr Sophies Geschichte und riet ihr, alle verfügbaren Informationen zu dem Thema nachzulesen. Ich erklärte ihr, wie oft ich erlebt hatte, dass die Leber durch Impfstoffe geschädigt wurde, weshalb es ratsam sein könne, bei Snowflake ein großes Blutbild machen zu lassen, um nicht nur die Leberenzyme, sondern auch die Nierenwerte zu überprüfen, weil er so viel Angst zeigte. Ein Gefühl, das mit den Nieren verbunden ist.

Während unseres Gespräches spürte ich ein anderes Haustier, das Shirley gehabt hatte, als sie noch jünger war. Es war ein schwarzer Labrador, den sie und ihr Mann zu sich genommen hatten, als sie frisch verheiratet waren. Damals war Shirley Mitte zwanzig. Der Hund war die meiste Zeit draußen an der Kette und bellte zu viel.

Die Nachbarn beschwerten sich, und der Vermieter bestand darauf, dass sie deswegen etwas unternähmen. Sie gaben den Hund an eine kleine Farm auf dem Land.

Ich merkte, dass dieser Hund Snowflake und ironischerweise jetzt unnahbar und weiß statt zugewandt und schwarz war. Das war ausgesprochen Yin/Yang, was bei reinkarnierten Tieren nicht immer der Fall ist. Shirley schloss daraus, dass sie bestraft wurde, und ich erklärte ihr, dass das Universum sie durchaus nicht bestrafe. Wenn jemand Shirley bestrafte, dann sie sich selbst!

„Eine der Katzen, die ich jetzt habe, ist die Reinkarnation einer Katze, die ich als Kind hatte", sagte ich ihr. „Ihre Persönlichkeiten sind sehr verschieden, und wenn ich sie heute ansehe, dann denke ich nicht immer an die Katze, die ich damals hatte. Ich denke daran, wie sie jetzt ist. Die Persönlichkeit ändert sich, selbst wenn die Seele dieselbe ist. Wir werden unter verschiedenen Sternzeichen geboren und sind jedes Mal aus anderen Gründen hier."

Ich sagte Shirley, dass es noch eine Frage gäbe, die sie nicht gestellt habe, von der Snowflake aber wusste, dass sie sie interessiere, nämlich ob er sie liebe. Die Antwort war „natürlich". Er war ihr Kater und nur ihrer allein. Sie weinte, als ich ihr das sagte.

„Sehen Sie, die Liebe ist nicht immer eine verschmuste Katze, die auf Ihrem Schoß liegt und schnurrt. Wenn Sie sich mit der Vorstellung anfreunden können, dass neunzig Prozent aller Verhaltensauffälligkeiten gesundheits- und ernährungsbedingt sind, dann berücksichtigen Sie, dass Snowflake zu oft geimpft und entkrallt wurde und jedes Jahr chemisch gegen Flöhe behandelt wird. Wie das Blutbild höchstwahrscheinlich zeigen wird, geht es ihm außer dem Diabetes auch in anderer Hinsicht nicht gut. Er ist nicht der verschmuste Typ, sondern zeigt seine Liebe auf andere Weise, so wie er es eben kann. Nachts schläft er auf Ihrem Bett. Er möchte gern gestreichelt werden, aber Sie streicheln ihn da, wo es ihm weh tut, und er sagt Ihnen das in der Sprache, die er kennt."

Der Tierarzt, zu dem sie normalerweise ging, wollte wissen, warum Snowflake so gewalttätig war, als er in die Praxis gebracht wurde, und warum Shirley sich das gefallen ließ. Ich nannte ihr die

Website der *Vereinigung Ganzheitlicher Tierärzte*. Dort konnte sie einen anderen Tierarzt in ihrer Gegend finden, der mehr Verständnis für Snowflakes Probleme zeigte. Vielleicht würde sie sogar auf jemanden treffen, der Hausbesuche machte, was für Snowflake wahrscheinlich besser wäre als der belastende Transport in eine Praxis. Er hasste Praxen, und zwar alles daran, von den Gerüchen über die Leute bis zu dem unvermeidlichen Schmerz, der ihm dort zugefügt wurde.

Shirley war ziemlich überrascht, dass Snowflake überhaupt bereit gewesen war, mit mir zu sprechen, wo er doch so ein zorniger junger Mann war. Ich erwiderte, wir dürften nicht vergessen, dass unsere Gesundheit unser Verhalten beeinflusst.

„Stellen Sie sich einmal vor, Sie hätten ständig Kopfschmerzen. Wie würde sich das in Ihren Reaktionen auf Menschen und Situationen spiegeln? Genauso ist es auch bei Snowflake. Es geht ihm nicht gut, und er hatte schon körperliche Beschwerden, bevor er zu Ihnen kam. Das Ergebnis sehen Sie jetzt. Er liebt Sie genauso sehr wie Sie ihn lieben. Täuschen Sie sich da nicht. Er spricht einfach nur eine andere Sprache als Sie, und Sie haben noch nicht alle Zeichen verstanden, vom Einfluss der Krankheitsfaktoren gar nicht zu reden."

Es verging viel Zeit, bis ich wieder von Shirley hörte. Snowflake war gestorben, und sie empfand schwere Schuldgefühle wegen der Umstände seines Lebens und seines Todes. Sie wollte mit ihm im Jenseits sprechen. Wir versuchten, einen Termin für das Gespräch zu finden. Als eine Zusammenkunft drei Mal gescheitert war, sagte ich ihr, dass Snowflake zwar zu einem Gespräch bereit sei, das Universum aber etwas ganz anderes vorhabe. Es war bereits etwas Anderes im Gange. Shirley musste das allein verstehen, ohne dass ich es ihr vorbuchstabierte. Manchmal sind solche Ereignisse wichtige Schritte, die wir alleine gehen müssen, ohne dass uns jemand einen Spickzettel zusteckt. Das war bei ihr der Fall. Es war eine Chance für sie, etwas über sich selbst zu entdecken. Bei ihrer Lektion ging es auch darum, Mitgefühl mit sich selbst zu haben.

Vor vielen Jahren suchte ich ziemlich regelmäßig ein Medium in Kalifornien auf. Ich war so inspiriert von ihr, dass ich eine

Freundin zu ihr schickte. Diese Frau hatte ein Kind und war gerade mitten in der Scheidung von ihrem Mann. Sie ging zu dem Medium und erlebte eine gute Sitzung, durch die sie sich sehr gestärkt fühlte. Am darauffolgenden Tag verschwand ihr künftiger Ex-Mann mit ihrem Kind. Er überquerte mit dem kleinen Mädchen die Staatsgrenze und war von da an unauffindbar. Die Frau war außer sich, dass das Medium sie nicht vorgewarnt hatte.

Zunächst war ich sehr schockiert, als ich diese Neuigkeiten hörte, und es war mir peinlich, dass ich meiner Freundin die Seherin empfohlen hatte. Als ich jedoch im Laufe der Zeit meinen eigenen Fähigkeiten mehr Beachtung schenkte, erfuhr ich mehr darüber, warum derlei Dinge geschehen. Es könnte sein, dass das Medium zwar sehen konnte, was geschehen würde, dieses Wissen aber nur für sie bestimmt war und nicht an die Klientin weitergegeben werden durfte. Wenn so etwas in meinen Fällen passiert, dann hülle ich die Situation in Licht und reihe mich in die Gruppe derjenigen ein, die die Klientin oder den Klienten unterstützen, weil Lebenslektionen ohne Eingriffe ablaufen müssen. Es ist auch sehr gut möglich, dass die Ereignisse dem Medium überhaupt nicht gezeigt wurden. In diesen Fällen haben sich die Leute schon beklagt, ich sei kein gutes Medium. Aber so funktioniert das einfach nicht. Meine Antwort darauf lautet dann, dass die Klienten vielleicht nicht zu hören bekommen, was sie hören wollen, sondern was sie hören müssen.

Hätte das Medium die Entführung vorhergesehen und der Frau davon erzählt, so hätte sie in karmische Abläufe eingegriffen und sich selbst deshalb Karma aufgeladen. Höchstwahrscheinlich war ihr von den Ereignissen nichts gezeigt worden.

Eine Frau kam wegen ihres Pferdes zu mir. Das Pferd hatte einen Unfall gehabt und war deshalb von einem ganzheitlichen Tierarzt behandelt worden. Während der Sitzung erfuhr ich jedoch nichts darüber, weder von der Klientin, noch von dem Pferd, noch vom Universum. Was sich zeigte, waren die Ereignisse, die dazu geführt hatten, dass das Pferd nicht mehr bei seinem früheren Besitzer war. Sie erklärten, warum es Sprünge verweigerte.

Die Klientin glaubte, ich sei kein gutes Medium, weil ich ihr nichts über den Unfall sagte. Die Wahrheit war jedoch, dass sie dies ja bereits wusste und das Pferd wegen der körperlichen Schäden, die von dem Umfall herrührten, Hilfe erhielt. Sie wusste jedoch nichts über das, was geschehen war, bevor das Pferd in ihren Besitz kam. Das Pferd wollte jedoch, dass sie davon erfuhr, weil es dem Tier wichtig war, dass sie das wusste.

Valerie rief an.

„Hey, weißt du noch, dass du mir gesagt hast, ich solle das homöopathische Mittel *Mezereum C30* besorgen, weil jemand es bald brauchen würde?"

„Nein."

„Du hast gesagt, jemand werde *Mezereum* brauchen, weil sein Kopf weh täte."

„Okay." Ich konnte mich nicht erinnern, aber ich nahm Valerie beim Wort, dass ich es wohl gesagt haben musste.

„Nun, ich war gerade bei den Pferden draußen, und da habe ich gemerkt, dass Georges Halfter verrutscht war. Ich wollte es wieder richtig anlegen, und da habe ich gesehen, dass er sich den Kopf an den Beinen gerieben haben muss. Vom vielen Kratzen hat er bereits Haarausfall. *Mezereum* gibt man bei nässenden Hautausschlägen am Kopf und im Gesicht, und genau das hat er."

„Er sagt, er ist ganz nass."

„Ja, bei uns regnet's. Er ist derjenige, der im letzten Winter Regenfäule auf dem Rücken hatte, weißt du noch?"

„Ach ja, jetzt erinnere ich mich wieder", erwiderte ich.

„Bei ihm wird es schlimmer durch Wasser und in feuchter Luft."

Er erinnerte mich an Emma und Cubby, denen es am Meer auch schlechter gegangen war.

Wir sprachen darüber, welche Beratungsfälle ich in mein Buch aufnehmen sollte. Valerie bestand darauf, dass ich Glitters Geschichte erzähle, aber ich konnte mich nicht mehr an die Kuh erinnern.

„Du musst alle Einzelheiten schildern, wenn du darüber schreibst. Es kommt darauf an zu zeigen, wie genau du bist."

„Ich kann mich nicht mehr an die Einzelheiten erinnern. Ich habe mir nichts darüber aufgeschrieben. Ich weiß, dass das damals für dich sehr wichtig war, aber wie hätte ich wissen sollen, dass ich einmal darüber würde schreiben wollen?“

„Ach, komm schon, du erinnerst dich doch an Glitter!“

„Nein.“

Valerie erzählte mir, wie ich die Milchkuh Glitter medial erspürt hatte. Sie lag damals im Sterben. Ich hatte den Tierarzt beschrieben, der bei ihr war, was im Stall vor sich ging, was Glitter dabei empfand und mit welchen Freunden sie nach ihrem Tod im Jenseits zusammen war. Weil ich diese mediale Sitzung für Valerie gehalten hatte, hatte ich nichts aufgeschrieben und danach alles wieder vergessen.

Ich war wütend auf mich. Meine Tage bestanden anscheinend nur noch aus Arbeit und Pflichten. Zwischendurch klingelte das Telefon und E-Mails gingen ein, und oft gab ich spontane mediale Beratungen oder sprach mit jemandem über Ernährung. Gerade erst vor ein paar Tagen hatte ich mit einer Frau gesprochen, die ihre Lebensmittel selbst anbaute und ihren Sohn zu Hause unterrichtete. Ihr Kind hatte eine besondere Begabung im Zusammenhang mit Vögeln, die sich in mehreren Leben in unterschiedlicher Form gezeigt hatte. Ich sagte das der Frau und ließ sie auch wissen, in welcher Beziehung sie zu ihrem Sohn stand – was Gegenstand ihrer Frage gewesen war. Ein Pferd platzte in die Sitzung herein. Aber an die Geschichte dieses Pferdes kann ich mich überhaupt nicht mehr erinnern.

Ein paar Abende später rief die Frau wieder an. Sie dankte mir dafür, was ich ihr über das Pferd und seine Gefühle gesagt hatte. Sie hatte sich um das Pferd kümmern und mit seiner Situation Frieden schließen können.

Ich war völlig verdattert. Ich konnte mich an absolut gar nichts erinnern.

„Es tut mir leid. Nicht dass ich Demenz hätte. Aber bitte verstehen Sie, ich bin nur der Kanal – eine Art Sprachrohr des Universums. Normalerweise erinnere ich mich nicht daran, was ich gesagt habe. Ich bin sozusagen gar nicht richtig da.“

Bei den Sitzungen fühlte ich mich zum ersten Mal leer, fast wie ein Kind, das plötzlich in einer Umgebung allein gelassen wurde, in der es sich einmal sehr geborgen gefühlt hat.

Die Frau lachte und erzählte mir den ganzen Inhalt der Sitzung noch einmal. Später wollte ich es aufschreiben – aber wieder war die Erinnerung wie weggeblasen. Während unseres Gespräches hatte ich nicht mitgeschrieben, daher war alles an mir vorbeigeflossen.

Verstimmt unterbrach ich mich beim Packen einer Bestellung von Leinen und Halsbändern. Ich ging alleine nach draußen und setzte mich auf das Betonfundament, das früher einmal einen Geräteschuppen getragen hatte.

„Warum kann ich mich an die Sitzungen nicht erinnern?“

Alles blieb still.

Innerlich kannte ich die Antwort bereits. Ich spürte, wie das Universum mich anlächelte, genau wie eine liebende Mutter ihr Kind anlächelt, wenn es etwas Neues lernt, es aber nicht einfach in sich einströmen lassen kann, sondern sich dagegen sträubt und seinen eigenen Kopf durchsetzen möchte.

„Ach so.“ Ich verstand. Ich schloss die Augen, ließ mir von der Sonne das Gesicht wärmen und meinen Körper vom Licht erfüllen.

Diese Dinge sollten nicht aufgeschrieben werden. Es war Unterricht allein zwischen dem Universum und seinen Kindern. Ich stellte mich als Gehilfin und Sprachrohr des Lichts zur Verfügung. Manchmal galten die Botschaften nur den Betroffenen selbst. Andere Male hingegen konnten sie an viele weitergegeben werden. Aber darüber hatte nicht ich zu entscheiden.

Am folgenden Tag fuhr ich mit einer Freundin eine Stunde weit zu einem Schuhgeschäft, das in unserer Gegend sehr beliebt war. Es war bekannt für seine große Auswahl handwerklich hochwertiger Importware und für außergewöhnlich gute Passform selbst bei schwierigen Füßen. Ich schaute mir Handtaschen an, während ein Mann, etwa Mitte dreißig, meine Freundin bediente. Ich konnte nicht anders, ich musste ihn einfach anstarren. Er hatte eine wölfische Energie an sich. Als ich mich neben meine Freundin setzte und die Sandalen anprobierte, sah ich Bilder aus einem früheren Leben des Mannes. Er war Trapper gewesen und hatte Stahlfallen benutzt, die sich in die Füße der Tiere bohrten. Viele Wölfe gingen in seine Fallen und bissen sich die Pfoten ab, um sich daraus zu befreien. Jetzt, in diesem Leben, half er Menschen, ihre Füße zu schützen. Er wusste alles über Fußpflege und passende Schuhe.

Ich war schon drauf und dran, den Mund aufzumachen und ihm zu sagen, was ich sah, aber meine Freundin, die es mir an den Augen ansah, stupfte mich am Arm und formte tonlos die Worte: „Halt die Klappe!"

Ich zog eine Grimasse, konnte sie aber verstehen. Manchmal war es besser, nur zu beobachten und das Leben um mich herum einfach wertzuschätzen.

Epilog

Glühwürmchensommer

28. Juni 2007

Die Hitzewelle hatte ihren Höhepunkt überschritten. Tagelang war es um die 35 Grad heiß und feucht gewesen, Gewitter lagen in der Luft, entluden sich aber nie. In den Nachrichten hörte ich, dass es in einer bestimmten Gegend in Texas in 24 Stunden fünfzig Zentimeter geregnet hatte. In Lake Tahoe wurden Häuser von Wildfeuern zerstört, und wer das Wochenende in Lake George verbracht hatte, kam mit Masern nach Hause.

Meine Neufundländerin India überstand die Hitzewelle überwiegend vor der Klimaanlage im Wohnzimmer. Das Sofa steht einen guten halben Meter vor dem Fenster. Meine schöne Hündin ging so nahe wie möglich an die Armlehne heran und ließ sich dann fallen, so dass ihre Beine über die Lehne herunterhingen. Sie ließ sich den Luftstrom durchs Fell wehen, als hielte sie den Kopf aus einem Autofenster, und konnte dabei zugleich aus dem Fenster schauen.

„India, wer ist das?“ Das Paketauto fuhr vorbei, ohne in unsere Einfahrt einzubiegen.

„Wha“, erwiderte sie. Ihr leises Bellen klang oft, als wolle sie „Was“ sagen.

Ich hatte für die Hunde ein kleines Planschbecken gekauft. Isabelle, der gelbe Labrador, stieg nie hinein. Ich versuchte es mit einem Leckerli im Wasser, aber sie ging immer noch nicht hinein. Ich bespritze sie mit Wasser, und sie reagierte verärgert.

Wie konntest du nur!

„In deinem letzten Leben bist du immer mit Begeisterung in deinen Wassernapf gestiegen und hast herumgespritzt. Im Paper Park warst du so vernarrt ins Wasser, dass du deinen Kopf in den Eimer gesteckt hast, dann mit tropfnassem Gesicht wieder aufgetaucht bist und alle Leute auf der Bank begrüßen wolltest. Alle sind nacheinander hochgeschossen, so dass es ausgesehen hat wie bei einer Laola-Welle im Sportstadion."

Isabelle hatte das schon x Mal gehört, deshalb wandte sie ihre Aufmerksamkeit jetzt lieber den Motten und Schmetterlingen im Garten zu. Sie jagte einen weißen, der ihr vor dem Gesicht herumflatterte. Ihr Schwanz wedelte heftig, als das geflügelte Wesen kehrtmachte und vor ihren Augen in weitem Bogen davonflog.

In meiner Erinnerung ist das der *Glühwürmchensommer*. In der Nacht glitzerte das Feld förmlich, weil sie dort zu Tausenden umherschwirrten. Sie lieben hohes Gras. Mit der Zeit überwucherten Gräser und Kräuter die Blumen. In der Blütezeit gehen ein paar Knospen auf, aber zum größten Teil ist aus dem ehemaligen Maisfeld das geworden, was es sein soll – was in diesem Boden und bei den Wetterbedingungen im Klima von Vermont gedeihen kann. Das Feld ist ein Spiegel meiner selbst.

Nachts entzünden die Glühwürmchen ihr Licht beim Paarungsritual über dem ausgedehnten Areal voller Blumen und Kräuter. Das ganze Feld sieht dann aus wie ein eigenes sternenbesetztes Universum.

Wenn ich mit India und Isabelle zu ihrem letzten Abendspaziergang hinausgehe, bleiben wir neben der Garage stehen und sehen den Lichtern zu.

Als Kris mich besuchte, kam auch sie nach draußen, um der Vorstellung beizuwohnen.

„Im Licht der Glühwürmchen", so merkte sie an, „erhaschen wir vielleicht eine Ahnung von den Feen."

Die Seidenblumen standen hoch und präsentierten ihre rosafarbenen Blütendolden. In diesem Jahr gab es anscheinend nicht sehr viele Wespen, mit Ausnahme eines großen Nests in der Verkleidung meines Hauses. Ich beobachtete sie und dachte dabei daran, was die Angst mit mir machte und wie ich nach Sophies Tod jahrelang unter nächtlichen Angstattacken gelitten hatte. Vor Angst war ich schlafwandelnd durch Haus gegangen und hatte Heilmittel für die Hunde gesucht, ganz gleich, ob sie sie gerade brauchten oder nicht. Jetzt hatte ich nur in der jährlichen Nierenzeit noch gelegentliche Anfälle nächtlicher Ängste. Aber ich hatte gelernt, sie im Vorhinein kommen zu sehen, was mir die Möglichkeit gab, eine Einmaldosis *Aconitum* zu nehmen, mir anzusehen, was mir solche Angst machte, und diese Angst dann als das anzunehmen, was sie war – das Unvermögen, etwas in den Griff zu bekommen. Dies loszulassen und meinen Nierenmeridian zu stärken, schenkte mir mehr Gelassenheit im Alltag.

Inzwischen ist mir klar geworden, dass das Glück, das ich während des größten Teils meines Lebens gesucht habe, in der Person liegt, die ich wahrhaft sein soll. Bis zu Sophies Tod war ich vor meinen Fähigkeiten als Hellseherin davongelaufen. Ich wollte auf keinen Fall und in keiner Weise hervorstechen oder anders sein. Die Folge davon war ein Leben, das der wahren Bethanne nicht entsprach, und letzten Endes war ich nicht bereit gewesen, für Sophie oder für mich selbst Entscheidungen mit anderen Konsequenzen zu treffen.

Wenn ich ein Mensch wäre, der Reue empfindet, dann würde ich bereuen, dass ich bei Sophie nicht auf meine Intuition gehört hatte. Ich war nicht dem gefolgt, von dem ich mit Herz und Verstand eigentlich wusste, dass es das Richtige war, und hatte stattdessen die Entscheidungen über die Gesundheit meines Hundes jemand anderem überlassen.

In Wahrheit aber empfinde ich keine Reue, weil ich die spirituelle Lektion verstehe, die ich lernen musste: Ich muss meiner eigenen Wahrheit folgen, ganz gleich, was andere denken oder sagen. Sophie kam zu mir, damit sie kurze Zeit bei mir sein und mir zeigen konnte, was Freude ist. Im größten Akt bedingungsloser Liebe gab sie ihr Leben, um mich auf den Weg zu führen, den ich heute gehe.

Meine größte Freude im Leben ist meine Arbeit als Medium, Tierkommunikatorin und Ernährungsberaterin für Hunde. Bei meinen Fällen geht es von verschwundenen Hunden über die Ursachen von Verhaltensauffälligkeiten bei Kindern und Haustieren bis zur Ernährungsberatung und die Anwendung meiner Fähigkeiten als intuitive Heilerin. Ich habe mit Großmüttern, Müttern und Tieren im Jenseits gesprochen und Menschen geholfen zu erkennen, was ihre Tiere aus dem Tierheim durchgemacht haben, bevor sie zu ihnen gekommen sind. Jeder Fall ist anders und meist eine Kombination aus Kommunikation, medialen Fähigkeiten und Hellsichtigkeit.

Jeden Tag versuche ich, ein wenig mehr die Frau zu werden, die ich bin, wenn ich im Wasser meditiere – das *Badewannen-Medium*. Es ist mein Ziel, immer das zu sein, was ich zu *jeder Stunde* meines Lebens sein möchte, nicht nur bei meinen reinigenden Kontemplationen. Ich liebe ihr in sich ruhendes Wesen und ihre Fähigkeit, völlig in den Gaben aufzugehen, die ihr mitgegeben wurden. Diese Bethanne hat ihre Ängste abgelegt und lebt in der einzigen Realität, die es gibt – in der Liebe.

Anmerkung der Autorin

Hundegeflüster ist meine wahre Geschichte. Die meisten Namen im Buch habe ich geändert, um die Persönlichkeitsrechte der Menschen und Tiere zu wahren, deren Leben sich mit meinem verflochten hat und über die nun auf diesen Seien geschrieben wurde. Mit der Erlaubnis der betroffenen Menschen und Tiere habe ich in mehreren Fällen auch die richtigen Namen verwendet.

Weder der Verlag noch ich selbst können den Leserinnen und Lesern professionellen Rat geben. Die Ideen, Vorgehensweisen und Vorschläge, die im Kontext meiner Erinnerungen erwähnt werden, können und sollen die medizinische Versorgung durch einen qualifizierten Tier- oder Humanarzt nicht ersetzen. Weder der Verlag noch ich haften für Verluste, Verletzungen oder Schäden, die angeblich durch die Geschichten in meinem Buch ausgelöst wurden.

Über die Autorin

Bethanne Elion hat ihr Literaturstudium am Emerson College mit dem Bachelor abgeschlossen. Zurzeit lebt sie auf einem vier Hektar großen Grundstück im Süden von Vermont, wo sie an ihrem zweiten Buch schreibt und als Medium, Tierkommunikatorin und Ernährungsberaterin für Hunde arbeitet.

Wenn Sie mehr wissen möchten, können Sie die Autorin auf ihrer amerikanischen Website besuchen: www.BethanneElion.com

Danksagungen

Aus tiefstem Herzen Dank an meine Freundin und Mentorin Wendy Volhard. Du hast in mir die Haltung geweckt, dass ich „es kann“. Jack Volhard: Du hast mich die Kunst gelehrt, ein größeres Kaninchen zu haben, eine Philosophie, die ich in allen Bereichen meines Lebens anwende.

Danke an meinen Vater, Herbert Elion, der bereits vor über fünfzehn Jahren verstorben ist. Du hast mir die *Doctor Who*-Filme mitgebracht, als ich sie am dringendsten gebraucht habe. Heute bleibt mir nur noch, mich über die Tage zu freuen, an denen ich bei mir zu Hause deinen Pfeifentabak rieche. Dein Geist ist hier immer willkommen. Mam: Danke, dass du mir gezeigt hast, was unabhängiges Denken bedeutet.

Liebe, Licht und Freude meinen lieben Freunden und Kollegen für ihre Beiträge und ihre Unterstützung, während ich dieses Buch geschrieben und veröffentlicht habe: Kristine, Valerie, Sandy, Ashley, Pam in New Jersey, Helen Stroud, Theresa Richmond, Judy Lake, Linda in Canada (eine unwahrscheinlich begabte und herzensgute Tierärztin), die unglaubliche (und entzückende) Marla Poole – eine wirklich außergewöhnliche Lektorin. Ich schätze ihre Fähigkeit, immer die richtigen Fragen zu stellen. Und danke, Langdon Street Press.

Namaste
Bethanne Elion

Gisa Genneper/Rolf Kamphausen

Wenn Tiere ihre Menschen spiegeln

Wie Haustiere unsere Probleme übernehmen

ISBN 978-3-89427-557-0

Paperback

Rolf Kamphausen arbeitet als Tierarzt in einer Praxis mit Gisa Ginneper, die über die Fähigkeit verfügt, sich innerlich mit dem Wesen ihrer vier-, aber auch ihrer zweibeinigen Patienten zu verbinden. Anfänglich sind sie verblüfft über eine scheinbar seltsame Parallelität zwischen den Krankheiten von Tieren und ihren Besitzern, bis sie eines Tages die Gesetzmäßigkeit erkennen, dass Tiere ihre Herrchen und Frauchen spiegeln! Nachdem sie den Schlüssel zum Verständnis der geheimnisvollen Verbindung zwischen Mensch und Tier gefunden haben, erschließen sich ihnen Schritt für Schritt die Spiegelgesetze im Krankheitsverhalten der beiden. Sie entdecken die Geheimnisse der „Organsprache“ und vermögen so den Tierhaltern eigene Problemfelder aufzuzeigen, die diesen noch nicht einmal aufgefallen waren. Ein weiterer Meilenstein zum Verständnis des Tierreiches und seiner schicksalhaften Verbindung mit der Welt der Menschen!

Stefano Apuzzo / Monica D´Ambrosio
Auch Tiere haben Seelen
Taschenbuch, 286 Seiten
ISBN 978-3-89427-470-2

Sind unsere vierbeinigen Freunde unsterblich und sehen wir sie im Jenseits wieder? Die Autoren dokumentieren anhand einer Fülle von faszinierenden Beiträgen die geistigen Wirkkräfte in den Seelen der Tiere und ihre Bedeutung für den Menschen. Vor allem aber zeigen sie die Aufgaben des Menschen in der Betreuung jener kleinen Mitgeschöpfe auf, die ihm vom Göttlichen Plan in die Obhut gegeben worden sind.
Besonders berührend in diesem bewegenden Werk sind die viele Erfahrungsberichte über die Tiere im Jenseits.

Sabine Arndt & Petra Kriegel
Wenn Tiere ihren Körper verlassen
Paperback, 165 Seiten,
ISBN 978-3-89427-391-0

Der Tod eines geliebten Haustieres ist für viele Menschen ein häufig sehr schmerzhaftes Geschehen. Zum einen verlieren sie einen treuen Freund, zum anderen fehlt oft das Wissen, dass auch Haustiere eine Seele haben, die in einer anderen Welt weiterlebt.
Die Tier-Heilpraktikerinnen Sabine Arndt & Petra Kriegel haben einen liebevollen und überaus einfühlsamen Wegbegleiter verfasst, um den Übergang der Tiere in die jenseitige Welt zu erleichtern – für das Tier und für den Menschen.
Dieser wertvolle Ratgeber schildert im Einzelnen die verschiedenen Sterbephasen und welche Hilfestellungen man den Tieren dabei jeweils geben kann. Dazu kommen hilfreiche Tipps und Rituale für diejenigen, die ein Tier während der Loslösung von seiner körperlichen Hülle begleiten.

Sabine Arndt & Petra Kriegel
Tierseelen
Paperback, 180 Seiten,
ISBN 978-3-89427-523-5
Wie man bewusst und liebevoll mit Tieren zusammenleben kann

Michaela Stark
Edelstein-Therapie für Hunde
Geb., vierfarbig, 120 Seiten
ISBN 978-3-89427-354-5
Michaela Stark zeigt in ihrem praktischen Ratgeberbuch neue Wege auf, um Krankheiten oder Verhaltensstörungen von Hunden auf sanfte Weise zu behandeln. Dabei erweist sich, mit welcher Aufnahmebereitschaft Tiere reagieren, wenn sie spüren, dass man ihnen mittels der Edelsteine Heilung und Stärkung zukommen lassen möchte.
Ein völlig neuer Therapieansatz, damit der „beste Freund des Menschen" zu einem ausgeglicheneren und aggressionsfreien Begleiter und Weggefährten werden kann.